ASÍ FUE. LA HISTORIA RESCATADA

ASÍ FUE. LA HISTORIA RESCATADA

Carlos Alberto Montaner

Las raíces torcidas
de América Latina

PLAZA JANÉS

© de las fotografías interiores: Archivo del autor

Primera edición en U.S.A.: mayo, 2002

© 2001, Carlos Alberto Montaner
© de la presente edición: 2001, Plaza & Janés Editores, S. A.
   Travessera de Gràcia, 47-49. 08021 Barcelona

Printed in Spain – Impreso en España

ISBN: 1-4000-0141-2

Distributed by B.D.D.

A Beatriz Bernal,
a quien tanto le deben este libro y su autor

ÍNDICE

Vivimos en tiempos difíciles en los
que no podemos ni hablar ni callar sin peligro.

Juan Luis Vives
(Carta a Erasmo, 1540)

Dos grandes ejemplos tenemos delante de los ojos:
la revolución americana y la francesa. Imitemos
discretamente la primera; evitemos con sumo
cuidado los fatales efectos de la segunda.

Francisco de Miranda (1799)

Todos somos un corazón y un alma;
lejos de nosotros la peligrosa novedad de discurrir.

Universidad de Cervera
(Declaración de apoyo a Fernando VII,
Gaceta de Madrid, 3 de mayo de 1827)

La única cosa que se puede hacer en América es emigrar.

Simón Bolívar (1830)

DOS PALABRAS

Digámoslo rápidamente: la dolorosa hipótesis que propone este libro consiste en que el patente fracaso de América Latina en el terreno económico, su falta de estabilidad política y el pobre desempeño científico que exhibe, en gran medida son consecuencias de nuestra particular historia. Una historia que, desde sus inicios, fue percibida como ilegítima e injusta por todos sus actores principales: españoles, criollos, indios y negros, cada uno desde su particular repertorio de quejas y agravios, y todos con una parte de razón. Una historia que unió el machismo de los conquistadores al de los conquistados, perjudicando brutalmente con ello, y hasta hoy, a las mujeres, la mitad más débil de la población latinoamericana. Una historia en que la sociedad que se fue forjando, hecha de estos retazos étnicos escasamente integrados, no consiguió segregar un Estado en el que los intereses y los valores de la inmensa mayoría se vieran reflejados. Una historia que generó ciertas costumbres, actitudes y una particular visión económica reñidas con la creación y la conservación de las riquezas. Una historia —en suma— muy poco conducente a la originalidad científica o la innovación técnica, acaso porque nuestra cultura se asentaba sobre un sustrato escolástico y unos mecanismos represivos generadores de cierta mentalidad social refractaria al progreso que nunca pudimos superar del todo.

La génesis de este libro está en un curso universitario «abierto». Los siete primeros capítulos que lo componen formaron parte de un ciclo de conferencias sobre la identidad latinoamericana que en 1997 dicté en la Universidad Francisco Marroquín, de Guatemala, dirigida por el jurista Fernando Monterroso, y luego de revisarlos y modificarlos repetí en la Universidad de Miami, en el verano del año 2000, dentro de un programa especial que coordina el historiador y politólogo Jaime Suchliki. Mi única condición fue que las charlas estuvieran abiertas al público, porque mi intención era plasmar una visión histórica de América Latina que pudiera serle útil no sólo a los estudiantes, sino a cualquier persona inteligente o simplemente curiosa que alguna vez se hubiera planteado esa inquietante pregunta que ha hecho correr ríos de tinta (o de sangre) y ha estimulado numerosas polémicas: ¿por qué América Latina es la región más pobre y subdesarrollada de Occidente?

El octavo capítulo —o una versión adaptada—, «La salida del

laberinto», fue la última de las conferencias dictadas en Lima durante el verano de 1999 en la Universidad Peruana de Ciencias Aplicadas, invitado por el rector Luis Bustamante Belaúnde, ex senador y figura clave en la defensa de las libertades en su país, papeles que pusieron punto final a una serie titulada *Historia diferente de América Latina*. El propósito de este texto —lógico colofón de la obra— era responder a la angustiosa pregunta que inevitablemente se desprendía de la argumentación previa: si la premisa era cierta y nuestras raíces históricas se encuentran torcidas, ¿estamos permanentemente condenados al subdesarrollo, la tiranía y el atraso cultural, o es posible que alguna vez América Latina pase a formar parte del pelotón de avanzada de Occidente? Afortunadamente, la respuesta es optimista: si alguna lección nos ha dejado el siglo XX —especialmente tras la Segunda Guerra Mundial— es que el desarrollo económico y el fin del atraso y la pobreza son perfectamente alcanzables. Casos como los de España, Portugal, Corea del Sur, Singapur o Taiwan así lo demuestran. Incluso, cuanto hoy acontece en Chile apunta en esa prometedora dirección.

Vaya mi gratitud a estas instituciones y a quienes las dirigen, pues el intenso intercambio intelectual que surgió de esos ejercicios académicos me permitió mejorar los textos originales, eliminar algunos excesos y añadir nuevas reflexiones. Incluso, lo que originalmente se concibió como un extenso libro terminó por convertirse en dos obras distintas, más breves, siendo esta la primera que aparece publicada. La otra —*Historia diferente de América Latina*—, dedicada a los fundamentos de la cultura iberoamericana, no tardará en aparecer.

Naturalmente, ninguna de las afirmaciones que aquí se hacen son responsabilidad de estas generosas universidades, tolerantes y abiertas a todas las opiniones, que tuvieron la cortesía de franquearme sus puertas. La responsabilidad es enteramente mía. Ellas se limitaron a poner la mesa y a invitar a los comensales. La cocina quedó libre y totalmente a cargo del autor. Asimismo, debo agradecerles a los profesores Beatriz Bernal, Gastón Fernández de la Torriente, Laura Ymayo y Leonardo Fernández-Marcané la atenta lectura del manuscrito, los gazapos e imprecisiones descubiertos y las valiosas sugerencias que me transmitieron. También a mi asistente Ana Grille, que tuvo la bondad y la paciencia de organizar el índice general, y a Linda Montaner, mi mujer, que no dejó de hacerme inteligentes observaciones a lo largo de la redacción de la obra.

LA SOSPECHOSA LEGITIMIDAD
ORIGINAL: FRAUDES, SOFISMAS, Y OTRAS
TRAMPAS TEOLÓGICAS Y JURÍDICAS

A los pocos días de iniciado el año 2000 un grupo de coroneles ecuatorianos intentó tomar el poder por la fuerza. A lo largo del tiempo, la escena se ha repetido decenas de veces en todas las capitales de este continente. Era, parafraseando a Marx, casi como la representación de una conocida farsa que casi siempre termina en tragedia. Tanto, que a ratos parece que en nuestro mundillo la democracia —gobiernos regidos por leyes y elegidos con el consentimiento libre y mayoritario de la sociedad— es la excepción y no la regla. ¿Hay algo más latinoamericano que ese penoso espectáculo de los militares entrando a la casa presidencial con la pistola al cinto y los gobernantes huyendo por la puerta trasera? En el siglo pasado —el XX, naturalmente—, sólo un país de este universo, Costa Rica, aparentemente se vio libre de este azote, pero ni siquiera totalmente, pues dos veces se quebró el orden institucional: en 1917 el general Tinoco dio un cuartelazo que duró dos años, y en 1948, tras unas confusas y disputadas elecciones, hasta tuvo lugar una revolución triunfante, con intensos tiroteos y unos cuantos fusilados. Felizmente, el episodio se saldó con la disolución constitucional de las fuerzas armadas y la conversión de los cuarteles en escuelas, cambio del que los «ticos», con razón, están particularmente orgullosos.

Pudiera parecer que «el gran problema» de América Latina es el militarismo, pero tal vez estemos ante el error de tomar el síntoma por la enfermedad o el rábano por las hojas. La verdad es que la cuestión de fondo radica en la inconformidad de una parte sustancial de los latinoamericanos con el Estado en el que se dan cita en calidad de ciudadanos. No creen en él. No perciben a sus gobernantes como servidores públicos elegidos para beneficio de la sociedad. Sospechan que sus leyes son injustas y que sus jueces sentencian sin equidad, si es que alguna vez se logra mover la pesada maquinaria legal. Dan por sentada la corrupción de los políticos y de las burocracias oficiales: los más inescrupulosos, incluso, se sirven de ella para «engrasar» sus negocios. Y aunque los latinoamericanos suelen sancionar las constituciones en referendos, lo hacen de manera mecánica. Pura liturgia en la que no entran las convicciones más íntimas.

De ahí la débil fidelidad popular a las instituciones públicas: el vínculo ético fuerte y el sistema de obligaciones morales recíprocas se establecen, con la familia, con el círculo de amigos y con quienes se realizan transacciones privadas, pero no con el Estado. El Estado, por el contrario —así se le ve—, es un ente distante, casi siempre hostil, ineficiente e injusto. Eso explica, por ejemplo, que un porcentaje mayoritario de peruanos apoyara la clausura violenta del Congreso en 1992 por parte de Alberto Fujimori, o que ese mismo año el sesenta y cinco por ciento de los venezolanos respaldara la intentona golpista de Hugo Chávez contra el Gobierno constitucional de Carlos Andrés Pérez. Eso explica el éxito de los «hombres fuertes» en la historia de América Latina en el siglo XX: Juan Vicente Gómez, Trujillo, Somoza, Estrada, Carías, Perón, Pérez Jiménez, Batista, Castro. Un panorama no muy diferente del que encontramos en el siglo XIX: Santa Anna, Rodríguez de Francia, Rosas, Porfirio Díaz y un prolongado etcétera cansinamente redundante. Parece evidente que los latinoamericanos, *grosso modo*, no han sabido o podido segregar naturalmente un Estado dentro del cual sentirse razonablemente confortables. Un Estado en el que el poder tuviera legitimidad para actuar y las instituciones y órganos de gobierno se adecuaran al fin último para el que fueron creados: servir a la sociedad. ¿Por qué ese fenómeno? En realidad, las raíces de este desencuentro son muy viejas. Vale la pena examinarlas, pues la historia acaso tenga unas cuantas respuestas perfectamente válidas para problemas que se han arrastrado hasta el siglo XXI y que no muestran signos de desaparecer.

La ilegitimidad original del poder

Como parece perfectamente lógico, ante la llegada de los conquistadores, los desde entonces mal llamados «indios» sin duda sintieron que eran víctimas de una devastadora injusticia. Es importante subrayar que no nos referimos a puñados de personas que habitaban desnudas en las selvas sin otro vínculo que el de la tribu, sino, literalmente, a millones de seres humanos, la mayor parte de ellos integrados en sociedades complejas —incas, chibchas, mayas, aztecas—, con arraigo territorial, tradiciones, dignidades, densas estratificaciones sociales, sentido de la historia, complicadas teologías, ciencia, escuelas, formas de escritura —jeroglíficos que comenzaban a evolucionar hacia el alfabeto fonético, *quipus* o cuerdas anudadas con las que anotaban hechos o contabilizaban objetos—, grandes núcleos urbanos, algunos mayores que gran parte de las ciudades europeas. Gentes, en suma, que contaban con instituciones de derecho —leyes, jueces— y con una sutil cosmovisión que, como el cristianismo a los europeos, aliviaba sus inquietudes metafísicas.

Esa sensación de despojo, de injusto atropello que sintieron los indios, provocó varias reacciones inmediatas. Muchos trataron de escapar hacia lugares en los que no estuvieran aquellos hombres blancos que dominaban el trueno. Alguno hasta llevó más lejos su pavor. Hatuey, un cacique de Quisqueya quemado en Cuba por su oposición a los conquistadores, horrorizado, en sus conversaciones con el cura que intentaba consolarlo al pie de la hoguera, se negó tajantemente a que su alma ascendiera al cielo cuando le confirmaron que en ese sitio volvería a encontrarse a los españoles.

Fueron legiones, en suma, los que resistieron en el terreno militar mientras pudieron. Una considerable cantidad —como ocurrió con los taínos de las Antillas y con numerosos mayas— se quitaron la vida ahorcándose o envenenándose con tierra. Algunos, se cuenta —aunque es difícil de creer—, dejaron voluntariamente de respirar tragándose la lengua hasta morir por asfixia. Los indios deben de haber sufrido una atroz sensación de miedo, impotencia e indefensión, lo que acaso explica el que, con frecuencia, atribuyeran sus infinitas desgracias a designios de los múltiples dioses malvados alojados en su panteón. Sólo las deidades más crueles y poderosas podían haber desatado contra ellos semejantes males. Sus poetas dejaron lastimosas muestras de la desolación que les había traído el nuevo yugo impuesto por los extranjeros. Un inca, anónimo, compuso estos versos extrañamente tristes:

> *Madre mía, cuando yo muera entiérrame*
> *aquí, donde vivimos,*
> *y cuando hagas tortillas*
> *llora por mí, madre.*
> *Si alguien llega y pregunta:*
> *Señora, por qué llora,*
> *contéstale: Porque la leña está húmeda*
> *y el humo hace estas lágrimas.*

Los españoles más sensibles no fueron inmunes a este dolor. No sólo el padre Bartolomé de las Casas, notorio defensor de los indios, sino también algunos conquistadores que alternaban las armas y las letras. *La Araucana*, de Alonso de Ercilla Zúñiga, un largo canto épico centrado en la conquista de Chile, está lleno de admiración por los indios. Pero ese sentimiento llevaba implícita una contradicción que no tardó en manifestarse: los criollos, descendientes de los españoles, o los mestizos europeizados, muy pronto y de manera creciente, comenzaron a hacer suya, sin advertirlo, la visión de los indios: «Los españoles, sin ningún derecho, vinieron y *nos* quitaron lo que nos pertenecía.» A veces el que tal cosa afirmaba era un hombre blanco, descendiente directo de los conquistadores, o un mestizo que había olvidado la lengua y las tradiciones de sus abuelos, mientras de indio sólo conservaba el fenotipo, pero el resultado era el mismo: la cultura y el Estado violentamente impuestos por los españoles poseían una carga de ilegitimidad inicial, luego transmitida a las generaciones posteriores hasta provocar razonamientos rayanos en lo absurdo. Uno de los más pintorescos tal vez haya sido el del venezolano Francisco de Miranda, el «Precursor» de la independencia de su país, blanco, liberal y afrancesado, hombre radicalmente instalado en el más selecto espíritu de la Ilustración, quien llegó a plantear la resurrección de una suerte de incanato para sustituir al decadente Imperio español en la América hispana.

¿Por qué la adopción del punto de vista del vencido se dio en la América hispana y no en la anglosajona? ¿Por qué los colonos angloholandeses y sus descendientes en Norteamérica jamás tuvieron duda de su filiación europea, mientras que los españoles y criollos, desde el comienzo mismo de la Conquista, cuestionaron su propia identidad? Hay varias causas. La primera es cultural: los españoles se adueñan de un enorme territorio, pero también de unas civilizaciones en algunos aspectos comparables a la europea. Un campesino extremeño que llegara a Cuzco o a Tenochtitlán tenía que sentir la más deslumbrada admiración. Los españoles, además, se insertaron en esos medios urbanos para aprovechar la mano de obra nativa, e inmediatamente, por la fuerza o la intimidación, comenzaron a adaptar a los indígenas a sus usos y costumbres, pero era inevitable que ellos mismos resultaran fuertemente impregnados por la civilización dominada. Y no era extraño: algo así les ocurrió a los árabes que conquistaron y controlaron media

España durante siete siglos. Cuando los desalojaron de Granada los dos pueblos, moros y cristianos, más que enemigos distintos parecían primos hermanos enfrentados en una batalla familiar.

Nada de esto existía, en cambio, en las tierras «compradas» por los colonos ingleses y holandeses a los «atrasados» indios del norte de América, agrupados en pequeñas tribus, carentes de ciudades, mayoritariamente desconocedores de la agricultura, y todavía inmersos en una simple cultura de cazadores y recolectores. Existían también razones demográficas que explican el contraste: los españoles —apenas veinte mil o veinticinco mil en los primeros setenta años— se encontraron con una masa humana calculada en mil veces esa cantidad —de veinte a veinticinco millones—, y de inmediato comenzó un furioso apareamiento que sembró la nueva tierra de mestizos. Pero ese promiscuo «cruce», esas múltiples relaciones, produjeron unos vínculos afectivos entre europeos e indígenas que tienen que haber actuado en las dos direcciones: el amor carnal hacia la india —a veces lo hubo más allá de la mera cópula— y el sentimiento paternofilial hacia el hijo mestizo, producían un nexo distinto, una suerte de compasiva identificación con el mundo conquistado.

Cuando se intenta devaluar los resultados de la conquista española en el sur de América, contrastándola con la inglesa en el norte, se dejan fuera del análisis varias preguntas clave: ¿qué hubiera ocurrido si los peregrinos del *Mayflower*, en lugar de asentarse en 1620 en lo que denominaron Plymouth, un rincón deshabitado de la costa de Massachusetts, hubieran llegado a una ciudad de medio millón de habitantes, más extensa que Londres, llena de enormes templos y plazas espectaculares? O, para traer la especulación a nuestro tiempo, ¿cómo sería hoy la nación estadounidense si, como sucede en Guatemala o Bolivia, la mitad del censo estuviera compuesto por sioux, comanches o pies negros? Es muy significativo que cuando los ingleses dominaron alguna cultura compleja, dotada de grandes centros urbanos y poblada por una gran masa humana, como sucedió con la India, a duras penas pudieron trasplantar el modelo de Estado y superimponer una segunda lengua, pero no mucho más, algo muy diferente a lo que sucedió, por ejemplo, en Estados Unidos, Canadá o Australia, donde la ausencia de densas culturas aborígenes permitió el desove prácticamente intacto de lo fundamental del modelo de civilización británico.

En definitiva: ¿fue más o menos compasiva la colonización angloholandesa de América comparada con la española? En realidad, fueron más o menos semejantes, porque no se trataba de otra cosa que de expresiones de ciertos comportamientos comunes a todos los europeos. En la América hispana hubo conquistadores y colonizadores terribles que atropellaron a los indígenas con gran crueldad. No fue muy diferente en la angloholandesa —aunque en menor escala—, como recuerda la cruel guerra de los Pequots, desatada en 1636 por los colonos de Plymouth contra esta etnia hasta lograr su total extinción. También, de la misma manera que en América hispana se alzaron voces indignadas contra estos maltratos —Montesinos, Las Casas, y, como regla general, la Iglesia—, en la angloholandesa surgieron defensores de los nativos, especialmente entre los metodistas y entre los bondadosos y pacifistas cuáqueros dirigidos por William Penn, creador de Pennsylvania, quien, como recuerda el historiador César Vidal, quiso explicar con el nombre de Filadelfia (amor fraternal) el objetivo de sus esfuerzos civilizadores y el talante con que deseaba que los colonizadores se acercaran a los indios.

Títulos justos y consecuencias injustas

Si en la América ganada para Europa, los españoles, los criollos, los mestizos y los indios, cada uno desde una perspectiva diferente, pero sin dejar de influir unos en otros, se enfrentaban al problema moral de la Conquista, no fue distinto lo que sucedió en España, especialmente en sus más importantes centros universitarios, que eran, a su vez, los puntos básicos donde se desarrollaba el gran debate teológico, algo tremendamente importante en un siglo y en una nación que habían hecho de la religión el objetivo de las más caras reflexiones y desvelos.

Siete son los «títulos justos» que invocan los teólogos y juristas para legitimar la conquista de América y la imposición a los indios de un Estado nuevo, y los articulan como una especie de gran silogismo. El primero es el que establece que el emperador es «señor del mundo», y, por lo tanto, de los infieles. El segundo explica el origen de los poderes del emperador: ha sido investido de ellos por donación del Papa, quien a su vez, y en contrapartida, le exige la cristianización de los infieles. El tercero se aparta de la teología y se aproxima al derecho natural y de gentes, fundamentado en la tradición del derecho romano sobre la ocupación: lo que a nadie pertenece se convierte en propiedad de quien primero lo descubre y ocupa. América no pertenecía a ningún príncipe cristiano antes de la llegada de españoles y portugueses, *ergo* le pertenece a quien gobierna estas naciones por la gracia de Dios. El cuarto título justo regresa al ámbito religioso: el infiel o el pagano que se niega a admitir la fe cristiana puede ser obligado por la fuerza, subyugado, esclavizado si es necesario. Y ¿cómo se le propone al indio la cristianización y la sujeción a la Corona de Castilla? Mediante el Requerimiento, un documento legal redactado en castellano por el jurista Palacios Rubios, en el que se establecía la supremacía del cristianismo y se invitaba a los indios a acatarlo. Ese texto, que comenzó a utilizarse a partir de 1514, generalmente se proclamaba en aldeas vacías, pues los indios habían huido, o se les leía a los estupefactos aborígenes —que no entendían una palabra—, pero si no aceptaban la nueva autoridad, ya existía una coartada jurídico-teológica para someterlos por la fuerza de inmediato. Vale la pena recoger algunos párrafos de ese increíble documento, adaptando la ortografía para una más fácil comprensión:

> ... Requiero que [...] reconozcáis a la Iglesia por señora y superiora del universo mundo, y al Sumo Pontífice, llamado Papa, en su nombre, y al rey y a la reina nuestros señores en su lugar, como a superiores y señores y reyes de estas islas y tierra firme, por virtud de dicha donación, y consintáis y deis lugar a que los padres religiosos os declaren y prediquen lo susodicho [...]. Si no lo hiciereis [...] con la ayuda de Dios yo entraré poderosamente contra vosotros y os haré guerra por todas partes y maneras [...] y tomaré vuestras personas y vuestras mujeres e hijos y los haré esclavos, y como tal los venderé y dispondré de ellos como Su Alteza mandare, y os tomaré vuestros bienes, y os haré todos los males y daños que pudiere, como a vasallos que no obedecen ni quieren recibir a su señor [...] las muertes y daños [...] sean vuestra culpa, y no de Su Alteza, ni mía, ni de estos caballeros que conmigo vinieron; y de cómo lo digo y requiero pido al presente escribano que me lo dé por testimonio firmado, y a los presentes ruego que de ello sean testigos.

El quinto de los títulos justos tiene que ver con las costumbres y el comportamiento de los infieles. Para sojuzgar a un pueblo infiel bastaba con que la conducta de éste repugnara a los cristianos, y en ese sentido eran especialmente graves la antropofagia, los sacrificios humanos, la masiva ingestión de alcohol o la sodomía. ¿Acaso Dios no había destruido a Sodoma por sus perversas acciones? De ahí surge la sospechosa acusación de sodomitas que los conquistadores constantemente les endilgan a los indios. Tuvieran o no relaciones homosexuales, convenía creer que las mantenían. El sexto título era la aceptación pacífica del dominio. Algunos indios —en realidad muchos—, paralizados por el miedo, aceptaban los requerimientos. Otros forjaron alianzas con los españoles para someter a un tercero, enemigo común. Así pues, admitieron el yugo de buen grado. El séptimo de los títulos volvía al razonamiento religioso, pero ahora con un elemento fatalista o determinista: Dios había querido que Castilla imperara sobre estos territorios y sobre sus infieles. ¿Así de simple? No tanto, pues frente a estos principios legitimadores de la conquista se alzaron ciertos pensadores religiosos, encabezados por el dominico Francisco de Vitoria y su discípulo Domingo de Soto y, de paso, echaron las bases del derecho internacional.

Vitoria nació probablemente en Burgos, pocos años antes del descubrimiento de América —no están claros la fecha ni el sitio—, y muy joven se marchó a París a un convento dominico en el que se formó y ordenó. Una vez doctorado en teología, volvió a España y en 1526 obtuvo cátedra en la Universidad de Salamanca, entonces la más prestigiosa del país junto con la de Alcalá de Henares. No tardó en renovar los estudios teológicos y los métodos de enseñanza, poniendo en práctica cuanto había aprendido de su notable experiencia francesa. Una década después de su incorporación a Salamanca comenzó a ocuparse de las Indias y desarrolló su visión de la conquista desde la teología y el derecho. Murió en 1546.

Para Vitoria, y para su discípulo Domingo de Soto, España, en determinadas circunstancias, podía legítimamente gobernar sobre las Indias y sus moradores, pero para ellos era importante el libre consentimiento de los aborígenes, quienes, pese a su condición de infieles, eran sujetos de derecho y no se les podía esclavizar por no profesar una religión que ni siquiera conocían. En todo caso, lo importante de los razonamientos de Vitoria —independientemente de que se trató de un debate teórico con pocos resultados concretos sobre la realidad americana, aunque sí influyó en la redacción de la legislación indiana— reside en la disminución del peso teológico como legitimación de la Conquista, poniendo el acento en el derecho natural y de gentes. Había, sí, títulos justos para avalar el dominio de España en el Nuevo Mundo, pero no eran exactamente los que usualmente se invocaban desde la tradición religiosa judeocristiana, sino otros más limitados y humanos fundados en la razón y en un mayor grado de tolerancia.

Las Casas contra Sepúlveda

Si bien los trabajos de Vitoria tuvieron influencia en el terreno académico en todo el ámbito europeo, pero muy relativo peso en el debate español sobre América, no sucedió así con los testimonios de religiosos que participaban en la colonización del Nuevo Mundo y se mostraban horrorizados por los atropellos cometidos por los conquistadores. El primero que dio la voz de alarma —y muy significativamente llamó a su sermón *Una voz que clama en el desierto*— fue el dominico fray Antonio de Montesinos, a la sazón en La Española —hoy República Dominicana—, quien en 1511, poco antes de la Navidad, pronunció una contundente admonición a los fieles españoles, entre los que se encontraba el gobernador Diego Colón: «Esta voz dice que todos estáis en pecado mortal y en él vivís y morís, por la crueldad y tiranía que usáis con estas inocentes gentes.» Y luego sigue la deslegitimación total de la Conquista: «Decid, ¿con qué derecho y con qué justicia tenéis en tan cruel y horrible servidumbre a estos indios? ¿Con qué autoridad habéis hecho tan detestables guerras a estas gentes que estaban en sus tierras mansas y pacíficas?» A lo que añade el horror por los malos tratos y los abusos: «¿Cómo los tenéis tan opresos y fatigados, sin darles de comer ni curarlos de sus enfermedades, que de los excesivos trabajos que les dais incurren y se os mueren, y por mejor decir los matáis por sacar y adquirir oro cada día?»

La reacción contra Montesinos fue doble y fulminante. Primero se enfrentaron a él las autoridades locales y los pocos centenares de españoles radicados en esa isla —no serían muchos en 1511—, quienes vieron un serio peligro para sus intereses y así se lo hicieron saber al rey Fernando el Católico. No obstante, el impacto de sus palabras no fue negativo para toda la audiencia. En el recinto había un joven andaluz que sentiría una especie de revelación. Se llamaba Bartolomé de las Casas. En todo caso, la oposición más virulenta vino de la propia congregación de Montesinos, pues el provincial fray Alonso de Loaysa, su jefe inmediato, afirmó que unas palabras como las de Montesinos, en las que se cuestionaba el derecho de los reyes de España sobre esos territorios, donación obtenida de Su Santidad el Papa, sólo podían haber sido puestas en su boca por el mismísimo demonio.

El rey Fernando amonestó a Montesinos, pero convocó a una junta de juristas y teólogos en Burgos para examinar la disputa con mayor profundidad. De esas reuniones surgieron unas recomendaciones que, en síntesis, reiteraban los títulos justos de la Corona para gobernar a los indios, pero proponían un trato más humano para los aborígenes, declarándolos personas libres y, por lo tanto, sujetos de derecho. A partir de estos principios generales, poco después, en 1512, se decretaron lo que se conoce como Leyes de Burgos, un conjunto de disposiciones encaminadas a cristianizar y españolizar a los indios forzándolos a vivir en poblados especialmente creados para ellos —previa destrucción por fuego de sus antiguas viviendas—, y una especie de código laboral que regula y suaviza la forma en que los españoles pueden explotar la mano de obra indígena. Y como correspondía a la Iglesia comprobar que esta legislación se tomaba en cuenta, cuatro años más tarde, en 1516, tres frailes de los jerónimos —enviar dominicos era echar más leña al fuego— embarcaron rumbo a La Española con los textos en la mano y la autoridad para difundirlos y vigilar su cumplimiento. Junto a ellos, sin embargo, iba un singular personaje, fogoso y gran polemista, fray Bartolomé de las Casas, quien regresaba a América en la misma embarcación decidido a luchar por la justicia.

Bartolomé de las Casas fue un sevillano aventurero, nacido en 1474, que vio a su padre y a sus tíos embarcarse con Colón en la segunda expedición a América del genovés, acaecida en 1493. Cuatro años más tarde se enrola en una operación de castigo contra un levantamiento de los moros en Granada, pero ya entonces comienza a sentir cierta vocación religiosa que todavía logra compaginar con su amor por la milicia. En 1502 recibe las órdenes menores de la Iglesia, posiblemente en calidad de «lector», pues enseguida embarca junto a Nicolás de Ovando rumbo a La Española, pero se le asigna una doble función: va como soldado y como «doctrinero». Cinco años más tarde, en Roma, se ordena sacerdote y vuelve a América. Es cura, mas también «encomendero». Es decir, se le han encomendado indios para que los cristianice y someta a la obediencia. Esos indios se ven obligados a trabajar salvajemente. En realidad, se trata de una forma encubierta de esclavitud. Las Casas está en la iglesia el día que Montesinos predica, y la contradicción se le hace evidente. Su vida cambia a partir de ese momento, y comienza a gestarse el cruzado de una noble causa: luchar por el adecentamiento del trato a los indios. Será una batalla de varias décadas en forma de intrigas y maniobras políticas, pero en la que no faltarán debates de gran altura y un serio esfuerzo intelectual por tratar de armonizar la propagación de la fe con los derechos de los aborígenes y los que supuestamente poseía la Corona de Castilla. El desarrollo mismo de esta polémica contribuirá a deslegitimar un Estado y un principio de autoridad que a los ojos de muchos americanos, españoles, criollos, mestizos y, por supuesto, indios, eran moralmente contradictorios y censurables.

Fue una contienda retórica entre andaluces. El gran oponente de Las Casas fue un jurista y teólogo cordobés llamado Juan Ginés de Sepúlveda, nacido una generación más tarde, en 1490, quien nunca, por cierto, pisó tierra americana. Sus ideas sobre la conquista y sus opiniones sobre los indios eran, pues, librescas, puras construcciones intelectuales. Sin embargo, su formación humanista era bastante mayor que la de Las Casas. Dominaba el griego y el latín, y exhibía una perfecta educación tomista-aristotélica, como correspondía a la escolástica tardía. Tal era su prestigio de erudito que lo designaron cronista del emperador Carlos V y preceptor de quien luego sería Felipe II, y su fama como filósofo —hoy tal vez le dirían «ideólogo»— se deriva de dos obras en las que contradice a Las Casas: el *Democrates Primus* y el *Democrates Secundus, o de las justas causas de la guerra contra los indios*.

¿Por qué se enfrentaron estos dos hombres? Precisamente, por *Democrates Secundus*. En ese texto, Sepúlveda, apelando a la autoridad de Aristóteles, añade un elemento nuevo a la consabida disputa sobre las *causas justas* para hacer la guerra y dominar a los indios: la inferioridad cultural que padecen. Aristóteles establecía que había gentes que eran «esclavos por naturaleza». Es decir, personas cuya innata inferioridad las condenaba a servir a otros seres superiores. Para eso habían nacido, y nada censurable había en utilizarlas como se utilizan las cosas o los animales en beneficio de seres que ocupaban un estamento superior en el orden jerárquico de la vida. Los indios, según Sepúlveda, estaban entre ellas. No exactamente por razones biológicas, pues no los consideraba animales sin alma, sino por razones culturales manifestadas en el comportamiento salvaje que tenían: sacrificios humanos, antropofagia, pederastia, idolatría. Era una responsabilidad de los cristianos redimirlos de esa barbarie, aun al precio de la guerra a sangre y fuego si fuera necesario, actividad para la que estaban legitimados los españoles por la donación de la Iglesia.

Ante los argumentos de Sepúlveda, Las Casas entiende que no puede permanecer en silencio, pues le parece que un jurista y teólogo tan cercano al emperador y al príncipe puede poner en peligro la pertinaz labor de cabildeo en favor de los indios que él y otros como él habían desarrollado. En 1542 —aunque no se publicaría hasta una década más tarde— Las Casas había redactado su impactante *Brevísima relación de la destrucción de las Indias*, testimonio que había servido para estimular la proclamación de las Leyes Nuevas, conjunto de disposiciones adoptadas en ese año que favorecían a los indios y ponían en peligro el sistema de encomiendas. Un año después, Las Casas es nombrado obispo en Chiapas, en el sur de México, diócesis en la que tiene un fuerte enfrentamiento con los encomenderos, a los que excomulga, generando una amarga controversia y gravísimas acusaciones contra el dominico por parte de unos colonizadores que temen perder la mano de obra prácticamente esclava que tienen a su disposición. Ante el peligroso cariz de insubordinación que va adquiriendo la actitud de los encomenderos, el virrey Antonio de Mendoza toma la determinación de suspender la aplicación de las Leyes Nuevas, evitando con ello una muy probable guerra civil como la que tuvo lugar en Perú como consecuencia de esta legislación.

Dándose cuenta de que la lucha hay que darla tanto en España, donde radica el poder, como en América, donde se sufren las consecuencias, Las Casas renuncia al obispado y regresa a la Península. Es en ese momento cuando tropieza con Sepúlveda, a quien responde redactando un panfleto titulado *Apología*, mientras, invocando un problema de conciencia cristiana —a lo cual tanto Carlos V como su hijo, el príncipe Felipe, eran muy sensibles, pese a la leyenda—, ruega al monarca y al heredero que convoquen a una junta de expertos para examinar tanto el fin —la conquista— como el método —la guerra—, sin olvidar el trato que se les daba a los indios.

El emperador accedió, y, finalmente, en el verano de 1550 hizo reunir en Valladolid a las mejores cabezas de su reino para que debatiesen entre ellas y para escuchar los razonamientos de los dos religiosos enfrentados en algo más que un debate teórico: se discutiría sobre la razón moral que justificaba o no la presencia de España en el Nuevo Mundo y el modo en que se llevaban a cabo la conquista y colonización. No es este el lugar para resumir las posturas, pero es probable que la experiencia directa de Las Casas, tras media vida entre los indios, fuera más convincente, y es seguro que su elocuencia fue mayor, pues habló durante cinco días, mientras que Sepúlveda agotó sus argumentos en apenas tres horas. Le tocó a Domingo de Soto actuar de «relator», redactando al final del debate una larga síntesis que elevó al emperador; lo hizo con ecuanimidad, aunque su análisis estaba más cerca de las posturas morales de Bartolomé de las Casas que de los argumentos jurídicos y nacionalistas de Sepúlveda. A partir de ese momento, el obispo de Chiapas quedó como el defensor de los indios y Sepúlveda como el portavoz de los conquistadores y encomenderos.

Ese famoso debate tuvo otra notable consecuencia: Las Casas aprovechó su deposición ante la Junta para publicar al poco tiempo su célebre *Brevísima relación de la destrucción de las Indias* —publicado en inglés tiempo después con el económico nombre de *The tears of the Indians*—, un apasionado panfleto sobre el que casi de inmediato las potencias enemigas de España —Inglaterra, Holanda, Francia— comenzaron a montar lo que desde entonces se ha llamado la Leyenda Negra, esto es, una descripción terriblemente negativa del modo en que España se apoderó de América y de la forma en que conseguía sostener su discutible autoridad. Pero ese texto, conocido y distribuido en el Nuevo Mundo, también alimentó el resentimiento contra la metrópoli entre muchos de los habitantes de América, y la ominosa certeza de que el Estado impuesto en este continente adolecía de una falta casi total de legitimidad derivada de la inmensa crueldad con que los españoles trataban a los indios, contraviniendo los principios cristianos y hasta las propias normas dictadas desde España.

No obstante, acaso hay algo aún más importante en el debate entre estos dos hombres, un aspecto que encierra una de las claves básicas para entender a América Latina. Tanto Bartolomé de las Casas como Juan Ginés de Sepúlveda son profundamente religiosos y españoles. Sepúlveda, además, es un patriota nacionalista. Un patriota español que choca con la fe del dominico. Las Casas, en su celo religioso, llega, por ejemplo, a ser un decidido partidario de la Inquisición. Pero esa fe extrema acentúa de alguna manera la permanente tensión que existía entre la Iglesia y el Estado. En la España del XVI, la religión y el Estado, sin ser la misma cosa, es-

taban inextricablemente mezclados, y así sería hasta prácticamente el fin del dominio español en el primer cuarto del siglo XIX. Las
Casas representa para los indios la cara compasiva y protectora de
la Iglesia, ciertamente querida por lo que tiene de consuelo, y porque es la única institución capaz de ayudarlos a salir de su tragedia, mientras que Sepúlveda —que seguramente no tuvo conciencia de esto— encarna al Estado impuesto por la fuerza. Sepúlveda
es el virrey, el alguacil, el encomendero: es la mano dura. Las Casas, y todos los que como él actuaron, son el refugio frente a todo
eso. De ahí la aparente paradoja de unos indios que se cristianizan
y reverencian a la Iglesia que les han traído e impuesto los españoles, al tiempo que repudian sordamente al Estado que los sojuzga.
De ahí también esa intensa devoción que se observa en las sociedades latinoamericanas donde el peso de la población india o mestiza
es muy grande: México, Perú, Guatemala, Bolivia. Cuando en el XIX
los mexicanos se lanzaron a la guerra de independencia, enarbola-
ban la virgen de Guadalupe. La anécdota ilustraba un profundo
sentimiento: Guadalupe ya no era la virgen de los españoles, sino
de los mexicanos. La actitud compasiva de cierto clero lascasiano
había logrado que la Iglesia y el cristianismo formaran parte de la
identidad latinoamericana. El Estado, en cambio, seguía siendo
una cosa distinta y remota. Los indios, a su manera y sin olvidar
ciertas creencias y costumbres precolombinas, se cristianizaron
profunda y radicalmente, pero no se españolizaron en el terreno político. El Estado seguía siendo algo ajeno. Por eso, llegado el momento, le hicieron la guerra a España, pero no al cristianismo.

Aristóteles en América

Acaso en este punto —ya mencionados Aristóteles y el tomismo
en el epígrafe anterior— se hace indispensable contar someramente cómo y por qué un filósofo de la Grecia pagana del siglo V a.C.,
traído de la mano por santo Tomás de Aquino en el siglo XIII, se
convierte en la autoridad invocada por españoles cristianos del siglo XVI para justificar tanto la conquista como la guerra que ésta
inevitablemente conlleva.

En el siglo XII, primero en la Universidad de Oxford y luego en la
de París, la *intelligentsia* más audaz de la época, encabezada por un
par de frailes franciscanos, comenzó a plantear que la ciencia y la re-

ligión moraban en dos ámbitos diferentes: a la ciencia se llegaba por la verdad observada y comprobada mediante la razón. A la religión, en cambio, por la revelación y el testimonio de las autoridades. Para un lector del siglo XXI esa observación es una verdad de Perogrullo que no merece discutirse, pero para una persona del Medievo era una propuesta estremecedora. Por lo pronto, se trataba de un formidable deslinde entre campos que, hasta ese momento, formaban parte de un patrimonio exclusivo de la Iglesia. Constituía un paso gigante hacia la secularización de la sociedad. Pero en el terreno científico el asunto era aún más complejo: eso quería decir que cuando la Iglesia quisiese opinar en materia de ciencia, tendría que dotar sus propuestas de explicaciones racionales. No podría refugiarse en su propia autoridad ni en las afirmaciones de sus libros sagrados.

En ese mismo siglo XII, un árabe nacido en 1126 en Córdoba —entonces territorio islámico—, llamado Mohamed Ibn Rushd, filósofo, jurista, juez, luego conocido como Averroes, redescubre a Aristóteles y lo traduce del griego al árabe, rescatando del estagirita —Aristóteles había nacido en Estagira, una ciudad de Macedonia, en el norte de Grecia— una idea fundamental: existía una naturaleza que podía ser descubierta por medio de la razón. Cuando la sociedad y las leyes se adaptaban armónicamente a esa naturaleza, cuando no la violentaban, cumplían sus fines. La autoridad incluso debía emanar del conjunto de la sociedad por medio de decisiones racionales. Era la teoría *ascendente* del poder, pilar sobre el que luego se asentaría la democracia. No se mandaba por la gracia de Dios —teoría *descendente* del poder—, sino por el consentimiento de las personas. El poder legítimo, pues, *ascendía* de los ciudadanos hacia la cúspide. Averroes muere en el exilio marroquí en 1198, enfrentado con la ortodoxia islámica —nada feliz con sus reinterpretaciones del Corán—, pero su obra *La incoherencia de la incoherencia* ya ha sido traducida al latín y en la Universidad de París —entonces el verdadero cerebro de la cristiandad— no sólo se discute a Averroes, sino también a Aristóteles, súbitamente colocado de nuevo en una especie de admirado pedestal intelectual.

La Iglesia se da cuenta del enorme peligro que esto entraña para su autoridad, y el papa Gregorio IX, tras prohibir la lectura de Aristóteles a estudiantes y profesores de la Universidad de París, elige a dos dominicos de gran fama intelectual, el holandés Guillermo de Moerkebe y el alemán Alberto Magno, así como a un joven italiano, también dominico, discípulo de Alberto Magno, llamado Tomás de Aquino, y les encomienda la tarea de formular la posición de la Iglesia ante aquella arremetida de la razón. De los tres, sería el último el que realizaría el trabajo, pero no desmintiendo a Averroes —de quien fue admirador—, ni refutando a Aristóteles, sino todo lo contrario: convirtiendo la vasta obra del griego en el basamento teórico sobre el que se sujetaría el catolicismo a partir de ese momento y por un buen número de siglos.

Santo Tomás se propuso cristianizar a Aristóteles, pero tal vez logró el resultado inverso: aristotelizó el cristianismo, convirtiendo las opiniones del filósofo en la guía para fijar la ortodoxia católica. La diferencia era sutil: si las autoridades convencionales, basadas en revelaciones, ya no servían para enjuiciar las opiniones y los hechos, las reflexiones y pensamientos de Aristóteles, tamizados por Tomás de Aquino pasaban a ser el canon de la ortodoxia católica. La racionalización de Aristóteles se convertía entonces en la razón de la Iglesia. Era un paso de avance y contribuyó a crear una atmósfera intelectual más tolerante, pero tenía sus peligros. Aristóteles, por ejemplo, sostenía, como era usual en su época, que la Tierra era el centro del universo y el Sol giraba en torno a ella. Cuando en el siglo XVI Copérnico demostró lo contrario, las autoridades religiosas lo amonestaron por ello, recordando los escritos del supuestamente infalible Aristóteles. En el XVII, cuando Galileo volvió a la carga, la Inquisición lo obligó a retractarse: no se podía negar a Aristóteles impunemente.

Tomás de Aquino dejó una vastísima obra escrita en latín, fundamentalmente la *Suma Teológica*, que le mereció el título de «doctor de la Iglesia», otorgado en el siglo XVI. Murió en 1274, a la temprana edad de cuarenta y ocho años, a lo que seguramente no fue ajena su inmensa gordura. Casi cien años después de su nacimiento, en 1324, el papa Juan XXII lo hizo canonizar. La gran ironía es que Aristóteles y Tomás de Aquino, ambos defensores de la teoría ascendente del poder, ambos creyentes en que a los ciudadanos, por el simple hecho de ser personas libres, les asistían ciertos derechos naturales imprescriptibles, ambos partidarios de limitar con leyes justas el poder de los príncipes —lo que en modo alguno, por supuesto, los convertía en «demócratas» en el sentido moderno del término—, acabarían situados en el bando de quienes, como Sepúlveda, invocaban sus palabras para justificar la guerra contra los indios infieles y hasta la esclavitud de los rebeldes si fuera necesario. Pero era cierto: Aristóteles, en efecto, miembro de una sociedad en la que el número de esclavos y de «metecos» —extranjeros privados de derechos— superaba al de las personas libres, había escrito que los bárbaros podían ser sometidos a cautiverio y obligados a trabajar. No eran personas. Eran cosas. Y lo eran, además, por naturaleza. Santo Tomás, por su parte, no lo desmintió ni contradijo. En el siglo XIII no había, todavía, abolicionistas.

¿Y los títulos justos de la Iglesia?

Hasta ese punto, arbitrarios o razonables, España exhibía unos elementos de legitimación moral y jurídica sostenidos por el aval de la Iglesia. Pero ¿dónde estaba la legitimación de la Iglesia para otorgar esos poderes, dispensar favores, nombrar príncipes y disponer en América del destino de millones de seres humanos que jamás habían oído hablar de Jesús, de Roma o de la Iglesia? Es una historia apasionante en la que no faltan citas de la Biblia, principios nobles, y, cómo no, trampas y mistificaciones asombrosas. Veámosla, porque también forma parte de la historia de América.

Los «derechos» de España y Portugal sobre el Nuevo Mundo fueron establecidos por varias bulas papales concedidas por Alejandro VI, entonces cabeza de la Iglesia, y por un posterior tratado entre las dos naciones (Tordesillas, 1494), pero esa graciosa donación del jefe de la Iglesia, piedra fundamental sobre la que se asentaría la conquista y colonización, enseguida fue cuestionada por otras naciones, y seguramente no fue aceptada, y ni siquiera comprendida por los azorados moradores autóctonos del mundo descubierto por Colón.

Lo que el Papa había hecho no era una novedad. Existían numerosos precedentes sentados por anteriores pontífices. Adriano IV, a mediados del siglo XII, concedió Irlanda a los ingleses. En el XIV las islas Canarias fueron cedidas a los castellanos por Clemente VI. En el XV Portugal se benefició de las generosas donaciones africanas hechas por los papas Martín V y Eugenio IV. Eran territorios de infieles, de manera que el pontífice podía entregarlos a las naciones dispuestas a cristianizar a esos paganos, e, incluso, las autorizaba a esclavizarlos y a privarlos de sus posesiones. Así lo entendió el papa Nicolás V cuando en 1545 legitimó al portugués Alfonso V para que conquistara una buena porción de la costa occidental de África.

Cualquier lector contemporáneo se hace de inmediato la siguiente pregunta: ¿de dónde surgía la autoridad del Papa para disponer del globo terráqueo según su augusto criterio? La respuesta no carece de interés. Surge de una cita de apenas siete palabras que aparece en el Nuevo Testamento, cuando Jesús, tras la crucifixión y una vez resucitado, de acuerdo con la versión de los cristianos dice a sus discípulos: «Id e instruid a todos los pueblos.» A esto se suman los documentos apócrifos que en gran medida decidieron el curso del mundo durante más de mil años: la *Epístola Clementis*, supuestamente transmitida por san Pedro a su sucesor —una falsificación que data del siglo V urdida por el papa León I—, y la *Donación de Constantino,* otro documento falso, este del siglo VIII, personalmente presentado por el papa Esteban II a Pipino, entonces rey de los francos tras el golpe de Estado propinado a Childerico III.

¿Cómo comenzó este complicado embrollo de falsificaciones justificadas por razones de Estado? A partir del momento en que, a principios del siglo IV, el emperador Constantino adopta el cristianismo, pero no como un creyente más, sino, de facto, como otra cabeza de la Iglesia —preside concilios y designa o destituye dignatarios—, inaugurando con ello un delicado pleito entre el poder político y la jerarquía eclesiástica católica que duró hasta la segunda mitad del siglo XIX, cuando el Papa pierde la soberanía sobre los Estados Pontificios y se transforma en una referencia moral.

Por eso, por sus vínculos con la tradición imperial romana, toda la liturgia católica adquiere una atmósfera sagrada que conserva los símbolos del paganismo: al Papa se le reverencia como al emperador, posee un trono, frente a él las gentes se arrodillan, se desplaza bajo palio, y hay coros que cantan himnos. El emperador Constantino y sus sucesores actúan como papas. Luego los papas actuarán como los emperadores. En Bizancio, en el sector oriental del Imperio romano, el emperador conmemora la muerte de Jesús en una simbólica «última cena» a la que invita a doce miembros de la aristocracia. Uno por cada discípulo. Uno por cada tribu de Israel. También lava los pies a doce indigentes. ¿No era el emperador la cabeza de la religión pagana? Seguirá siéndolo de la católica, por lo menos hasta que el obispo de Roma lograra zafarse de ese incómodo dominio que, por cierto, terminó por dividir a la Iglesia.

Esta simbiosis ocurre, como queda dicho, en Constantinopla, lo que determina que los primeros siglos del catolicismo sean fundamentalmente griegos, aun cuando se le reconozca cierta supremacía al obispo de Roma. ¿Dónde se origina este privilegio romano? Como tantas veces, en una breve frase cuidadosamente extraída de la Biblia. Según el Evangelio de Mateo, Jesús le transmitió a Pedro una extraordinaria autoridad para actuar en los asuntos terrenales: «Cuanto atares en la tierra será atado en los cielos y cuanto desatares será desatado en los cielos.» De esta forma no cabía duda de que Pedro era algo más que el primero de los discípulos: era una especie de vicario de Jesús, un apoderado del Nazareno capacitado para actuar en su nombre porque las decisiones que él tomara serían avaladas en los cielos.

Pero esto tenía que ver con Pedro. Mateo nada dijo de sus sucesores. ¿De dónde, pues, emanaba la autoridad de los que luego ocuparon el trono de Pedro? Es aquí cuando, a mitad del siglo IV, en medio de una disputa entre el papa León I y los poderes oficiales, muy oportunamente aparece una supuesta carta escrita por san Pedro al papa Clemente I, en la que lega como herencia sus atributos cuasi divinos a cualquiera que sea obispo de Roma y, por ende, Papa. La burda contradicción radica en que Pedro murió —fue ejecutado por los romanos— en el año 65 o 67, y tras él hubo dos obispos de Roma: Lino, entre el 67 y el 76, y Anacleto, entre el 76 y el 78, ambos declarados santos por la Iglesia. Si Pedro hubiera decidido delegar sus poderes sobrenaturales, lo razonable es que se los hubiese otorgado a Lino y no a Clemente, quien no accedería al papado hasta veinte años después de su muerte. En todo caso, entre esos atributos supuestamente estaba el de legitimar a los gobernantes y organizar la Iglesia de acuerdo con su libérrimo criterio. El Papa no tiene que obedecer a nadie. No puede ser juzgado por sus súbditos. Sólo responde ante Dios. La organización que preside es vertical y el poder es descendente. Él lo otorga. Y cuando él lo otorga es Dios mismo quien lo está concediendo. Dios es el *pantocrator*, tiene el don de la omnipotencia, y ha convertido al Papa en *autocrator*, señor independiente de cualquier otro poder, y en *cosmocrator*, señor y gobernador del mundo.

El Papa, pues, puede legitimar monarcas. ¿Cómo se sabe esto? Porque en la Biblia los profetas de Israel ungían a los reyes, y el Papa es también una especie de profeta bíblico: puede *entronizar*, está facultado para colocar en el trono a los monarcas. Para ello utilizará una simbólica corona y una espada. La corona significa la autoridad que el Papa le asigna al monarca; la espada representa la responsabilidad que tiene éste de defender a la iglesia. De ahí surge la frase, que llega a nuestros días: «Rey por la gracia de Dios.» Sólo el Papa podía decidir a quién concedía Dios su gracia, pues él era su apoderado en este valle de lágrimas. Y quien así asumía la autoridad sólo ante Dios era responsable de sus actos.

Poco a poco, el Papa, obispo de Roma, va alejándose de la autoridad del emperador radicado en Constantinopla. El idioma se trasforma en una creciente barrera. Los griegos del Imperio bizantino van perdiendo su dominio del latín y los romanos de lengua latina olvidan el griego. La Biblia —hasta entonces en griego— se traduce al latín, y es a partir del siglo v cuando este idioma se va convirtiendo de manera acelerada en la lengua franca del catolicismo. Ese factor aumenta la incomunicación entre Roma y Constantinopla. No es algo que preocupe excesivamente al Papa, a quien le interesa ejercer su autoridad sobre el occidente de Europa y alejarse de la hegemonía bizantina. Sabe que los enfrentamientos acabarán conduciendo a un cisma definitivo. Es verdad que Europa occidental es la región más atrasada y desorganizada, es cierto que los bárbaros —las tribus germánicas— han destruido el Imperio romano de Occidente, pero desde la Roma católica eso se ve como una oportunidad más que como una desgracia. Esos bárbaros se latinizaron, no se helenizaron. El cristianismo que terminaron por aceptar es el de Roma, no el de Bizancio, aunque en sus comienzos la variante arriana —más simple y comprensible— haya sido dominante. La iglesia «romana», pues, puede llenar el vacío que deja la desaparición del poder político. Con gran audacia, el Papa ordena a los misioneros irlandeses que conquisten el mundo para gloria de la Iglesia católica «romana». El gentilicio es importante y se subraya en todos los documentos y oraciones. Contiene una secreta connotación antigriega.

A mediados del siglo VIII ocurren dos acontecimientos paralelos que tendrán un enorme impacto en la historia, aun hasta nuestros días: en el seno del poderoso reino de los francos, ocupantes de buena parte de lo que hoy son Francia, los Países Bajos y Alemania, Pipino el Breve, mayordomo de palacio, hijo de Carlos Martel y padre de Carlomagno, depone al rey Childerico III, mientras en el sur otro pueblo germánico, los lombardos —que desde el siglo VI había penetrado profundamente en Italia—, acosa a la Iglesia y amenaza con apoderarse de los territorios bajo el control papal. ¿Cómo se armonizan estos hechos? Pipino, que dirige el reino más poderoso de Europa occidental, es un gobernante ilegítimo. Necesita reforzar su autoridad. El Papa, en cambio, está en peligro y ni puede ni desea acudir a Constantinopla en busca de ayuda, pues Bizancio, que le disputa la supremacía sobre el cristianismo y el control de los territorios de la península itálica, también se ha convertido en su enemigo natural. Roma requiere las tropas francas. Las precisa frente a lombardos y bizantinos. Ahí está el *quid pro quo*. Pipino necesita que el Papa avale su Gobierno *de facto*. Que lo transforme en un Gobierno *de jure*. Trato hecho. El Papa legitimará a Pipino y a su dinastía a cambio de la eliminación de los lombardos y de mantener a raya a los griegos. Eso exactamente es lo que sucede. Súbitamente, sin que nadie lo advierta, el eje cultural del mundo cambia de dirección.

¿Cómo fue el pacto? El papa Esteban II viaja a tierras francas con ese propósito. Lleva en su equipaje un documento decisivo: la *Donación de Constantino*, hoy conservado en París. Es una invención de cabo a rabo. Según ese texto, basado en una antigua leyenda, a principios del siglo I Constantino, el primer emperador romano que se convierte al cristianismo, supuestamente en agradecimiento al Santo Padre por haberle curado la lepra (una enfermedad que nunca padeció), se postró a los pies del papa Silvestre, le sirvió como caballerizo o *strator* —una especie de criado que marchaba a pie guiando el caballo—, y le transfirió todos sus poderes. Le dio la lanza, el cetro, el manto púrpura, la túnica. Hasta la corona le entregó, pero Silvestre, en lugar de colocársela en su propia cabeza, la coloca en la de Constantino. De acuerdo con esta fantástica invención, es él, el Papa, quien hace emperador a Constantino, y este, en agradecimiento, dona al Papa toda Italia, que luego se reduce a Rávena y el ducado de Roma. Pipino escucha la propuesta del pontífice, acepta el pacto y se convierte en la espada del catolicismo. Desaloja a los lombardos y libera Roma de este peligro y del que representaba el siempre amenazador Bizancio. ¿Sabía Pipino que el documento que le exhibían era apócrifo? Da igual: le convenía que fuera legítimo. A partir de ese momento el emperador radicado en Constantinopla no fue otra cosa que un rey griego. Roma ya podía cortar las ataduras. Tal es el origen del «poder temporal» del Sumo Pontífice sobre los Estados Pontificios, territorios que permanecerán bajo soberanía papal nada menos que hasta 1870, y de lo cual aún sobrevive un glorioso vestigio con techos y paredes maravillosamente decorados por Miguel Ángel: el Vaticano.

Pero hay otras dos consecuencias colosales: ahí es cuando verdaderamente nace Europa desde un punto de vista político y cultural, y es en ese momento cuando el centro de la civilización europea comienza a trasladarse del Mediterráneo al norte del continente. También en ese instante el Papa establece un importantísimo precedente: adquiere la autoridad de legitimar monarcas. En la teoría descendente del poder —todo poder viene de Dios, como certificaba san Pablo— él es el primer receptor. Él delega en los príncipes cristianos el poder que Dios le ha dado para gobernar el mundo. Él es el emperador del mundo por dos vías —ambas apócrifas—: la que hereda de Pedro como cabeza de la Iglesia según la falsa *Epístola Clementis*, y la que obtiene de Constantino de acuerdo con la no menos falsa *Donación*. Mas no importa: de estas dos mentiras ha nacido Europa, y en Roma comienzan a soñar con la restauración del Imperio romano. Sin embargo, ya no puede ser latino. Pues quienes han salvado el catolicismo son germanos. La entidad se llamará Sacro Imperio Romano Germánico, y nunca podrá establecerse del todo, pero la figura papal conservará desde entonces un inmenso poder político. Tanto, que setecientos años después de la entrevista entre el franco Pipino y el Papa, los españoles, entonces empeñados en la aventura americana, continuaban sometidos a su autoridad e intentaban encontrar ahí la legitimidad de sus actos. De ese encuentro procedían esos discutibles títulos justos que nunca lograron persuadir del todo a los latinoamericanos.

UN ESTADO A INSATISFACCIÓN DE TODOS

El pecado original del Estado en América Latina no era sólo de carácter moral o metafísico. Se palpaba, sí, un claro malestar ante una conquista y colonización difícilmente justificables en el terreno ético —como denunciaban muchos sacerdotes y moralistas—, y existía un explicable rencor entre una población indígena a la que habían arrancado sus dioses, habían impuesto otras costumbres y obligaban a trabajar brutalmente —pese a leyes y normas que recomendaban un trato más clemente—. Pero los aborígenes no eran los únicos en sentirse agraviados por el nuevo orden que comenzaba a instalarse en América: paradójicamente, los colonizadores también resentían el trato dispensado por la Corona.

En efecto, la deslegitimación del Estado era a tres bandas: los españoles, los indios y, cuando los hubo en cantidad apreciable, los mestizos. Resultaba sencillo entender las doloridas razones de los dos últimos grupos, discriminados y maltratados, profundamente humillados y ofendidos, pero ¿por qué los españoles? Tampoco era difícil de hallar la respuesta: porque existía una fundamental discrepancia de fondo entre los intereses de los conquistadores y los de la Corona. Para los Pizarros, los Cortés o los Almagros, la aventura en que se habían enrolado era un negocio privado, y como tal se la habían planteado. Se trataba, esencialmente, de un asunto de oro, especias, botines, esclavos, mujeres y sirvientes, a los que luego se agregaron fincas enormes, haciendas y casas suntuosas. Ése era el propósito de los conquistadores: se *entraba* en los pueblos indios para saquearlos. Igual sucedía con las *cabalgadas*, unas incursiones de castigo y depredación contra adversarios usualmente situados en total desventaja. El pillaje era una recompensa éticamente aceptada en la vieja Europa. ¿Cómo no iban a hacerlo los españoles en América cuando la soldadesca del mismísimo Carlos V, enfurecida, lo practicó hasta en Roma (1527) cuando el emperador no pudo pagar los salarios, y, por las mismas razones, la que supuestamente obedecía a su hijo Felipe II repitió en Amberes (1576) una parecida carnicería, pero agravada, pues asesinaron a unas ocho mil personas y destruyeron e incendiaron varios centenares de edificios?

Obviamente, también intervenían la búsqueda de gloria y de relevancia social, pero primaban los intereses materiales. Al fin y al cabo, el común denominador de los conquistadores era la falta de solidez económica en su lugar de origen. Cruzaban el Atlántico para enriquecerse y, de ser posible, regresar a la Península con una generosa cantidad de dinero. Generalmente, se trataba de *segundones* de algo menos de treinta años, mejor educados que la media nacional, que no heredarían fortuna alguna. Los verdaderos ricos o los grandes nobles rara vez se trasladaron al Nuevo Mundo. «Hacer la América», como luego se dijo, no tenía sentido para ellos. Para la Corona, en cambio, al margen de los impuestos que prontamente impuso a los indígenas o a las transacciones comerciales, el descubrimiento y la colonización eran cuestiones de poder y autoridad sobre un territorio desmesurado que crecía con cada expedición que se internaba en las selvas, navegaba los imponentes ríos o escalaba las enormes cadenas montañosas; un territorio, además, inmensamente rico en metales preciosos, sostén principal en aquel entonces de la poco refinada tesorería pública española, incapaz de entender que, a la larga, la riqueza obtenida de ese modo podía convertirse en un regalo envenenado.

El primer «ejército»

El acuerdo entre la Corona y los conquistadores —por lo menos en la última década del siglo XV y las primeras del siglo XVI— por una parte era una especie de «carta de mercedes» otorgada por los reyes en caso de que, efectivamente, se produjesen descubrimientos, y por otra recordaba un contrato comercial que hoy sería calificado de *joint venture: grosso modo*, los conquistadores aportaban a la empresa los medios económicos y el capital humano, y los monarcas la legitimidad y la autorización para llevarla a cabo, así como la protección contra otros poderes depredadores provenientes de Europa que acechaban en el vecindario. Los beneficios que pudieran derivarse se dividían de manera muy favorable a la Corona —los monarcas se reservaban, por lo menos, el consabido «quinto real»—, pero en manos de los conquistadores quedaban otros notables privilegios. Colón, por ejemplo, por medio de las capitulaciones de Santa Fe fue nombrado adelantado mayor, virrey y almirante de la Mar Océana con carácter vitalicio y hereditario, lo que no impidió que, en la práctica, Fernando el Católico desconociera ese compromiso, aun cuando Diego Colón, hijo del navegante genovés, ejerció por un tiempo como virrey en La Española.

Las capitulaciones no se limitaban a pautar las relaciones entre los conquistadores y los reyes, sino que se utilizaban también para el reclutamiento de lo que se ha llamado la «hueste de conquista», especie de condotieros que voluntariamente se alistaban junto a un capitán, o adalid, con el que pactaban las condiciones para la repartición de los botines o la asignación de privilegios. Generalmente no recibían salario, ellos mismos se costeaban las armas y, cuando las tenían, aportaban la cabalgadura. Estos verdaderos protoejércitos privados, en los que la excepción era la experiencia en guerras convencionales, no tardaron en entrar en conflicto con las «huestes reales», militares reclutados y pagados por la Hacienda pública para defender los intereses de los reyes, y no necesariamente los de los conquistadores. En el segundo viaje de Colón los monarcas españoles, impresionados por los resultados e historias de la primera travesía —avalados por la folclórica presencia en Barcelona de media docena de indios asustados y otros tantos papagayos de increíbles colores—, se ocuparon de incluir en la expedición «veinte lanzas jinetas» de la Hermandad del Reino de Granada. Eran funcionarios del Estado castellano. Se suponía que venían a contribuir a la conquista, pero probablemente su más importante y discreta función era otra: exhibir el estandarte regio. Cimentar el establecimiento de la autoridad real por encima de la que oficiosamente proclamaban Colón y sus hombres. Dejar sentado de manera muy clara quién era el soberano y quiénes los vasallos.

Curiosamente, la diferencia entre las huestes de conquista y las huestes reales era la que existía entre el Medievo y los tiempos modernos que comenzaban a cristalizar. Las huestes de conquista no constituían tropas regulares, ni se adiestraban para los combates, ni dependían de otros medios de subsistencia que los que se obtenían como consecuencia de la lucha misma. Las relaciones entre el jefe y sus subordinados no estaban estratificadas de forma rígida, aunque para establecer la cuantía de las recompensas se tomaban en cuenta ciertos rangos sociales, comportamientos en combate o inversión económica en la compañía. Se trataba más bien de una banda que de un ejército. Una banda que se disolvía tras la victoria y sus miembros pasaban a desarrollar actividades privadas —finqueros, ganaderos, mineros— o se trasformaban en funcionarios civiles. En cierta forma, algo así ocurría con las instituciones militares medievales congregadas en torno al señor feudal, pero se diferenciaban de ellas en el carácter estrictamente voluntario de las que marcharon a América.

Las huestes reales, en cambio, entroncaban con la tradición castrense romana —madre de todas las fuerzas armadas— y con los ejércitos modernos. Se trataba de militares profesionales. Se adiestraban, vivían en cuarteles y estaban sujetos por un milenario código de honor que despreciaba la cobardía, ponderaba el arrojo, la lealtad en combate y la obediencia a los mandos superiores. Tenían —o se esperaba que tuvieran— «espíritu de cuerpo», esto es: un especial vínculo tribal, una emoción gregaria que los unificaba y diferenciaba del resto de los mortales. Se sentían —o debían sentirse— diferentes. Gesticulaban de modo parcialmente distinto: saludaban con la mano de cierta manera, daban taconazos, erguían el tórax. Eran militares. Para fortalecer esos lazos también contaban con símbolos visuales: uniformes, banderolas, insignias. A los que se agregaban los símbolos acústicos: expresiones orales secas y cortantes, tambores, ritmos musicales especiales, silbatos, cornetas; mientras exhibían un asombroso comportamiento —único del ser humano— de muy difícil explicación racional: caminaban rápidamente con unanimidad. Se desplazaban juntos, con el mismo pie y a la misma distancia. Era la coreografía castrense. Es decir, marchaban, y con la cadencia de los pasos unánimes —practicados desde las formaciones defensivas romanas— aparentemente percibían y disfrutaban una sensación psicológica vinculada con las danzas guerreras —y con todas las danzas—, estado anímico de excitación calificado como «marcialidad». Según los expertos, por razones que la ciencia todavía no ha descifrado, pero que supone relacionadas con la actividad de los neurotransmisores, ello aumenta la disciplina y multiplica la ferocidad en el combate, dos elementos muy convenientes para aniquilar a los enemigos e intimidar a los indiferentes. Así eran —y son— los ejércitos regulares.

Los que poco a poco comenzaron a llegar a América no fueron distintos. Primero arribaron guardias al servicio casi personal de los virreyes y de los dignatarios más encumbrados. Después, a esos primeros contingentes fueron sumándose unidades militares más complejas, en la medida en que los piratas, corsarios o las fuerzas navales adversarias pertenecientes a Inglaterra, Francia y Holanda asediaban ciudades costeras como Panamá, Veracruz, Cartagena de Indias, La Habana, San Juan de Puerto Rico y otra buena docena de centros urbanos obligados a fortificarse y a dar albergue a formaciones equipadas con artillería fija y móvil, innecesaria o excesiva para controlar a los nativos. El militarismo comenzaba a arraigar como consecuencia de los peligros externos: por una parte era útil para mantener a los extranjeros fuera de los dominios españoles; por la otra, para intimidar sutilmente a los propios colonizadores. Es posible que esta segunda tarea dejara su impronta en la mentalidad social latinoamericana. En todo caso, con el paso del tiempo las unidades militares regulares también contaron con tropas criollas blancas, más las «pardas» o «morenas», es decir, mestizas. Se procuraba, sin embargo, que la alta oficialidad fuera española.

Como era anticipable, la Corona y los conquistadores no tardaron en enfrentarse. El propio Colón acabó, de regreso en España, preso y encadenado como consecuencia de intrigas, acusaciones de corrupción, arbitrariedad y nepotismo que probablemente encubrían una lucha por el poder. Mientras las huestes de conquista avanzaban, los funcionarios reales y los religiosos —que generalmente respondían a los monarcas, que eran quienes los asignaban en las expediciones— iban estableciendo los límites de mando y acotando las zonas de la autoridad castellana. En cada «empresa» descubridora, junto a los conquistadores, había un oficial de entrada. Era un representante de la Hacienda Real que iba a defender la parte del botín que correspondía a la Corona: ese quinto real que el monarca español exigía sin miramientos porque sus arcas en la vieja Europa siempre estaban al borde de la quiebra como consecuencia de las incesantes guerras.

Los conflictos —y el pleito de Colón con el comendador Francisco de Bobadilla, su perseguidor, es un ejemplo dramático— comenzaron a ocurrir en fecha tan temprana como el período de los RR.CC., terminado con la muerte de Fernando el Católico en 1516, y luego continuaron de forma intermitente durante los reinados de Carlos I de España y V de Alemania (1517-1556) y su hijo Felipe II (1556-1598), fundadores de la dinastía de los Habsburgos. Aunque los matices de estos enfrentamientos eran numerosos, la esencia puede resumirse en una melancólica frase escrita por Francisco de Pizarro, conquistador de Perú y protagonista él mismo de sangrientas luchas por el poder: «En tiempos que estuve conquistando la tierra y anduve con la mochila a cuestas, nunca se me dio ayuda, y agora que la tengo conquistada e ganada, me envían padrastros.» La misma frustración, aunque en distintos momentos, sintieron

Cristóbal Colón, Hernán Cortés, Diego de Almagro: la Corona no los dejaba explotar a sus anchas a los indios, les limitaba la toma de decisiones políticas y con frecuencia les negaba las distinciones sociales o les regateaba los bienes materiales. El choque de intereses era constante y evidente. Finalmente, el Estado español, tras sofocar una docena larga de conjuras y sangrientas sublevaciones —alguna de ellas llegó a saldarse con el virrey del Perú degollado por sus airados compatriotas—, fue cerrando el puño con firmeza sobre indios y conquistadores hasta conseguir someterlos a todos a la obediencia. Ese control fue más estrecho, por supuesto, con el paso de los años, y se endureció significativamente con la llegada de los Borbones.

Un sagaz historiador de este período, J. M. Ots Capdequí, ha calificado esta fase como la «reconquista» de América. Y así fue: tras la huella de los aventureros llegaron los funcionarios y las instituciones. La ficción, sostenida por la Corona y sustentada por juristas y teólogos hasta 1519, consistía en que América no era una colonia, sino una provincia de un mismo imperio, figura jurídica más encaminada a reafirmar la dudosa soberanía castellana frente a otras potencias europeas que a beneficiar a nativos y conquistadores, y los indios no eran esclavos sino ciudadanos de pleno derecho, distinción muy útil para protegerlos de la codicia o la crueldad de ciertos conquistadores, pero también para poder cobrarles impuestos. La realidad, sin embargo, era otra: los mestizos e indios eran ciudadanos de segunda y tercera categoría. Los cautivos negros, que no tardaron en comenzar a llegar como reemplazo de unos indios exhaustos por el trabajo intenso y diezmados por las enfermedades, prácticamente carecían de derechos.

Así fue: lejos de tratar de integrar a los indios en el mundo de los españoles, y decididos los españoles a no mezclarse socialmente con los indios —excluyendo las relaciones sexuales con las mujeres, naturalmente—, dentro de la ficción del Reino de Indias crearon unas entidades llamadas repúblicas de los indios. ¿De qué se trataba? De pueblos, o «reducciones», construidos para albergar indios, y a los que sólo unos pocos españoles tenían acceso: los encomenderos, los curas «doctrineros», los corregidores. Un objetivo claro de estos pueblos de indígenas era facilitar la transculturación. Enseñarlos a comportarse como españoles, pero sin franquearles realmente la puerta de una identidad totalmente inaccesible. Un judío o un moro conversos al cristianismo, a trancas y barrancas podían integrarse a la «españolidad». Un indio o un mestizo siempre quedaban en la entrada. Otro objetivo de estos poblados era proteger a los indios de la sevicia, la lujuria y la falta de escrúpulos de muchos conquistadores y colonizadores. Era una noble preocupación segregacionista que ciegamente conducía a lo que hoy llamaríamos *apartheid*.

¿Cómo tan pocos españoles pudieron someter a la obediencia a millones de indios? ¿Cómo pudieron internarlos en esos pueblos y obligarlos a vivir a la manera española? Sólo había un método: utilizando como correa de transmisión a los indios más notables, a los caciques y sus familias. En lugar de aplastar a la vieja clase dirigente india —excluidas las principales cabezas, que rodaron en la batalla— la convirtieron en instrumento de la clase dirigente española. Y para reclutarla, otorgaron a los indios principales privilegios parecidos a los de los españoles: crearon colegios para educar a sus hijos, les dieron tierras, los dotaron de buenas casas, unos pocos fueron encomenderos de otros indios más desdichados, y un número mayor pudo poseer esclavos negros. Se fue haciendo, pues, una pequeña subaristocracia india, paralela a la española y totalmente a su servicio. Eran quienes cobraban impuestos a los indios —los españoles estaban exentos—, los que portaban armas y mantenían el orden, los funcionarios administrativos de sus propias localidades. Eran los únicos indios —por un largo período— autorizados a montar a caballo, ese animal temido y admirado por los aborígenes, símbolo de *status* y representación del máximo pavor. Obviamente, el odio de la gran masa indígena tuvo que ser infinito, pero ahora podía reservar una buena parte de su amargura contra su misma gente. Y ese sentimiento, intermitentemente, cobró vida en sangrientos levantamientos surgidos en toda la geografía colonial: Jacinto Canek en Yucatán, Tupac Amaru en Perú, Tupac Catari en Bolivia. Dos siglos y medio después de la llegada de Colón la inmensa mayoría de los indígenas era incapaz de hablar en español. Todavía soñaban en sus lenguas, y en ellas convocaban a rebeliones imposibles.

Si para España los territorios recientemente descubiertos eran difíciles de absorber e incluso de entender, al otro lado del espejo sucedía lo mismo. Desde la perspectiva americana, España resultaba un mundo remoto y ajeno. Los españoles de la Península, como todos los pueblos del occidente de Europa, podían sentirse agrupados en torno a su rey y su religión, el único patriotismo posible en esa época y por los tres siglos venideros, puesto que no existía el nacionalismo en el sentido que hoy le damos a esa palabra. Pero ¿cómo esperar ese tipo de vinculación emotiva con España por parte de los indios, los mestizos y aun los criollos que iban naciendo en el Nuevo Mundo? ¿Cómo esperarlo de los españoles que se sentían defraudados por una metrópoli que no los dejaba medrar a sus anchas pese a sus inmensos méritos y sacrificios personales? España era una cabeza tan distante y diferente del cuerpo que pretendía regir, que nunca se produjo una verdadera simbiosis. Obsérvese el fenómeno: no se gestaba un Estado a la medida de las necesidades de los ciudadanos, ni siquiera de los ciudadanos españoles, sino un instrumento de control de la Corona.

España, donde los reyes aplastaban conjuras de nobles levantiscos, sofocaban brotes nacionalistas, perseguían desviaciones heterodoxas y expulsaban etnias diferentes —judíos, moros y moriscos, esto es, moros generalmente cristianizados—, se acercó a la aventura americana con el ademán suspicaz de quien no quería perder la pieza capturada: cualquier forma de autonomía le parecía peligrosa; cualquier reclamo de autogobierno, sospechoso. Era vital, pensaban en la metrópoli, sostener con mucha firmeza las riendas de los territorios hallados por Colón. De ahí la frustración de los españoles transterrados al mundo americano: habían sido los protagonistas de una increíble aventura, habían derrochado valor e imaginación como pocos conquistadores en la historia conocida, habían soportado peligros y adversidades sin cuento —todo ello, claro, sin ahorrarles quebrantos a los vencidos—, pero no lograban convertirse en los dueños del destino político y económico de los territorios ganados. La hazaña era de ellos. La gloria y la parte del león se las quedaban los monarcas.

El rey, sus ministros y la ley

Entre el descubrimiento, 1492, y el inicio del fin del Imperio español sobre territorio continental americano, 1808, tras la guerra con las tropas francesas que habían invadido España, más que una institución monárquica hay que tener en cuenta tres dinastías matizadas por diferentes peculiaridades: la de los Reyes Católicos, liquidada con la muerte de Isabel en 1504 y de Fernando en 1516; la de los Habsburgos, iniciada a partir de ese momento con Carlos V, luego desaparecida en 1700 por falta de descendencia de su último monarca, el enfermizo Carlos II, llamado el Hechizado por su endeble y desvitalizada naturaleza; y la última, la de los Borbones, reemplazo de los Habsburgos, instaurada tras la violenta y prolongada guerra de Sucesión (1701-1714), conflicto perfectamente calificable de «mundial» a juzgar por el origen vario de los protagonistas que en ella intervinieron, los diferentes escenarios en que se libró y el número de combatientes que perdieron la vida: 1.250.000. Ésta es la que todavía perdura pese a dos interrupciones: la ocurrida durante la Primera República (1869-1874), y la Segunda (1931-1939), liquidada tras la guerra civil.

Originalmente, los RR.CC. —y tras la muerte de Fernando su brillante regente, el cardenal Cisneros— gobernaron los territorios americanos por medio del Consejo de Castilla, una especie de cuerpo ministerial formado por aristócratas y personas ilustres que asesoraban al rey, pero a partir de 1524, y en la medida en que la colonización de América se hacía más compleja, se crea el Consejo de Indias, órgano supremo de gobierno de la llamada Monarquía Indiana, una entidad creada en 1519 que, teóricamente, se vinculaba al imperio de Carlos V como Castilla, Aragón, Nápoles, Países Bajos o el llamado Franco Condado. Pero esa asimétrica federación de diferentes naciones y territorios, supuestamente unida en la persona de un soberano (el que poseía la soberanía), en modo alguno significó un grado mucho mayor de autogobierno para el Nuevo Mundo. En la práctica, siguió siendo una colonia firmemente manejada desde la Península, aun cuando muchos funcionarios locales procedieran del propio suelo americano.

¿Qué hace este Consejo de Indias? En realidad, gobernar América en nombre del rey. Legisla, nombra funcionarios, los remueve de sus cargos, juzga, actúa como tribunal de apelaciones, castiga, recompensa, asigna privilegios, los revoca, crea entidades jurídico-políticas, esto es: une, agrega o disgrega territorios. Dicta, en suma, una increíble cantidad de normas restrictivas y de reglas de obligatorio cumplimiento: son las famosas «leyes de Indias». Cuando, por razones prácticas, no se pueden aplicar, los funcionarios americanos se las colocan sobre las cabezas y proclaman que las «acatan pero no las cumplen». No hay, pues, desobediencia, sino imposibilidad. Nadie, dice un principio jurídico que más bien pertenece al sentido común, está obligado a lo imposible. ¿Es esta inmensa tarea burocrática, como piensan algunos, una gran obra de

•

gobierno? Sí y no. Resulta sorprendente el hábil manejo durante algo más de tres siglos de la inmensa complejidad americana, y es verdad que América fue un territorio relativamente pacífico durante ese larguísimo período, pero esos indudables beneficios eran el resultado de una tradición centralizadora y dirigista que no estimulaba la responsabilidad ni el autogobierno. Con frecuencia los cargos públicos se vendían para nutrir el siempre exhausto cofre del monarca, y la corrupción parecía ser la regla y no la excepción, a pesar de que los más notables funcionarios estaban expuestos a las «visitas» de inspectores de la Corona o a grandes auditorías llamadas «juicios de residencia» cuando terminaban sus mandatos, ceremonia que casi siempre fue más formal y litúrgica que real, aun cuando alguna vez resultaran sancionados gobernantes que, además de corruptos, contaban con enemigos poderosos.

La justicia, pues, era lenta, tortuosa, muy imperfecta, y los pleitos demoraban décadas en fallarse, no sólo por la copiosa legislación y lo difícil que resultaba remitir los enormes legajos por medio de flotas inseguras, sino también por la propia naturaleza de los procedimientos legales y administrativos. De entonces queda alojada en el idioma la peor de las maldiciones: «Tengas pleitos, aunque los ganes.» A lo que se añade como colofón una desmayada resignación: «Hay dos tipos de pleitos: los que se resuelven solos y los que no tienen solución.» Los americanos, incluidos los españoles del otro lado del Atlántico, sencillamente, abrieron los ojos al mundo convencidos de que no había justicia bajo el sol. Y eso era grave, porque la función primordial del rey debía ser esa: impartir justicia. Más aún: dentro de la mejor tradición hispánica la soberanía era, en rigor, «jurisdicción», es decir, la facultad de aplicar la ley y dictar sentencias justas sobre un territorio. En España eso funcionaba mal. En América, peor.

¿De dónde surgían esas leyes de Indias? Indudablemente, de la tradición romana en la que se inscribía el derecho de Castilla, y muy especialmente de las Siete Partidas que Alfonso X el Sabio hizo compilar en el siglo XIII para poner orden en el caos jurídico medieval. Ese derecho castellano era parecido, pero parcialmente diferente al de Aragón, Navarra o a cualquier otro de los territorios peninsulares que alguna vez fueron independientes o contaron con fueros especiales. Se intentaba que las leyes de Indias fueran específicamente promulgadas para esos territorios, que tuvieran en cuenta, cuando se podía, las costumbres e instituciones indígenas, pero sin que se relajase en exceso el control de la metrópoli o los intereses de la Corona. El resultado final, sin embargo, acusaba una distancia enorme entre los principios que en España inspiraban las leyes —a veces dictadas por moralistas y religiosos—, y su aplicación real. Esta disonancia provocó una incómoda y muy extendida sensación de indefensión entre los americanos. Pedían justicia a un rey lejano que no la concedía o que tardaba tanto en hacerlo que resultaba inútil. Tal vez era una misión imposible. Desde Sevilla, Valladolid o Madrid —pese al inmenso esfuerzo por documentarse que hacían los funcionarios españoles—, América debió de ser una realidad poco menos que inasible. España, como queda dicho, también era un enigma para los americanos. En el siglo XIX, con una significación diferente y dentro de otro contexto, Karl Marx acuñó un término que acaso traduce este desencuentro: alienación.

Virreinatos, audiencias y repúblicas

A mediados del siglo XVI el emperador Carlos V, preocupado por los retos a su autoridad que de manera creciente se observaban en América, resolvió rescatar una jerarquía burocrática que ya se conocía desde el Medievo, y que Colón había ostentado más honorífica que prácticamente: el virreinato. Un rey vicario, sustituto por un período limitado —no era saludable que ejerciera como monarca demasiado tiempo, pues podía aficionarse al cargo más allá de lo prudente—, con casi todas las atribuciones del monarca legítimo y buena parte de los símbolos de su enorme poder.

El virrey debía ostentar su cargo de manera opulenta. Las formas eran muy importantes, pues transmitían la autoridad. El virrey habitaba en un palacio generalmente imponente, rodeado de toda clase de lujos y protegido por soldados regulares, esto es, militares que recibían una «soldada» por su trabajo. En las ceremonias exteriores se desplazaba bajo palio y vestía con gran lujo. La milicia y el clero se le subordinaban. *De facto*, era la cabeza militar, civil y, en cierta manera, religiosa, pues entre sus prerrogativas estaba la de asignar sus puestos a obispos y párrocos. Se le saludaba con respeto y reverencia. Como el monarca, el virrey disponía de una corte integrada por señores principales. México o Lima pronto compitieron con Valladolid, Madrid o Sevilla en boato y refinamiento. Algunos conquistadores obtuvieron títulos de nobleza y blasones que los distinguían. Para los españoles, embarcados en la «locura» —así la ha calificado el historiador francés Bartolomé Bennasar— de la limpieza de sangre y de los abolengos intachables, adquirir títulos nobiliarios se convertía en una obsesión compulsiva. Muchos batallaron durante años ante los monarcas para obtener estos reconocimientos. Los documentos que recogían sus méritos se llamaban «probanzas». La Corona no era muy proclive a la generosidad. Sabía que una nobleza fuerte, extendida y rica podía dar lugar a veleidades separatistas. A partir del siglo XV todas las Coronas modernas europeas se habían consolidado tras debilitar a sangre y fuego a la aristocracia. No tenía sentido alimentar en América a un posible enemigo. No obstante, algunos conquistadores obtuvieron algo de lo que solicitaron. Hernán Cortés llegó a ser gobernador y marqués del Valle de Oaxaca, y Carlos V le hizo la merced de otorgarle los tributos de 23 000 indios: una verdadera fortuna. Pero no lo designó virrey. A un conspirador tan audaz e imaginativo, eso habría sido una temeridad. Con el paso de los siglos —y con la creciente decadencia— la Corona se fue haciendo más «práctica» y tolerante: los títulos nobiliarios se vendían. Y no sólo eso: también el color de la piel. Por una cifra no muy alta un atribulado mestizo podía «blanquearse». Fue una idea de Carlos III, y se llamaron «cédulas de gracias al sacar». No les reducían a negros y mestizos la cantidad de melanina ni les afinaban el apéndice nasal, pero les otorgaban un elocuente pergamino en el que se les declaraba blancos. Y todos felices. A partir de 1795, por quinientos pesos se obtenía la dispensa de la condición de pardo. A los quinterones les costaba un poco más: ochocientos. Pero la inflación provocada por las guerras con Francia generó un aumento de costos: setecientos a los primeros y mil a los segundos. Tampoco era exactamente una transacción impulsada por la vanidad social. Para poder estudiar en la universidad había que ser blanco. Con una de esas cédulas bajo el brazo en 1797 se presentó el mulato José de Azarza en la Universidad de Bogotá, y hubo que admitirlo. Las autoridades académicas protestaron de la indignante presencia del mestizo, pero la Corona se mantuvo firme. Finalmente lo admitieron, pero aclarando que no se repetiría en el futuro.

Cuatro llegaron a ser los virreinatos, y entre 1535 y 1813 fueron designadas ciento setenta personas para ocuparlos, aunque sólo cuatro nacieron en América Latina, lo que subraya la mínima confianza que despertaban los criollos en la Corte española. Los primeros se crearon en 1535, en Nueva España (México y Centroamérica) y en 1543, Perú (Perú, Bolivia, Ecuador). Más tarde, en 1717, Nueva Granada (Colombia, Panamá, Venezuela). Por último, en 1776, del Río de la Plata (Argentina, Chile, Uruguay, Paraguay). Y de alguna forma estas cuatro entidades predeterminaron, o acaso reflejaron, lo que luego serían cuatro regiones culturales, cuatro repertorios de ademanes, cuatro maneras de comparecer ante el mundanal ruido, y cuatro modos de pronunciar el castellano fácilmente observables en el panorama latinoamericano actual. Hay un mundo razonablemente homogéneo que incluye a México y Centroamérica. Existe una familia caribeña presente en la costa de Colombia, de Venezuela, de Yucatán, en las Antillas Mayores —Cuba, República Dominicana, Puerto Rico— y en Panamá. Se puede identificar una zona andina que abarca fragmentos de Colombia, de Venezuela, de Ecuador, Perú y Bolivia. Y al sur quedan Argentina, Uruguay, Paraguay y, de una manera no tan obvia, Chile, con su paisanaje amable de timbre vocal curiosamente atiplado. Claro que no se trata de unas fronteras culturales o lingüísticas precisas, sino de familias más o menos reconocibles que presienten un común parentesco. García Márquez, por ejemplo, se reconoce más próximo a un cubano o a un venezolano que a un «cachaco» bogotano, quintaesencia de la identidad andina. El país al que pertenece el novelista es Colombia. Su filiación antropológica, en cambio, es caribeña. Él lo confiesa.

¿Y de dónde surgieron los dieciocho estados latinoamericanos, Puerto Rico incluido? Básicamente de instituciones creadas para gobernar y administrar los territorios. En primer término, de las audiencias, cuya principal función era la de impartir justicia, pero como la separación de poderes era algo que en los siglos XVI y XVII barruntaban los tratadistas, mas todavía no formaba parte de la realidad política, también gobernaban o asesoraban a los gobernantes. Podían ser de tres categorías: virreinales, cuando la presidía el virrey; pretoriales, cuando la cabeza era un capitán general o un gobernador; y subordinadas, cuando el funcionario al frente de la entidad era un letrado sujeto al control directo del virrey. Muchas de las ciudades que albergaron audiencias devinieron luego en capitales de Estados independientes: México, Guatemala, Nicaragua, Panamá, Lima, Bogotá, Caracas, Santo Domingo, Santiago, Quito, Buenos Aires. La audiencia fue una suerte de adiestramiento para la aventura de la independencia. Albergar esta institución imprimía carácter y concedía un rango al que difícilmente se podía renunciar. Los funcionarios que la manejaban se convertían, a veces sin advertirlo, en clase dirigente. Otros países se formaron como resultado de ser «gobernaciones» —aproximadamente provincias— reforzadas por unas tardías «intendencias» diseñadas en la segunda mitad del siglo XVIII como parte de una profunda reforma administrativa llevada a cabo en el Gobierno de Carlos III. Irónicamente, el tejido burocrático urdido para controlar y para sujetar a los americanos acabó creando los cauces y trazando las líneas de fuga y fractura cuando llegó el momento de la independencia.

Encomenderos y encomendados

Como se ha repetido hasta la saciedad, es casi asombroso que sólo 25.000 españoles trasladados a América a lo largo de los primeros setenta años de la Conquista lograran sujetar a 25 000 000 aborígenes, muchos de ellos feroces, como los caribes o los araucanos. Y uno de los resortes para conseguir este dominio fue una institución medieval castellana utilizada para premiar a los grandes protagonistas de la Reconquista: la *commenda*, llamada en el Nuevo Mundo «encomienda», una institución que comienza con la llegada de Colón y dura hasta mediados del siglo XVIII. ¿En qué consistía? En esencia, en compensar por sus servicios presentes y futuros a ciertos nobles con los tributos personales de los vencidos tras producirse la conquista de una región ganada para el soberano. En América va a subsistir esta función de la encomienda —pagar tributo al encomendero—, pero se le añadirán otras dos: la obligación de trabajar que se le impone al indio en beneficio del encomendero y donde éste disponga —la mina, la hacienda, el servicio doméstico—, y, a su vez, el compromiso de estos españoles y luego de los criollos —españoles nacidos en América— con la evangelización y la transculturación del aborigen.

Para esto último se utilizará a un cura doctrinero. Para obligarlos a trabajar el español interpondrá un capataz de trato duro que no le hace ascos al castigo corporal. El fuete o vergajo restalla con frecuencia sobre las espaldas de los indios. Los reyes y el Consejo de Indias piden que no se les maltrate, pero los reyes están lejos y muy pronto se abre paso la teoría de que los palos son el mejor recurso pedagógico contra la supuesta indolencia de los indios. «Vagos» y «brutos» son los primeros rasgos con que caracterizan a los vencidos. Con el tiempo fue frecuente que el papel de mayoral o gamonal implacable lo desempeñaran los mestizos. El dato no es insignificante: desde el principio se va estableciendo una violenta estratificación social en la que la raza determina la posición que se ocupa. En números grandes, eso es verdad incluso hoy, comenzado el tercer milenio del año del Señor.

Para un indio, especialmente en las zonas rurales —entonces la inmensa mayoría, pese a la fiebre urbanizadora de los españoles—, la representación viva del Estado es el encomendero. Las leyes hablan de unos vasallos teóricamente libres: la realidad es que los indígenas viven en una oprobiosa semiesclavitud sólo aliviada cuando el encomendero resulta ser una persona bondadosa. Más aún: ni siquiera es cierto que cuando el encomendado se cristianiza, aprende el castellano y adquiere la nueva cultura, se transforma en una persona libre. El encomendero, como si el indio fuera una cosa, lo transmite en herencia a sus hijos, y a los nietos, y hasta los biznietos, pues la legislación autoriza la utilización del indio hasta «por cuatro vidas».

Además de la encomienda, existían otras formas de explotar a los indios: la «mita» de los indios peruanos y el «régimen de tandas» de los de México. De las dos instituciones, la más compleja era la mita. En sus orígenes no era una institución española sino andina, surgida de las necesidades del incanato para llevar a cabo o para mantener sus grandes obras públicas, especialmente los caminos, puentes, graneros y construcciones de terrazas para la siembra en las laderas de las montañas. Básicamente, consistía en una suerte de servicio social transitorio que los incas imponían a sus súbditos. Los españoles no demoraron en adoptar esa costumbre, introduciendo períodos no muy largos de trabajo —el más extenso era el minero: diez meses— y estableciendo un sorteo para determinar quién pasaba a ser «mitayo». Por su trabajo, los indios recibían un estipendio pequeño, pero una forma de salario al fin y al cabo. La Corona, como siempre, dictó medidas para aliviar los rigores a que sometía a los trabajadores conscriptos en la mita, y tal vez las más interesantes fueron las dedicadas a tratar de proteger a las mujeres, sobre todo si estaban embarazadas o criaban hijos pequeños. Algunos expertos han querido ver en esas normas el inicio del derecho laboral moderno. Es discutible, pues los gremios medievales también poseían provisiones en ese sentido, pero lo que sí revelan es una sincera preocupación ética por la suerte de estos desdichados.

LOS NEGROS EN UNA SOCIEDAD
TENAZMENTE RACISTA

Ya sabemos que el Estado impuesto por la Corona española en América jamás fue aceptado sin grandes reticencias ni por los criollos blancos, ni por los indios ni por los mestizos. Y sabemos que más que una casa común, se percibía como un incómodo corsé en el que la carne humana sufría los rigores de lo postizo, de lo ajeno. Pero ¿qué ocurría con los negros? Al fin y al cabo, violentamente borrado de la memoria de esta etnia el débil pasado institucional africano, ¿no era América la única patria posible?

Quien vea las alegres comparsas de los carnavales brasileños, dominadas por bellísimas mujeres de todas las posibles combinaciones étnicas, pero entre las que predominan esculturales negras y mulatas, podría pensar que el país es un amable crisol racial. Y si indaga entre el conjunto de la población, seguramente llegaría a la conclusión de que el más querido de los brasileños probablemente sea el futbolista Pelé. ¿Acaso estamos ante un fenómeno típicamente carioca? Por supuesto que no: entre los cubanos la palma tal vez se la lleve el *Duque* Hernández, lanzador estrella de los Yanquis de Nueva York, muy admirado tanto en la isla como por los cubanos de la diáspora. ¿Qué une, al margen de la fama, a Pelé y al Duque? Además de ser ambos grandes deportistas, son negros, y eso tal vez haga pensar que en América Latina existe una envidiable armonía racial, mayor que la que se observa en Estados Unidos, pero acaso estemos ante una apreciación engañosa. Se trata de un racismo distinto. En la América inglesa, hasta los años sesenta del siglo XX las manifestaciones de racismo existían en la sociedad y en el Estado, y se regulaban por medio de normas que recordaban el *apartheid* surafricano. A partir de esa década, como consecuencia de la lucha por los derechos civiles, comenzó a desmontarse la segregación de las instituciones públicas, mientras se pusieron en marcha medidas de «discriminación positiva» *(affirmative actions)* encaminadas a favorecer a los negros y a tratar de eliminar el racismo de la sociedad, procurando con esto lo que allí llaman «balance racial»: una representación estadística de los negros y otras minorías en consonancia con su peso demográfico.

Al sur del río Grande, en cambio, aun cuando el racismo contra los negros es evidente, pero sólo en el ámbito de la sociedad —ya no hay reglas escritas que segreguen las razas—, se prefiere ignorar su presencia y se juega con la superstición de que no existe. Pero lo hay. Lo hay atenuado donde apenas se ven negros, como en Argentina, México o Bolivia, y más acusado, aunque con diversas formas de expresarse, donde ocupan una parte sustancial del censo, como en Cuba, República Dominicana, Panamá, la costa colombiana o Puerto Limón, en Costa Rica.

Y ni siquiera se trata de la sola discriminación del negro perpetrada por el blanco racista. José Peña Gómez, un notable político socialdemócrata dominicano de fines del siglo XX, no llegó al poder, entre otras razones, porque en una sociedad de mayoría mulata, él era negro, muy negro, y la intensidad de su pigmentación producía cierto rechazo entre grandes sectores de sus compatriotas. En Cuba, donde hasta mediados del siglo XX los negros tenían vedado el ingreso a los hoteles y casinos de lujo —prohibición que llegó a afectar al gran cantante norteamericano Nat King Cole, poco después, por cierto, de que en Caracas le sucediera lo mismo al trompetista Louis Armstrong—, también podían observarse algunas diferenciadas asociaciones culturales de mulatos y de negros. No iban a los mismos sitios. La expresión más común era que cada raza debía «darse su lugar». Y la raza podía llegar a ser una cuestión de leves matices. Tras el establecimiento de una sociedad igualitaria de carácter comunista en 1959 todo indicaba que desaparecerían las prácticas racistas, pero no sucedió así: en un país en el que la mitad de la población es negra o mulata, cuarenta años después de la llegada de Castro al poder, casi toda la estructura de poder y la jerarquía militar continuaban siendo blancas, mientras que los negros, perceptiblemente, eran más pobres que los otros cubanos.

Esclavos en España

¿Cuál era, en España, el lugar de cada raza, de cada tono de piel? ¿Cómo se formaron estos grupos? Naturalmente, este fenómeno social nos remite a la esclavitud, que en sus comienzos poco o nada tuvo que ver con la raza, y sí con la buena o mala estrella de los vencidos en los campos de batalla. En España, como en casi toda Europa, hubo esclavos ininterrumpidamente desde épocas remotas hasta bien entrado el siglo XIX, aunque a partir del XVIII disminuyera drásticamente el número de los mismos. Y de alguna manera, como señalan los antropólogos, la aparición de la esclavitud fue un avance. Antes de ese crucial momento, a los prisioneros de guerra —tradicional fuente de la posterior esclavitud— se les mataba, y, con frecuencia, eran devorados. Cuando se les hizo siervos, adjudicándoles una utilidad económica, se les respetó la vida. Dejaron de ser proteína y se convirtieron en fuerza de trabajo. En su origen latino, incluso la palabra con que se les denomina expresa este concepto: siervo proviene de *servus*, de raíz común a *servere*, «salvar», como recuerda William D. Phillips, Jr., profesor de la Universidad de Minnesota y autor de una excelente síntesis sobre la historia de la esclavitud en España.

Bajo la dominación romana la esclavitud hispana se multiplicó exponencialmente. Muchos de los sobrevivientes de los pueblos ibéricos que se resistieron al avance de las legiones fueron vendidos como esclavos, y en esa condición permanecieron, salvo los que lograron «manumitirse», esto es, comprar la libertad con los ahorros que les permitía el *peculium*, o pequeña recompensa que recibían como propinas por los trabajos adicionales que realizaban fuera de los predios del amo, alivio autorizado por el derecho romano. Aparentemente, no muchos lo lograron, y la mayoría fue a parar a las grandes minas que explotaba el Estado, pues la esclavitud romana tenía una doble vertiente: los cautivos podían ser poseídos por particulares o por el Estado. Eran cosas, *res*, y un experto en agricultura, como Columela, de origen hispano, se refería a ellos como «herramientas parlantes». A estas «herramientas» se les podía maltratar sin límite. El emperador Constantino, pese a su famoso edicto sobre la tolerancia en materia religiosa —lo que acabó por cristianizar al Imperio romano—, autorizó, como sus antecesores, a castigar a los esclavos con gran dureza, y si alguno moría como consecuencia de ello, no existía ninguna responsabilidad penal para el amo homicida. Sencillamente, se había deshecho de algo que le pertenecía.

Durante un tiempo se pensó que la influencia de los estoicos paganos —sostenedores de la fraternidad entre todos los hombres— y la posterior llegada del cristianismo habían sido un freno a la esclavitud, pero las pruebas documentales que existen apuntan en la otra dirección: la Iglesia católica no se opuso a la esclavitud, sino que se limitó a pedir un trato más humano para sus víctimas. En el primer concilio de Toledo (397-400) quedó clara esta posición, y se fue haciendo más evidente en la medida en que la Iglesia acumulaba esclavos para trabajar las tierras adscritas a los conventos. Los esclavos no podían ser ordenados sacerdotes o monjas, y la razón alegada para esta discriminación —todavía no se había desenterrado a Aristóteles y su teoría de los esclavos «por naturaleza»— era que, por ser posesión de otras personas, carecían de autonomía moral propia para tomar libremente su decisión de servir a Dios. No obstante, mientras los cristianos podían tener esclavos que hubieran abrazado el cristianismo, a los judíos, en cambio, tal cosa les estaba prohibida: ningún judío estaba autorizado a poseer esclavos bautizados en la fe cristiana.

A partir del siglo V, tras el establecimiento del reino visigodo en España, no hubo cambios sustanciales en el modo de reclutar esclavos —botines de guerra— o en la forma de tratarlos, pero las leyes penales contemplaron tres nuevas situaciones por las que una persona libre podía pasar a la condición de esclava: si era encontrada culpable de violar a una mujer libre; si era una mujer adúltera o si era un secuestrador de niños. Los obispos también podían condenar a la esclavitud a las amantes de los curas sujetos a su autoridad diocesana. Y los reyes tenían el mismo privilegio con aquellos que no los auxiliaban en tiempos de guerra. Pero esas no eran las únicas fuentes posibles: algunas personas desesperadamente pobres se vendían como esclavas para poder sobrevivir. Otras acababan siéndolo por no poder satisfacer deudas con particulares o con el Estado.

Aunque el trato con los esclavos siguió siendo despiadado, los visigodos introdujeron algunas medidas compasivas: antes de mutilar a un esclavo —cortarle una mano, las orejas, la lengua, los testículos, un pie— había que conseguir la autorización de alguna persona principal: un duque o un conde, por ejemplo. Se prohibió matar esclavos inocentes, pero las pruebas de su culpabilidad podían aportarse tras la ejecución de la condena. Y quien matara a un esclavo propiedad de otra persona, debía indemnizar al dueño perjudicado con una multa claramente especificada, pues entre los visigodos cada persona tenía su precio o *wergeld*. Aunque los hombres libres valían mucho más que los esclavos, la escala luego variaba por género y edad. Una esclava vieja valía muy poco; resultaba más económico eliminarla y pagar el *wergeld* que mantenerla.

A finales del siglo VII la Iglesia se hizo algo más generosa y permitió que algunos esclavos se ordenaran diáconos o sacerdotes, pero sin acceder por ello a la condición de hombres libres. Más difícil les resultaba, en cambio, hacerse monjes. En todo caso, los templos religiosos comenzaban a servir de refugio a los esclavos que huían de amos particularmente feroces, como parece demostrar una instrucción del concilio de Lérida (546) por la que se prohibía a los clérigos azotar con látigos a los esclavos que hubiesen buscado santuario y protección en otras iglesias y monasterios. Por aquel entonces, para que una iglesia pudiera ser designada parroquia necesitaba contar, al menos, con una decena de esclavos. Ese límite mínimo, obviamente, se convertía en un acicate para aumentar el número de cautivos.

La conquista de casi toda España por los musulmanes en el siglo VIII tuvo algunas consecuencias importantes desde el punto de vista étnico. Entre las tropas bereberes y árabes que cruzaron el Mediterráneo había soldados negros, probablemente esclavos, pues en el mundo islámico la utilización de cautivos en unidades militares especiales o como funcionarios, incluso de alto rango, resultaba una práctica frecuente derivada de una observación razonable: al no formar parte de las camarillas locales, los extranjeros solían ser leales al poder que los utilizaba y retribuía. Ése fue el origen, por ejemplo, de los temibles mamelucos turcos que tanta importancia tuvieron en el Mediterráneo oriental. Pero si perceptibles fueron los soldados negros adscritos al ejército islámico, mucho más notable fue el número de cristianos sometidos de inmediato al régimen de esclavitud por los invasores: unos ciento cincuenta mil, de los cuales treinta mil —el veinte por ciento— fueron remitidos al califa de Bagdad, puesto que el quinto real no sólo era una práctica cristiana. Los mahometanos habían suscrito la misma regla aritmética para disponer de los botines de guerra. ¿Cómo resultaron seleccionados estos esclavos? En general, por el grado de resistencia que ofrecieran a los invasores. Los que se sometían eran generalmente bien tratados. Los mozárabes —cristianos que residían en territorios españoles dominados por el Islam— podían mantener sus propiedades, incluso sus esclavos, siempre y cuando estos últimos no fueran de religión mahometana. Pagaban, eso sí, un impuesto per cápita a los nuevos gobernantes. Por los esclavos debían abonar la mitad de lo que costaban las personas libres.

Al contrario de lo que sucedía en el mundo hispano-romano, o hispano-visigodo —dos maneras de nombrar a la misma España cristiana—, en Al-Andalus, como se llamó a la porción islámica, los esclavos eran dedicados al servicio doméstico o a funciones administrativas cuando tenían condiciones para ello. A las mujeres, si eran hermosas, se las dedicaba a la prostitución o se las recluía en los harenes —el recinto femenino dentro de las casas, algo parecido al *gineceo* griego—, para disfrute de los varones principales, vigiladas por esclavos eunucos. Con frecuencia, cuando envejecían o no eran especialmente atractivas, se las empleaba como niñeras. Curiosamente, desde una perspectiva moderna podría afirmarse que en el mundo islámico las esclavas tenían más libertades que las mujeres supuestamente libres, pues el estricto concepto del pudor femenino convertía a las mujeres musulmanas en prisioneras de casas tapiadas y de ropas que las escondían al mundo. Las esclavas, en cambio, como las *hetairas* entre los griegos, aprendían a tocar instrumentos, y al convertirse en meros objetos del placer de los varones, acaso disfrutaban de menos restricciones que las mujeres formalmente libres. Nada de esto quiere decir, por supuesto, que el trato propinado a los esclavos fuera mejor en Al-Andalus que en los reinos cristianos que comenzaban a formarse en el norte de la Península. Pese a que el Corán prohibía los maltratos y atropellos contra los cautivos, eran frecuentes las flagelaciones, las mutilaciones —básicamente oreja y nariz— o el arrastrar hasta la muerte a los prisioneros atados a la cola de los caballos.

En la medida en que se consolidaba el mundo hispano-musulmán, fue en aumento la importación de esclavos negros remitidos desde el islamizado norte de África por hábiles negreros árabes que, o capturaban a los negros en violentas *razzias*, o los compraban a otros intermediarios negros generalmente mediante el pago de sal, armas y telas. ¿Cuántos negros fueron esclavizados o comprados por los árabes norteafricanos a partir del siglo VII y hasta nuestros días, pues ese infame comercio no ha desaparecido del todo? La cifra que aporta el historiador Ralph A. Austen es escalofriante: casi siete millones y medio de personas. ¿Cuántos murieron en las caravanas que atravesaban el Sahara, expuestos a un sol asesino, con pequeñas cantidades de agua, o sometidos a noches heladas? No se sabe, pero hay razones para creer que esa espantosa travesía no resultaba más clemente de lo que luego fue el cruce del Atlántico en barcos negreros en los que se perdía hasta un treinta por ciento de las «piezas» transportadas. Dato que aparentemente desconocen o deliberadamente ignoran los afroamericanos que desde la década de los sesenta del siglo XX intentan encontrar en el Islam y en la cultura árabe una memoria histórica más compasiva y hospitalaria con la etnia a la que pertenecen. Sencillamente, no es cierto que así fuese.

Como de alguna manera eso que llamamos España se forjó durante la larga reconquista del territorio en manos de los moros, ese esfuerzo militar tuvo como consecuencia el permanente vigor de la esclavitud —alimentada por los prisioneros de guerra—, tanto entre los cristianos como entre los musulmanes, pero en la medida en que los cristianos aumentaban el perímetro de sus conquistas, los musulmanes pasaron a constituir la mayoría de los cautivos de la Península. Sin embargo, los reinos cristianos, al contrario de lo que sucedía en época de Roma o de la monarquía visigoda, no utilizaron a los esclavos en los agotadores trabajos en las minas, sino como criados y asistentes en las casas, como peones agrícolas que poco a poco evolucionaron hacia un régimen de servidumbre más cercano al pacto feudal que a la esclavitud, o como artesanos dedicados a la carpintería, la construcción, la herrerería o los telares.

Varios acontecimientos ocurridos a lo largo del siglo XV fueron fatales para el destino de los negros africanos. Cronológicamente, el primero de ellos fue el desplazamiento de los portugueses a lo largo de la costa atlántica africana. El perfeccionamiento de técnicas de orientación y navegación hicieron posibles la paulatina exploración de los territorios africanos y el establecimiento de estaciones comerciales permanentes —«casas de esclavos»—, luego convertidas en centros para la compra, clasificación y exportación de piezas capturadas. ¿Qué derecho amparaba a los portugueses para esas correrías? Contaban con bulas de los papas Nicolás V (1454) y Calixto III (1456), legitimando la esclavitud de los negros si además se incluía el dulce propósito de cristianizar a estos «endemoniados» idólatras. El segundo hecho fue la progresiva cristianización de los eslavos del este europeo y, por consiguiente, la dificultad para esclavizarlos por razones de índole teológica. El tercero, fue la toma de Constantinopla por los turcos otomanos en 1453, y la consolidación en el oriente del Mediterráneo de un poder musulmán lo suficientemente fuerte para no poder pensar en esa zona como suministradora de cautivos. El cuarto, fue el auge del azúcar de caña, cultivo que requería un fortísimo esfuerzo físico mucho más fácil de exigir de un esclavo que de un peón agrícola libre. Y el quinto, la derrota final de los musulmanes del reino de

Granada en 1492, fecha en que desapareció una de las mayores fuentes de mano de obra esclava, pues entre los acuerdos para la rendición estaba el de respetar la libertad de los árabes. Más tarde, casi todas las estipulaciones de este pacto fueron violadas por los cristianos, pero en el momento inicial de la conquista y colonización de América, dirigidas por una sociedad como la española, convencida de la indignidad esencial del trabajo manual, resultaba obvio que el continente negro iba a convertirse en un trágico suministrador de carne humana destinada a la explotación masiva más cruel y prolongada que registra la historia.

Esclavos en América

En 1517, fray Bartolomé de las Casas, horrorizado con el trato dado a los aborígenes en el Nuevo Mundo, propuso que cada blanco avecindado en las Indias pudiera importar doce esclavos negros que relevaran a los nativos de las penosas tareas impuestas por los españoles. ¿Por qué esclavos negros en lugar de indios? Como principio ético-religioso, Las Casas no tenía nada que objetar. En la Biblia, el *Levítico* autoriza la esclavitud. Pero también existía una peculiar circunstancia personal: para un sevillano como Las Casas era muy natural ver o poseer esclavos negros. Esto formaba parte del paisanaje andaluz heredado de los árabes. Sólo en su ciudad natal habría unos quince mil. Y al menos a uno de ellos, Juan de Valladolid, se le reconoció cierta nobleza y fue nombrado juez para ver los pleitos de los de su propia raza. Varias décadas más tarde, otro negro esclavo, conocido por Juan Latino, se convirtió en uno de los más reconocidos eruditos de España y consiguió dictar cátedra en la Universidad de Granada. Se le tenía por etíope, pero las «castas» —así llamaban a las naciones de procedencia— de los esclavos eran muy difíciles de precisar por las dificultades de comunicación. Etíope probablemente fuese una manera genérica de designar a los negros.

¿De dónde procedían los negros esclavos? De lo que hoy llamamos Senegal, Biafra, Ghana, Nigeria, Benin, Togo, Camerún, Congo, Gabón, Angola o Mozambique, pero el grueso acaso era raptado en una vasta zona conocida como golfo de Guinea. A todos se les llamaba «bozales», y ya en el siglo XVI el valor comercial de este tráfico sobrepasaba al del oro o las especies, algo que inquietaba a los españoles, pues como consecuencia del tratado de Tordesillas de 1494 esta actividad era un exclusivo privilegio concedido por el Papa a los portugueses. Sin embargo, hubo voces que condenaron esta práctica por razones morales y filosóficas, y entre ellas las más notables fueron las de Tomás Mercado y Luis de Molina, cuyos nombres veremos en el capítulo dedicado a la economía.

En efecto, como sucedió en el caso de los indios, la esclavitud de los negros también acabó convirtiéndose en un debate teológico con defensores de la institución, como el portugués duarte Pacheco Pereira, y los que la adversaban, como el profesor de derecho de la Universidad de México, Bartolomé Frías de Albornoz, quien se atrevió a desmentir la interesada lectura de Aristóteles hecha por la Iglesia en este asunto. Esclavizar a pueblos primitivos que nunca habían conocido la palabra de Dios no podía encontrar justificación dentro de la ética cristiana. Su libro de 1573, *Arte de contratos*, fue colocado por la Inquisición en el Índice de textos prohibidos, y ahí se mantuvo por muchísimo tiempo.

Si bien los españoles no podían dedicarse a la captura y transporte de esclavos —el llamado «tráfico» o «trata»—, puesto que ése era un privilegio concedido a Portugal por las bulas papales, nada les impedía comprarlos o revenderlos varias veces, enorme negocio cuya exclusividad —el asiento o derecho real a adquirir cierto número de esclavos— con frecuencia se convirtió en una inmensa fuente de privilegios. «¿Cómo hizo su fortuna?», le preguntaron a Julián Zulueta, famosísimo negrero hispanocubano. «Comprando blancos en España y vendiendo negros en América», respondió. Pero hasta la limitación portuguesa del tráfico desaparece en cierto momento: en 1578 muere sin descendientes el rey Sebastián de Portugal, y Felipe II anexiona el reino vecino. Los portugueses siguen siendo los traficantes, pero Portugal ya es parte de España. Todo el negocio cae dentro de la misma familia.

Esto vuelve a cambiar en 1640, cuando Portugal se independiza de España y Felipe IV, entonces monarca en Madrid, decide castigar a los portugueses cancelando el privilegio de suministro de esclavos africanos a las posesiones españolas en América, pero sin renunciar a la adquisición de nuevos cautivos. ¿Dónde y cómo obtenerlos? Ingleses, holandeses y franceses eran una buena opción, pero con los dos primeros surgía un inesperado problema moral: los ingleses eran protestantes, y algunos tratantes holandeses eran judíos afincados en Curazao. Los esclavos estaban contaminados por dos peligrosas máculas: el protestantismo y el judaísmo. Menudo dilema: lo que desvelaba al monarca no era la trata de negros sino que ésta se realizara con los dos enemigos mortales de la católica España: judíos y protestantes. ¿Qué hacer? Sin duda, comerciar. Unas veces de manera legal y otras mediante contrabando, pero sin detener el flujo de esclavos que mantenía en marcha la producción de azúcar, la obtención de metales o la carga fiscal que llevaba cada transacción con esta carne humana. Ya se encargaría la Santa Inquisición de mantener la ortodoxia teológica intacta y al demonio lejos de los predios católicos.

El trato dado a los esclavos negros era considerablemente peor que el que sufrían los indios. La captura generalmente estaba a cargo de tribus enemigas africanas, aunque a veces los negreros europeos participaban de las *razzias*. El historiador británico Hugh Thomas da cuenta del rey Tegbesu de Dahomey, quien a mediados del siglo XVIII recibía de los tratantes unas doscientas cincuenta mil libras esterlinas por el permanente suministro de cautivos a los europeos. ¿Se trataba de un traidor a los hombres y mujeres de su raza? En absoluto. Para él la condición de negro no constituía una categoría con la que pudiera identificarse. Capturar a un enemigo y venderlo o cambiarlo constituía una práctica antiquísima. A veces los mismos secuestradores eran secuestrados y vendidos. Ser negro no creaba un vínculo especial. Se trataba del mismo caso de los tratantes genoveses o catalanes que en el pasado habían vendido cautivos griegos o eslavos. Para ellos la condición de blanco no creaba una obligación moral especial. Para los negros, como para los blancos, había pueblos amigos y pueblos enemigos, y a estos últimos resultaba perfectamente legítimo esclavizarlos. Es lo que siempre se había hecho.

Tras la captura en suelo africano, comenzaba una caminata, que a veces duraba semanas, hasta llegar al puerto de embarque. Ahí, encadenados, terriblemente mal alimentados, pasaban a los barcos negreros, diabólicamente diseñados para «almacenar» cientos de esclavos en las bodegas, unos junto a otros, sin apenas posibilidad de moverse, entre vómitos, orín y heces, muertos de miedo y golpeados con látigos por los tratantes. ¿Resultado? Una parte importante —un treinta por ciento, a veces más— moría en el trayecto; otros quedaban ciegos como consecuencia de las infecciones, y en ambos casos eran arrojados por la borda sin contemplaciones.

Cuando la «carga» llegaba a América, antes de bajar del barco solía ser inspeccionada por un protomédico, y era frecuente que se decretase cuarentena si había demasiados enfermos o su estado de salud aparentaba ser peor de lo habitual. Tras ese trámite, el «asentista» —quien gozaba del privilegio de importar negros esclavos— pagaba a la Aduana los derechos y procedía a acreditarlo con el más peculiar de los recibos: con un hierro candente, o *carimbo*, grababa las iniciales del propietario importador en la espalda o los hombros de los esclavos. Esto no sólo indicaba quién era el dueño, sino que se trataba de una transacción legitimada por la ley. Luego se encerraba a los esclavos en barracones oscuros e insalubres, y se los encadenaba hasta proceder a su venta. Una vez adjudicados, debían ponerse de nuevo en camino hasta su destino. El nuevo amo solía volver a «carimbarlos» para establecer su propiedad de manera fehaciente.

El trato que recibían en las plantaciones y residencias solía ser despiadado. Se les castigaba severamente por cualquier desobediencia, y apenas podían tener relaciones sexuales, pues varones y hembras vivían separados, a lo que se añadía el escaso número de mujeres negras disponibles. Tampoco estaba permitido tener vínculos amorosos con las indias —aunque se arriesgaban a ello—, y el castigo podía llegar a ser de cien latigazos o hasta la castración, como sucedía en Chile. Pero probablemente era más grave celebrar a una mujer blanca, pues está documentado el caso de un esclavo que, en Montevideo, recibió doscientos latigazos por piropear a una criolla. A veces las torturas alcanzaban una crueldad sin límite: Leslie B. Rout cita en su libro *The African Experience in Spanish America* el caso del negro Pedro Gilafo, un desdichado al que su amo hirvió vivo en un recipiente en presencia de los otros cautivos. Había tratado de huir y a su dueño le pareció conveniente intimidar al resto. No obstante, a veces se rebelaban y escapaban, creando «palenques» o campamentos de cimarrones, contra los cuales los propietarios lanzaban a los temibles «rancheadores» con sus perros de presa. Hubo algunos famosos cimarrones, tan exitosos a la hora de evadir a sus amos que se convirtieron en admiradas leyendas populares. Tal el caso del venezolano Juan Andresote, de Diego Bioho en Cartagena, de Ñianga en México. En algunos lugares remotos, incluso, como sucedió en Surinam, una colonia holandesa, ciertos palenques jamás fueron derrotados.

Pese a todos los esfuerzos de las autoridades por impedir que los negros tuvieran relaciones sexuales con personas de otras etnias, lo cierto es que el ojo racista de la época ofrecía una curiosa variedad de combinaciones raciales: blanco y negro, mulato; blanco y mulato, cuarterón; blanco y cuarterón, quinterón; blanco y quinterón, finalmente, blanco. Luego seguían las variaciones del negro: negro y mulato, zambo; negro y zambo, zambo prieto; negro y zambo prieto, finalmente, negro. A lo que se sumaban las mezclas con indio: negro e indio, mulato pardo; mulato pardo e indio, lobo; lobo y mulato pardo, coyote. Naturalmente, esta clasificación no era la misma en Cuba que en Lima o en México. En este último país la unión de morisco y española producía chino. Y cuando el chino se mezclaba con indio generaba un «salto atrás». Incluso había dos uniones aún más curiosas: «tente en el aire» y «no te entiendo».

Como sucedía en el caso de los indios, la Iglesia constituyó un refugio espiritual y físico para los negros, pero sin que la Institución renunciara a la posesión de esclavos, al extremo de que en Chile, hasta el siglo XVIII, cuando se los expulsó, los jesuitas fueron los mayores propietarios de cautivos. Además, cada templo o monasterio contaba con su dotación de esclavos, generalmente mejor tratados que en el seno de las familias laicas, a los que se alentaba a organizar cofradías negras con el objeto de participar en las procesiones y fiestas religiosas. En todo caso, para aliviar la conciencia de quienes no querían castigar severamente a los esclavos desobedientes o díscolos, en algunas ciudades, como ocurría en La Habana, existían «azotaderos», donde por una módica suma era posible llevar al esclavo insumiso a que un esbirro carente de cualquier tipo de inhibiciones compasivas lo flagelara. Por otra parte, la Santa Inquisición, siempre celosa del cuidado de la ortodoxia religiosa, con frecuencia perseguía a quienes practicaran sus ritos paganos de manera ostentosa.

Como la educación, el cuidado de la salud y los enterramientos eran actividades fundamentalmente atendidas por la Iglesia, poco a poco, y casi siempre dentro de una estricta segregación racial, los negros fueron recibiendo cierto grado de instrucción como parte de la elemental formación cristiana impartida por los religiosos. En 1782, en los orfanatos de Córdoba, Argentina, el piadoso obispo José Antonio de Alberto establece que el de niñas puede recibir hasta un cuatro por ciento de «negras, zambas y otras castas inferiores», mientras se autoriza al de varones a aceptar hasta un diez por ciento. Algo es algo. Eso sí: en la medida en que crezcan, los huérfanos negros y mulatos, tanto niños como niñas, deben convertirse en criados de los huérfanos blancos y atenderlos amorosamente. También se diferenciarán en la profundidad de los estudios: a los huérfanos de color sólo se les impartirán clases muy elementales. No está bien visto que los negros adquieran formación cultural. Se conoce al menos el caso de un mulato castigado con un buen número de latigazos por haber aprendido a leer y escribir sin consentimiento de su amo.

Esta preocupación española y criolla por establecer jerarquías rígidas y estancas basadas en el origen fue particularmente cruel con los negros, pues de inmediato se convirtieron en diana de muchas bromas relacionadas con su supuesta estupidez. Las negras no podían utilizar vestidos de seda o joyas, salvo que se unieran a un blanco. Y ni siquiera siempre, como le sucedió a la negra Eugenia Montilla en Córdoba, en 1750, cuando aceptó acudir a una recepción dada por una familia blanca, y como blanca osó ataviarse, lo que motivó que la desnudaran, azotaran, y que sus ropas fueran quemadas. No eran extraños la ira o el celo en la vigilancia de las reglas segregacionistas. Cuando el mulato Juan Morelos consiguió hacerse nombrar cobrador de impuestos, en 1785, fue acusado de utilizar de manera impropia la distinguida palabra «don» antes de su nombre. No en balde, un siglo antes, en 1688, una Cédula Real prohibió que los negros estudiaran en la universidad. Para acceder a estas casas de estudio era necesario exhibir un expediente de limpieza de sangre, y los negros y mulatos, claro, no podían. Como tampoco, aunque fueran libertos, podían vivir en los mismos barrios que los blancos. Para ellos existían verdaderos guetos, extraordinariamente pobres, en los que tenían que recluirse al anochecer tras un toque de corneta o campanas, como sucedía en Cartagena de Indias, la bellísima ciudad colombiana. En 1789, cuando se escuchaban en la distancia los ecos de la Revolución francesa, la Corona española dictó lo que se conoce como el Código Negro Carolino, con la intención de humanizar el trato dado a los esclavos. Se exigía la total sumisión al amo, pero al menos se creaba una instancia judicial, el procurador de negros, concebida para defender los derechos de los cautivos. Podía parecer poca cosa, pero significaba el explícito reconocimiento de que los esclavos, finalmente, no eran cosas, sino personas.

¿Era peor la esclavitud hispano-portuguesa en América Latina que la que en sus colonias practicaban los ingleses, franceses u holandeses? La polémica es antigua y hay buenos argumentos para sustentar todas las opiniones, pero parece que los procedimientos utilizados por los poderes europeos eran muy similares. El rapto en África como quien caza un animal, la marca a fuego, los castigos brutales y la segregación se practicaban en todas partes. El brutal cruce del Atlántico en barcos negreros podía hacerse bajo cualquier bandera. El uso de las mujeres negras como objeto sexual de los blancos —unas veces poseyéndolas, otras utilizándolas como prostitutas—, aunque fue más frecuente entre los blancos de las potencias católicas —España, Portugal, Francia—, también se vio entre los protestantes. Al fin y a la postre, Lutero, muy dentro de la mentalidad de su época, pensaba que sin el auxilio de la mano de obra esclava la fábrica económica europea podía derrumbarse.

Lo que puede haber determinado el grado de rigor es el tipo de explotación a que se sometía al esclavo. Si estaba destinado al cultivo de caña para la producción de azúcar —un trabajo realmente agotador, realizado en climas tropicales cocinados por el sol y bajo el constante asedio de enjambres de mosquitos— lo predecible es que el trato fuera espantoso. Algo semejante sucedía en las minas. Pero si se trataba de recoger semillas de café y cacao, o de cosechar algodón u hojas de tabaco, el ritmo y la forma de trabajo permitían un trato menos bárbaro. Para los azucareros cubanos —fríos hacendados que buscaban la rentabilidad por encima de todo— la vida útil de un esclavo estaba en torno a los cinco o seis años de labor intensa, de manera que los cálculos de amortización y reemplazo los llevaba a hacerlos trabajar a fuerza de latigazos entre dieciocho y veinte horas al día.

Sin embargo, existe un dato incontrovertible: fue Inglaterra, en 1807, el primer gran poder europeo que decidió renunciar a la trata de esclavos —Dinamarca lo había hecho en 1792—, y empleó a la propia Marina real para imponer esta conducta a las demás naciones, respaldando con las armas los acuerdos del Congreso de Viena de 1815. En cambio, España y Portugal —pese a que España recibió cuatrocientas mil libras esterlinas del tesoro británico para eliminar la trata e indemnizar a los negreros perjudicados por la desaparición de sus «empresas»—, alentados por los criollos de Cuba y Brasil, hicieron todo lo posible por continuar con este infame comercio, y no fue hasta 1886 que Madrid abolió la esclavitud, mientras en Brasil todavía tardaron dos años. El último barco con esclavos arribó a Cuba en 1870, cinco años después de la abolición en Estados Unidos, y tras varias décadas de haberse comprometido

España a detener este tráfico. Con posterioridad a esa fecha, algunos cargamentos consiguieron burlar la vigilancia internacional y llegar a Brasil.

¿Actuó Inglaterra por razones económicas, como sostienen los más cínicos —ya se había puesto en marcha la revolución industrial y no quería competir con mano de obra esclava—, o la principal motivación fue de índole moral? Parece que esto último fue lo que más influyó en el cambio de la política inglesa. En 1783 los cuáqueros británicos iniciaron una campaña de presiones que llevó a la creación de la Abolition Society. Durante décadas fue creciendo el clamor de los abolicionistas, hasta que lograron conquistar el corazón de algunos políticos importantes, como Lord Palmerston, primer ministro del Imperio británico (1855-1865). Tampoco era la primera vez que surgía un cambio de sensibilidad en Occidente. No debe olvidarse que la prédica en favor de la tolerancia y el respeto por los derechos humanos comenzó en Europa en el siglo XVI. Ya en plena época de la Ilustración, Montesquieu —mientras teorizaba sobre la mejor estructura del Estado en *El espíritu de las leyes*— encontraba tiempo para condenar la esclavitud.

¿Cuántos africanos cruzaron el Atlántico para ser sometidos a los horrores de la esclavitud? Hugh Thomas contabiliza algo más de once millones, de los cuales cuatro fueron a parar a Brasil, dos y medio a las posesiones españolas —especialmente a Cuba—, dos al Caribe inglés, un millón seiscientos mil a las colonias francesas, medio millón a las holandesas, otro medio millón a Estados Unidos y el Canadá británico, y unos doscientos mil a las islas europeas del Atlántico: Canarias, Azores, etcétera. Esa impresionante masa humana fue asignada a las siguientes tareas: cinco millones de esclavos a las plantaciones de caña de azúcar, dos millones a las de café, un millón fue internado en las minas, dos millones sirvieron como criados domésticos, quinientos mil se dedicaron al algodón, doscientos cincuenta mil al cacao, y una cantidad similar a la construcción.

Repúblicas y esclavos

A finales del siglo XVIII tanto los esclavos negros como los criollos y españoles tuvieron unas noticias vagas e inquietantes, pero las recibieron de distinto modo: los negros con disimulado alborozo, y criollos y blancos con preocupación. En 1791, a remolque de la Revolución francesa, en la colonia caribeña de Haití los esclavos se habían rebelado bajo la dirección de Toussaint Louverture y habían conseguido algunas victorias contra las tropas regulares francesas. En ese momento Haití era una de las colonias agrícolas más ricas del mundo —su producción tenía un valor más alto que la de Canadá—, pero se trataba de una gran hacienda esclavista: medio millón de africanos y sus descendientes eran explotados por veinticinco mil colonos franceses.

En 1803, agobiadas por las enfermedades tropicales y la resistencia de los esclavos insurrectos, y avisadas de que Bonaparte los necesitaba para otras aventuras de mayor calado, las tropas napoleónicas capitularon y reembarcaron hacia Europa, aunque Toussaint no pudo verlo, pues murió meses antes en una cárcel francesa. El día 1 de enero de 1804 surgía en Haití la primera república negra de la historia, y quienes se ocuparon de contar al mundo lo que allí sucedía fueron los miles de azorados emigrantes blancos y mulatos que huyeron de inmediato a fin de evitar las represalias de los esclavos.

Para los negros de América Latina era un episodio absolutamente alentador. Para los criollos, sin embargo, se trataba de una experiencia mixta y compleja: resultaba grato saber que un gran ejército europeo podía ser derrotado por tropas irregulares, pero producía un enorme temor pensar que los esclavos eran capaces de levantarse en armas y perseguir sus propios fines independentistas. Los esclavos haitianos no distinguieron entre criollos y franceses cuando golpeaban con sus filosos machetes cañeros: atacaban a los blancos. A todos los blancos, porque todos eran propietarios de esclavos.

Para los españoles también fue un episodio estremecedor. Los ejércitos de Napoleón, hasta ese momento invencibles en Europa, habían sido derrotados por unos cuantos millares de negros con muy poca instrucción militar; ¿no podía suceder algo semejante en las colonias hispánicas? Al fin y al cabo, las tensiones entre todas las etnias eran enormes: sólo ciento cincuenta mil españoles, generalmente incómodos con la manera torpe con que la Corona conducía los asuntos de América, controlaban a varios millones de latinoamericanos, quienes a su vez se sentían discriminados por los españoles, a los que acusaban de acaparar casi todos los puestos públicos de importancia. En la base de la pirámide, preteridos y generalmente humillados, estaban los mestizos, los indios y, finalmente, los esclavos negros. Los ingredientes de la conflagración estaban listos para el estallido.

Donde primero se ve la potencialidad del conflicto racial es en Buenos Aires. En 1806 los ingleses toman la ciudad y los negros se rebelan. Juan Martín de Pueyrredón, un prominente criollo que hace frente a los invasores, pide a sus adversarios, no obstante, que obliguen a los esclavos a someterse de nuevo a la autoridad de sus amos. Los ingleses, que no quieren enajenarse la buena voluntad de los comerciantes, acceden. Poco después los ingleses son derrotados por tropas comandadas por el criollo de origen francés Santiago de Liniers, nombrado jefe militar tras la penosa fuga del virrey. Pero regresan al año siguiente con una fuerza de doce mil hombres. Esta vez los criollos, desesperados, recurren a los negros esclavos y libertos. Cien latigazos a los que no se presenten al cuartel y amenaza de esclavitud perpetua. Los negros pelean valientemente, pese a la opinión de Manuel Belgrano, un notable patricio argentino convencido de que son «cobardes y sanguinarios».

La experiencia le sirvió a José de San Martín para incorporar a su ejército de manera permanente los «batallones de pardos y morenos», especialmente útiles en la batalla de Maipú, que selló la independencia de Chile. Luego lo hará Sucre en Bolivia y Juan José Flores en Ecuador, pero la reacción de la sociedad criolla a esta presencia negra y mulata no fue muy hospitalaria. El uruguayo Gervasio Artigas marchará a su exilio en Paraguay con una guardia formada fundamentalmente por pardos y negros. Pero la verdad es que los criollos libertadores —Bolívar, San Martín, Miranda— más que antiesclavistas fueron abolicionistas. Querían terminar con el tráfico de esclavos, pero no se mostraron tan vehementes a la hora de solicitar la libertad sin condiciones de los negros. Eso habría significado un enfrentamiento con los propios criollos liberales, poseedores de dotaciones de cautivos. Los españoles se dan cuenta de estas contradicciones y las usan a su favor: una buena parte de las tropas de Tomás Boves, el oficial español que primero y muy exitosamente debió enfrentar la rebelión de Bolívar y Miranda, son llaneros negros y mulatos. Bolívar, que en 1816 decretó la extinción de la esclavitud en la Gran Colombia, no pudo evitar ciertos conflictos raciales en sus propias filas. Temía a la «pardocracia», y entre los fusilamientos de su propia gente que se creyó obligado a ordenar estuvo el del general Manuel de Piar, mulato, y el del almirante José Padilla, negro.

Las repúblicas, pues, no se convirtieron en la patria de los negros latinoamericanos sino hasta después de un largo y doloroso proceso que estuvo caracterizado por altibajos y frecuentes contramarchas. En Ecuador la definitiva ley que derogaba la esclavitud no fue proclamada hasta 1847, en Colombia hasta 1851, en Argentina hasta 1853, en Venezuela hasta 1854, en Perú hasta 1855. A Cuba, todavía española, no llegó hasta 1886. Pero cuando esto sucedió, los hacendados criollos se las arreglaron para importar chinos en un régimen de trabajo parecido al que sometieron a los negros. Estos, en todo caso, eran aceptados como ciudadanos, pero de segunda categoría y bajo el manifiesto desprecio de una sociedad republicana que heredaba intactos los valores de la colonia.

¿Cómo se manifiesta el racismo republicano? En primer término, con una política migratoria encaminada a «blanquear» los distintos países mediante la importación de jóvenes europeos. Cuando el argentino Alberdi afirma que «gobernar es poblar», se refiere a poblar con blancos europeos, aunque también piensa que es mejor que procedan de Italia y no de España. Su compatriota Domingo Faustino Sarmiento —con quien nada bien se llevaba Alberdi, por cierto— algo muy parecido dirá en el último de los libros que escribió: *Conflictos y armonías de las razas en América*. Eran los años en que el racismo había alcanzado cierta pátina científica. Desde fines del siglo XVIII se había abierto paso la llamada tesis poligénica, defensora de la hipótesis según la cual los seres humanos no descendían de un ancestro común —como al fin y al cabo propone la Biblia y parece demostrar la genética— sino de diversas fuentes, lo que explicaba los distintos resultados prácticos de las diferentes razas. Se trataba de una suerte de determinismo biológico: había razas destinadas a triunfar porque estaban dotadas de mayor capacidad. Y había razas condenadas al atraso. En cierta forma, se trataba de una vuelta a Aristóteles y a la naturaleza inmutable de los grupos humanos. El más ardiente defensor de esta teoría fue el prolífico escritor francés —y diplomático en Brasil, donde tal vez llegó a sus peores conclusiones— Joseph-Arthur Gobineau, autor del nefasto e influyente *Ensayo sobre la desigualdad de las razas humanas*, publicado en París precisamente cuando los argentinos estrenaban la libertad, tras la caída de Rosas, entre los años de 1853 y 1855. Lamentablemente, uno de los más atentos lectores de Gobineau fue Hitler, quien quedó convencido de la innata superioridad de la raza aria, tal y como postulaba el polémico pensador francés.

La primera mitad del siglo XX no fue mucho más generosa con los negros latinoamericanos. En 1912 hubo en Cuba una guerra racial —la llamada Guerrita de los Negros—, provocada por el deseo de crear un partido político de personas de color, manifestado por unos cuantos excombatientes de la guerra de Independencia (1895-1898), conflicto saldado con más de tres mil negros y mulatos muertos, las dos terceras partes asesinados por el ejército al margen de los combates. En Venezuela, Laureano Vallenilla Lanz, un brillante intelectual al servicio del dictador Juan Vicente Gómez (1908-1935), defendió en *Cesarismo democrático* las mismas ideas racistas de Sarmiento, pero con un lenguaje más descarnado; según se deducía de su texto, países con la composición racial de los latinoamericanos, no tenían futuro. Sólo podía salvarlos una asociación entre la *intelligentsia* nacional de raíces europeas y un dictador —el «césar»— capaz de imponer el orden con la espada. Algo que una década más tarde sostuvo implícitamente el presidente de Panamá Arnulfo Arias, cuando en los años cuarenta, con el apoyo masivo de su pueblo, se propuso privar de la ciudadanía a los inmigrantes negros llegados al istmo a principios de siglo, durante la construcción del Canal. Y no era la suya la única sociedad racista de la zona. Aproximadamente hasta esa época, los negros costarricenses de la costa Atlántica, casi todos avecindados en Puerto Limón, necesitaban de un permiso especial para trasladarse a San José, la capital blanca y democrática del pequeño país centroamericano. Pero donde el racismo probablemente alcanzó su mayor cota de barbarie fue en el Santo Domingo de los años treinta, cuando el entonces joven dictador Rafael Leonidas Trujillo ordenó al ejército el asesinato de varios miles de humildes campesinos haitianos, casi todos inmigrantes ilegales en República Dominicana. Aparentemente, la mayoría de sus compatriotas calificaron el hecho como un acto de justa represalia por los desmanes cometidos por las tropas haitianas durante la ocupación de Santo Domingo en el siglo anterior.

¿Hasta qué punto ha avanzado la integración de los negros y mulatos en la sociedad latinoamericana? A principios del siglo XXI, sin duda, ha habido cambios significativos en la dirección correcta. Ya nadie les niega a los negros el derecho a educarse, y casi todo el mundo reconoce con admiración sus aportes en el terreno de la música popular o en el deporte —lo que a veces aumenta el riesgo de constituir otra forma de prejuicio—, o su notable influencia espiritual en los aspectos religiosos, especialmente en países como Brasil, Cuba y República Dominicana, en los que las creencias de origen africano han adquirido una presencia permanente y creciente, pero todavía existe una clarísima relación entre el color de la piel y la posición económica y social que se ocupa, aunque existan notables excepciones.

¿Por qué está resultando tan difícil el proceso de equiparación de negros y blancos? Una investigación que el sociólogo norteamericano Daniel Moynihan, ex profesor de Harvard y senador por Nueva York, hizo en su país en la década de los sesenta del siglo XX acaso sea extrapolable a la América Latina: al margen de los indudables prejuicios de los blancos, los rasgos culturales de la familia negra, producidos por siglos de esclavitud, han generado hogares monoparentales dirigidos por mujeres dotadas de muy pocos recursos económicos; hogares desestructurados en los que la ausencia de padres responsables ha privado a los niños de los necesarios *role models* capaces de servirles de inspiración y de ejercer una autoridad constructiva que oriente a los menores en la dirección del estudio y de la ética de trabajo en el sentido weberiano de la expresión.

Sin embargo, es imprescindible señalar que, como regla general, los descendientes de esclavos criados dentro de la tradición cultural británica parecen exhibir un mejor desempeño económico que los miembros de esta raza formados en el mundo hispánico. Ése es el caso de los habitantes de Trinidad, Bahamas y Barbados —incluso de la más pobre Jamaica— y del resto de las pequeñas islas «inglesas» de las Antillas Menores. ¿Se trata de las instituciones creadas por los británicos, o es la consecuencia de que en estas sociedades los negros, lejos de constituir la minoría sojuzgada, forman la mayoría dominante y por ello tienen una mejor autopercepción, sin límites ni barreras psicológicas invisibles que frenen su avance social? Es posible. En este sentido, algunos sociólogos y economistas norteamericanos se han percatado del notable éxito de los inmigrantes negros anglocaribeños en sitios en los que la población negra norteamericana mantiene niveles de pobreza bastante acusados, como sucede en Miami. Uno de estos grupos, procedente de Barbados, además, aporta un dato curioso: los emigrantes negros de esta isla caribeña se cuentan entre los más exitosos en el aspecto económico de cuantos ha recibido Estados Unidos en los últimos cien años. Dato auspicioso que deshace cualquier tentación de suponer que las razas están genéticamente predispuestas al triunfo o al fracaso: son las actitudes individuales, las costumbres y los valores —eso que de alguna manera puede calificarse como cultura—, todo ello fuertemente trenzado por la historia, lo que parece determinar el éxito o el fracaso económico de las sociedades y de las personas.

En todo caso, sea la razón apuntada por Moynihan la causa principal, o una de ellas, de la pobreza relativa de las masas negras o mulatas en América Latina, lo cierto es que ese debate no ha adquirido en este continente la dimensión y la importancia que debería, como si hablar y examinar este fenómeno contribuyera a fomentarlo, cuando sucede exactamente a la inversa: la única manera de dominar a un toro bravo es agarrándolo fuertemente por los cuernos. Especialmente este, cuyo enorme peso contribuye, como pocos fenómenos, a la fractura e inestabilidad institucional que padece el continente.

SEXO, SEXISMO, GÉNEROS Y ROLES

En Nicaragua, la transición de la dictadura sandinista a la democracia (1990-1996) la hizo, y muy bien, una mujer de cuerpo frágil y voluntad de hierro: Violeta Chamorro. También en Centroamérica, cuando terminaba esa década de los noventa, los panameños eligieron a Mireya Moscoso como presidenta. Treinta años antes los argentinos habían hecho lo mismo con Isabelita Perón, pero la historia concluyó de forma trágica. En Bolivia la diplomática Moira Paz Estenssoro, hija del legendario político, se perfila como la líder capaz de revitalizar el partido fundado por su padre. En República Dominicana las elecciones del año 2000 colocaron en la vicepresidencia del país a una singularísima mujer: Milagros Ortiz Bosch. Algo no tan extraño, pues en Costa Rica, durante el gobierno de Miguel Ángel Rodríguez, las dos vicepresidencias han sido ocupadas por mujeres notablemente competentes. En Ecuador, actuando desde la sociedad civil, la líder empresarial guayaquileña Joyce Ginatta fue capaz de orquestar una campaña lo suficientemente efectiva como para obligar al gobierno a *dolarizar* la economía. ¿Para qué seguir? Hay mil pruebas —tantas como mujeres destacadas— de que en América Latina el peso de las mujeres en la vida pública es cada vez mayor, como sucede en la Unión Europea, en Estados Unidos o en Canadá. Pero esto no quiere decir que la situación de la gran masa femenina haya cambiado de manera sustancial. La verdad es que la inmensa mayoría de las mujeres, especialmente las más pobres y peor educadas —dos características que siempre van del brazo—, parecen estar hoy tan mal como hace siglos.

¿Cómo se configuraron los roles y actitudes sexuales (y sexistas) de los latinoamericanos? Entre los aportes más desdichados de los latinoamericanos a la cultura planetaria está la palabra «macho» y su correspondiente estereotipo. Es cierto que, tratándose de la lengua castellana, podría pensarse que el origen es español, especialmente porque en España se acuñó el Don Juan, primero por Tirso de Molina y luego por Zorrilla, pero la imagen actual del «macho» poco tiene que ver con aquel galante calavera del Siglo de Oro. El de nuestros días se asocia mucho más con un buen bigote mexicano, con un *latin lover* tal vez argentino, de pecho velludo, cabellera bien cuidada y fama de amante infatigable, o con un romántico guerrillero barbudo en combate permanente con su secular enemigo del ejército, otro tipo de macho a quien los caricaturistas suelen representar con un aspecto bastante siniestro. Todos ellos, y muchos más, suelen ser variantes del macho latinoamericano.

El macho, a juzgar por los corridos, el cine popular o los culebrones televisivos, es un tipo mujeriego, pendenciero y amante del alcohol, que lo mismo se lía a tiros que a trompadas por defender su territorio de varón dominante. Odia a los homosexuales y de ellos se burla mediante chistes procaces —muy populares en la cultura iberoamericana— que también sirven para subrayar la hombría de quien los cuenta. Cuando tiene hijos, los somete a la obediencia mediante la intimidación y los castigos físicos. Para él, la mujer no es exactamente una compañera o la persona a la que se ama, sino una posesión. Una cosa desvitalizada que le pertenece, a la que le da órdenes y de la que espera atemorizado respeto —más bien veneración—, obediencia total, constantes servicios domésticos, y prestaciones sexuales esporádicas que deben ser, claro, rigurosamente exclusivas. Un ser —la mujer— que es preferible que hable poco, a quien suele calificarse de «chismosa», frívola o banal, y a la que apenas se le presta atención, pues cuanto dice suele ser escasamente interesante. Para el macho, al fin y al cabo, no resulta muy grato que la señora que lo acompaña tenga ideas propias que lo contradigan, y ni siquiera es conveniente que posea una mayor densidad intelectual o estudios superiores a los que él sea capaz de exhibir. Con frecuencia, cuando ambos se enfrascan en una disputa, no es nada extraño que el punto final sea un acto de violencia física o verbal contra la mujer. Los machos del mundo entero, y no sólo el arquetipo latinoamericano, golpean o insultan a sus mujeres sin grandes muestras posteriores de arrepentimiento.

Por supuesto que, hasta aquí, lo que he descrito es la caricatura de una mezcla de canalla con idiota, pero, como todo dibujo de trazo rápido, aun cuando desfigura y no refleja la realidad completa, sí describe de alguna manera los tradicionales roles masculino y femenino en América Latina. Aunque no todos los varones latinoamericanos sean machos en el sentido despectivo de la palabra, sería absurdo negar la subordinación de la mujer al hombre y la terrible tragedia que esto provoca. En un continente en el que la mitad de la población podría calificarse de pobre, son las mujeres las personas más miserables y desamparadas de esta triste legión, entre otras razones porque estudian menos y son víctimas de la paternidad irresponsable. Un altísimo porcentaje tiene sus hijos fuera del matrimonio o de parejas estables, y cuando el vínculo llega a su fin, lo más probable es que el varón eluda cualquier obligación con sus descendientes. Los hijos en América Latina suelen ser «cosa de la madre».

Este panorama no es, claro, exclusivo de América Latina, sino que se da en cualquier sociedad rígidamente patriarcal —todas lo son en algún grado, como señalara el antropólogo Steven Goldberg, y acaso se trata de un fenómeno de origen biológico, como audaz y dudosamente intentara documentar—, pero lo importante en este libro es tratar de entender el origen y la evolución histórica de este viejo fenómeno. Acaso ésa sea una forma de tratar de mitigar sus peores consecuencias. Sólo se puede derrotar lo que se conoce.

Roles y sexos en Grecia

Si la premisa de este libro es que las instituciones y el comportamiento de los latinoamericanos hay que rastrearlos en la tradición occidental, el obligado punto de partida es Grecia: la Grecia de Pericles, de Sófocles, de Esquilo, de Sócrates, Platón o Aristóteles. Naturalmente, bien podríamos remontarnos a los orígenes más remotos y dejar establecida la supremacía de un macho dominante en los grupos de cazadores que se movían por las sabanas y se guarecían en las cuevas; o el fenómeno de estratificación y especialización por sexos que reafirmó la aparición de la agricultura —los hombres guerreaban o cazaban, las mujeres manipulaban las cosechas y cuidaban los niños—, pero no vale la pena retrotraernos hasta ese distante punto de la aventura humana.

Entre los griegos, creadores de la democracia, y, por esa vía, de una cierta forma de igualdad de las personas, no todos los habitantes de las ciudades-Estado eran sujetos de derecho. Los esclavos eran «cosas» que se poseían, y sobre ellos podía ejercerse casi cualquier clase de violencia. Algo semejante sucedía con las mujeres, que apenas tenían derechos. No existían. Prácticamente eran invisibles en la sociedad supremamente machista de los griegos. Vivían en sus casas, preferentemente recluidas en el *gineceo*, una habitación dedicada a ellas, y allí, mientras eran niñas, aprendían a coser y a cantar ciertos himnos. Salían poco a la calle o al mercado —los hombres eran quienes compraban y vendían—, y las diversiones en que se les permitía participar eran algunas representaciones teatrales —casi nunca las picantes comedias, sólo las tragedias— y en las populares fiestas dedicadas a Dionisos. Ni siquiera en Esparta, donde solían pasear con el pecho descubierto, tenían las griegas demasiados derechos.

La gran virtud de la muchacha joven, y luego de la mujer madura, era la *sofrosyne*, una especie de quieta amabilidad, dócil, sencilla, indocta, perruna, humildemente cabizbaja, que algo tenía de pudorosa, y algo, también, de servil. La mujer solía casarse a los quince años, nunca por amor, con varones que tenían unos veinte y ya habían pasado la *efebía*, o servicio militar de dos años, cumplida generalmente tras la llegada a la mayoría de edad, época que, como hoy, se fijaba a los dieciocho. El padre, los hermanos u otros adultos de la familia, sin siquiera consultarle, habían pactado el matrimonio y la dote que se veían obligados a entregar, buscando preferentemente a un miembro de la misma *fratría*. Es decir, un joven al que se suponía descendiente de un antepasado común, tribu en la que se integraban las familias griegas y a la que se contribuía con hijos capaces de perpetuar el culto de los parientes muertos.

No había leyes escritas contra el incesto, pero la literatura —las tragedias— y la tradición popular rechazaban la unión entre hermanos, y más aún la de hijos o hijas con padres y madres, especialmente por temor a la ira de los dioses, aunque no ocurría de igual manera con la de tíos con sobrinas o la de primos. El fin del matrimonio, sin embargo, era procrear: traer hijos para perpetuar el linaje de la familia y de la *fratría*, así como para asegurar que se contaba con alguien capaz de cuidar de los ancianos cuando no pudieran valerse por sí mismos. Entre los espartanos la sucesión era tan importante que, cuando el varón no parecía capaz de engendrar, a veces recurría a «preñadores» profesionales, viriles y robustos, siempre dispuestos a realizar profesionalmente su delicado trabajo.

El matrimonio era una especie de contrato oral que se establecía ante testigos mediante una sencilla ceremonia, preferiblemente celebrada en invierno y durante la luna llena, en cierta medida parecida a la que luego los romanos —y los latinoamericanos de nuestros días— llevarían a cabo. Como sucede con el san Antonio casamentero de la tradición católica, entre los griegos había deidades a las que se consagraba el matrimonio, y a cuya gloria la novia dedicaba sus juguetes infantiles y sus más íntimas posesiones personales.

Como parte de la ceremonia, aunque en otro lugar y momento, la novia debía someterse a un rito de purificación mediante el agua, después de lo cual acudía al banquete, que por lo general se celebraba en la casa de su padre. Ahí se cortaba y distribuía una tarta nupcial, y hombres y mujeres, separados, devoraban una buena cantidad de comestibles generosamente regados con el mejor vino disponible. Había músicos que tañían instrumentos y cantaban canciones, con frecuencia alusivas al sexo. Tras el banquete, los contrayentes subían a una carreta que los llevaría a casa del novio, mientras los músicos les seguían entonando sus alegres melodías. Cuando llegaban al *tálamo* —el sitio en que recibían las últimas felicitaciones o parabienes, y, por extensión, la cama—, los músicos y amigos abandonaban a los esposos para que consumaran físicamente la unión.

Los hijos, tan vehementemente deseados, a veces no lo eran tanto; si tal era el caso, se procedía a provocar el aborto, algo que no estaba penado por las leyes. También eran una «propiedad» del padre. Cuando las criaturas nacían y por alguna razón —casi siempre porque eran niñas— no las querían, sencillamente las abandonaban para que murieran de hambre, sed o frío —en época de invierno—, pues el infanticidio podía llevarse a cabo en medio de la indiferencia general de la sociedad. Los espartanos, muy celosos de las características físicas de su pueblo, verdaderos practicantes de la eugenesia, examinaban a los recién nacidos para ver si les descubrían algún defecto. Si lo tenían, o parecían tenerlo, los llevaban a un precipicio y los despeñaban. También existía el recurso de la venta, porque los hijos podían venderse. El niño o niña vendido se convertía en esclavo para siempre o, en el mejor de los casos, quedaba en poder de una pareja que no había tenido descendencia. Esa práctica —la venta de los hijos— no era demasiado extraña entre las familias muy pobres.

Había dos situaciones en las que el marido podía divorciarse de la mujer: cuando le daba la gana o cuando ella cometía adulterio. En el segundo caso, *tenía* que separarse o perdía sus derechos. Un ciudadano ateniense no podía mantener al mismo tiempo sus privilegios y la vergüenza de haber sido engañado por su mujer. Debía elegir. Pero, en cualquiera de los dos casos, si se divorciaba estaba obligado a devolver la dote recibida. ¿Cómo era el trámite de ruptura? Una simple notificación oral de repudio a la esposa, que enseguida debía liar sus bártulos y regresar al seno de su familia, dedicarse a la mendicidad o, si tenía edad y condiciones, a la prostitución. En cambio, si era ella quien deseaba romper la unión matrimonial, debía acudir al *arconte* —un magistrado que impartía justicia— y alegar, por escrito, las razones que la impulsaban a tratar de separarse de su marido. Con frecuencia los jueces desoían sus peticiones. Eran sólo «quejas de mujeres».

La aburrida vida de las señoras contrastaba con la de los hombres. Los varones griegos solían compartir su vida sentimental con tres clases de mujeres: la esposa, generalmente confinada a la casa, las cortesanas o *hetairas*, divertidas rameras que cantaban y tañían instrumentos musicales en los numerosos prostíbulos —absolutamente legales—, y las concubinas o amantes, con las que mantenían relaciones estables. Sócrates, casado con Jantipa, parecía sentirse mucho más a gusto con Mirto, de la misma manera que Pericles adoraba a Aspasia, su muy famosa amante, más tarde debidamente desposada.

No contentos con esta abundancia de oferta sexual femenina, los griegos tenían otra fuente de placer: los varones adolescentes —a veces niños—, a quienes realmente amaban, pues, dada la mínima importancia de la mujer en esa sociedad, les parecía que sólo en el vínculo homosexual podía darse una relación especialmente intensa y espiritualmente satisfactoria. A las mujeres se las preñaba; a los efebos, se los amaba con ternura. Esto es lo que Platón defiende en *El banquete.* Esto es lo que Esquilo cuenta de las relaciones entre Aquiles y Patroclo. Esto es lo que se deduce de la gallarda valentía del Batallón Sagrado de Tebas, una unidad militar formada por parejas homosexuales que peleaban fieramente en defensa de su causa y de su amante, observación que ha llevado a más de un historiador a ver el origen de esta costumbre en la fraternidad excesiva entre militares. Otros, no obstante, prefieren atribuirlo a las relaciones entre pedagogos —maestros o tutores y sus discípulos—, o a la hipocresía de una sociedad que dictaba leyes muy severas contra la práctica de la pederastia —el adulto «protector» era el *erasta*, el joven «protegido» era el *erómeno*—, pero, en la realidad, las toleraba con una asombrosa tranquilidad.

¿Y las mujeres? ¿Y la homosexualidad femenina? Existía, naturalmente, y ahí están para demostrarlo los versos de Safo escritos en la isla de Lesbos un siglo antes de la etapa dorada de Atenas —el espléndido siglo v—, pero una sociedad machista como la griega estaba demasiado ocupada en el ejercicio de su falocracia para prestarle demasiada importancia a lo que hicieran las mujeres en la intimidad de los gineceos. Ni siquiera valía la pena legislar sobre eso.

Roles y sexos en Roma

En sus orígenes institucionales, los romanos, que tantas influencias absorbieron de Atenas, concedieron al padre de familia las mismas prerrogativas absolutas que le otorgaban los griegos. Pero ya en la época del imperio esa feroz autoridad había mermado considerablemente, mediante la promulgación de una serie de leyes y decretos que protegían y transformaban en sujetos de derecho a quienes hasta ese momento apenas eran unos peleles en las manos potencialmente caprichosas de los varones adultos.

Por primera vez se reconocía el derecho de heredar a los hijos e hijas ilegítimos —nacidos fuera del matrimonio—, se prohibía la venta de los hijos como esclavos, y disminuía sensiblemente el número de infanticidios, aunque no es hasta varios siglos más tarde que se legisla contra el homicida abandono a la intemperie de los recién nacidos. Algunos autores, incluso, creen ver el surgimiento de una actitud demasiado indulgente con los hijos. Donde antes asomaba el rostro del padre siempre severo y castigador, ahora comparece un rostro humano, mucho más tolerante. Eso les resulta peligroso para el buen orden social.

No se trata, naturalmente, de un proceso «revolucionario», sino de la lenta evolución de las costumbres, a la que muchos hombres se oponen y contra la que los más ácidos escritores lanzan sus sátiras. Estos irredentos varones no se sienten cómodos con mujeres intelectuales que manejan ideas e información. Mucho menos con las que gustan de participar en las cacerías y practicar deportes. En todo caso, la mujer, que nada valía en la sociedad griega, alcanza en Roma mayor preponderancia. Su *status* cambia espectacularmente: ya no tiene que someterse al matrimonio *cum manus*, es decir, sujeto totalmente a la autoridad del marido, sino al matrimonio *sine manus,* en el que se tienen en cuenta sus criterios y sentimientos, y para el que ella debe dar su conformidad. Ya hay, o puede haber, amor en la pareja, o mutua conveniencia, pues los jóvenes se conocen y dan su consentimiento a la unión. La mujer se ha «descosificado» y disfruta de una relativa igualdad. Al menos, mayor que la que tenía en Grecia.

Aunque hay varios tipos de ceremonias matrimoniales, la más popular es la que, fundamentalmente, ha llegado a Occidente, América Latina incluida. Sigue siendo un compromiso ante testigos, pero ahora se hace frente a un sacerdote del templo, quien repite una oración en la que les pregunta a los novios si acceden libremente al vínculo y los conmina a amarse y protegerse el uno al otro. Previamente, se ha acudido a una especie de adivino, el *auspex*, que aclarará con sus artes la fortuna o la desdicha que le espera a la pareja. Son los buenos o malos auspicios, y los formulará tras la «lectura» de las entrañas de un animal sacrificado en honor de los dioses. Si son favorables —casi siempre lo eran— la novia vestirá como tal, con velo naranja, redecilla roja, túnica blanca y corona de flores en la cabeza.

Durante la ceremonia, que también culmina con un beso en los labios, la novia, rodeada de sus damas de honor, intercambiará anillos con su prometido, y a partir de ese momento ambos los llevarán en el dedo «anular», junto al meñique, debido a un curioso error anatómico difundido por la medicina antigua: se suponía que hasta ese dedo llegaba un fino nervio que partía del corazón, lugar donde, para los romanos, sentaba sus reales el amor. Más tarde llegará el momento del banquete, y las mujeres podrán compartir la mesa con los hombres. Ha caído —por cierto tiempo— una barrera. Los inevitables músicos acompañan la fiesta. Cuando se despiden, la fórmula todavía nos resulta entrañablemente familiar: *feliciter*, algo que equivale a nuestro vigente «¡felicidades!».

Una vez en la alcoba, y tras desnudarse, a veces sólo parcialmente, pues las mujeres, incluidas las prostitutas, solían conservar una especie de sostén —eso sí, se descalzaban—, se adoptan otras actitudes que hoy calificaríamos de machistas. Muy consciente de su papel viril, era el hombre el único que podía tomar la iniciativa, acariciando a su compañera generalmente con la mano izquierda —la de las ocupaciones abyectas—, mientras sólo se recomendaba la postura clásica, en la que ella yacía debajo de él, ambos situados frente a frente. La mayor abominación, la más rechazada, era la relación bucogenital. Especialmente, si era él quien se entregaba a la tarea, pues esta práctica suponía una degradante humillación. Un romano de pro no colocaba su boca en semejante sitio; y si lo hacía y se descubría, resultaba desacreditado de inmediato.

Ese romano, sin embargo, se entregaba a otros placeres carnales generalmente censurados desde nuestra perspectiva actual.

Continúa la tradición pederasta de los griegos. Sigue practicando la sodomización de esclavos, que deben someterse a los caprichos del amo, o la de jovencísimos varones, generalmente impúberes, dado que la aparición de los vellos tornaba en sordidez lo que hasta ese momento no lo había sido, pero sin conciencia, ni uno ni otro, de llevar a cabo un acto pervertido y execrable, pese a que, inútilmente, las leyes lo castigaban. Quien adoptaba el rol activo no resultaba objeto de censura. El ser despreciable no era quien realizaba la penetración, sino aquel a quien penetraban —el *catamite*, o *impúdico*, entre los romanos—, pues lo importante era el gesto viril; lo fundamental era quién humillaba o quién era humillado durante el coito. Y de las posiciones que ocupaban durante la cópula, y no de la coincidencia en el mismo género, dependía el honor o el deshonor de las personas en lo tocante al sexo. Algo de esto subsiste en la mentalidad latina de nuestros días. Probablemente, el homosexual activo no es tan desdeñado por la sociedad como el pasivo. El pasivo simula ser una «mujer». El activo sigue actuando como «hombre» y no muestra ningún rasgo de afeminamiento, pues le parece deplorable. Pero entre los romanos, la lesbiana que adoptaba un papel masculino era calificada con los peores epítetos. Tratar de ser un hombre, sin serlo, era algo que repugnaba visceralmente a los romanos. Podían entender —y propiciaban con regocijo— que miles de hombres jóvenes desempeñaran en la cama el papel de mujeres. Pero no aceptaban que algunas mujeres actuaran como varones. Juzgado con nuestros ojos del tercer milenio, ahí se escondía, acaso, otro síntoma de irredimible machismo.

En una sociedad cada vez más «abierta» —«corrupta», dirían los críticos— es natural que los divorcios, muy fáciles de conseguir tanto por el hombre como por la mujer, estuvieran a la orden del día, pues bastaban siete testigos de la decisión y una comunicación escrita al cónyuge para dar por terminada la relación. Era suficiente alegar adulterio —penado por las leyes, pero practicado profusamente por los dos sexos—, conducta indecorosa u otras causales que hoy serían calificadas como absolutamente desleales, como la vejez de la pareja o su condición de persona enferma. Ya existía en Roma, por cierto, el divorcio por mutuo acuerdo. En cualquier caso, como la mujer podía poseer propiedades y las leyes la protegían, la ruptura del vínculo matrimonial no entrañaba necesariamente la pobreza. A veces multiplicaban su fortuna enlazando de inmediato con otro varón económicamente más poderoso.

No obstante, para desdicha de las mujeres de lo que pronto sería España —la Hispania del confín occidental del imperio— los visigodos que en el siglo V irrumpirían en la Península y la pondrían bajo su control, pese a lo romanizado de sus costumbres, tenían reglas y rasgos de comportamiento más cercanos a lo que hoy calificaríamos de machismo. Uno de estos rasgos era el culto a la virginidad —por la que, simbólicamente, los maridos abonan una dote prematrimonial—; otro, la represión total del adulterio femenino, ofensa que debía lavarse con sangre, aunque no así el masculino, que se aceptaba sin reparos, pues la corte de estos «bárbaros» federados dentro del Imperio romano era claramente polígama.

Miembros de una sociedad profundamente imbuida por los valores castrenses, los visigodos practican los duelos a muerte por las ofensas contra el honor, salvaje costumbre que arraigará en el alma española y mil años más tarde dejará su huella en el teatro del Siglo de Oro. También tienen numerosos prostíbulos que se multiplican en tiempos de escasez y hambre. Los pobres —más los hispanorromanos que los visigodos— suelen venderse como esclavos. Según san Isidoro de Sevilla, quien se acogía al razonamiento de culpar a la víctima, el hecho de que ciertas personas muy pobres estuvieran dispuestas a venderse como esclavas demostraba que merecían serlo. Y no sólo se venden ellas. Mantienen, por lo menos por un tiempo, la costumbre de vender los hijos no queridos, y emancipan a los queridos cuatro años antes que los romanos: a los catorce los visigodos son adultos ante la ley y ante la sociedad.

Los visigodos son ásperos en el trato, endogámicos, y prefieren no mezclarse con los «blandos» hispanorromanos, pero terminan haciéndolo por razones demográficas: ellos apenas son doscientos mil y los hispanorromanos unos seis millones. Son inflexibles, en cambio, en lo que respecta a la posibilidad de que los amos —hombres o mujeres— mantengan relaciones sexuales con sus esclavos o con los esclavos de otro. Eso se paga con la vida y con terribles torturas. Es perfectamente legítimo cortarles las manos o los pies a los esclavos, dejarlos tuertos, castrarlos, amputarles el pene, arrancarles la nariz, los labios o las orejas. Los esclavos ni siquiera se casan en el sentido en que lo hacen las personas libres. Establecen, como los animales, un *contubernium* que el amo deshace cuando quiere, pues a él también le corresponde el fruto de esas inciertas parejas.

¿Quiénes son los esclavos, además de los miserables que se ven obligados a venderse por hambre? Los prisioneros de guerra y —tal vez la mayoría— quienes no pueden satisfacer una deuda. Una de las últimas leyes dictadas por los godos, que fueron profundamente antisemitas, establecía la esclavitud de todos los judíos del reino. No llegó a cumplirse. Pero eso explica que los judíos recibieran con cierto alivio la invasión de los musulmanes. Para ellos realmente lo fue. La vida, por cierto, tiene diferentes valores si se trata de mujeres u hombres y de jóvenes o viejos. En caso de reparación judicial por asesinato, está determinado, como regla general, que en igualdad de edades los hombres valían el doble que las mujeres. Los niños pequeños apenas tenían valor. En la ancianidad, hombres y mujeres alcanzaban el mismo «precio» decreciente. El visigodo era un pueblo duro de guerreros feroces, y eso casi nunca es conveniente para nadie, pero menos para las mujeres.

El cristianismo, el sexo y los roles

Sin embargo, el cambio más profundo en la percepción del papel de las mujeres, en la conducta sexual de los españoles, y, en general, de los habitantes del Imperio romano de Occidente, no vino de los bárbaros, sino del paulatino triunfo y entronización de la ética judeocristiana. En efecto, aunque en los Evangelios hay pruebas de comprensión hacia las pecadoras —la arrepentida Magdalena, por ejemplo—, y el cristianismo parece ser una religión más liberadora que represora, ya desde san Pablo se percibe una actitud muy severa hacia los «pecados de la carne», básicamente esos cuatro enemigos del alma identificados por el judío convertido al cristianismo camino a Damasco: la prostitución, el adulterio —incluido el mental—, la molicie —es decir, la masturbación o la excesiva y hedonista recreación en el sexo— y la homosexualidad.

Para san Pablo, la relación sexual era un inconveniente en la conquista de la perfección espiritual que se debía combatir con el matrimonio, institución cuyo fin no era el goce físico de la pareja, sino la procreación y el estricto control de las pasiones. Se trataba, más bien, de una camisa de fuerza. Un «detente» contra el demonio. Un «contrato» en el que el sexo quedaba relegado a «débito conyugal». Una especie de incómodo trámite que se hacía por obligación más que por el impuro deseo, y siempre como mandaban las sanas costumbres, en la llamada «postura del misionero», es decir, la dama debajo, sin dar grandes muestras de placer, y el caballero encima de ella, rápido y desentendido. El *more canino*, o posición «retro», tan frecuente entre los pueblos del Oriente Medio, estaba especialmente prohibido. La *mulier super virum*, esto es, cabalgando sobre el esposo, ni pensarlo. La sodomización de la compañera, menos todavía, pues no había posibilidades de engendrar. Mucho tiempo después, san Jerónimo —como Juan Pablo II poco antes de terminar el siglo XX— condenaría la lujuria dentro del matrimonio. (Los irreverentes dirían que dentro del matrimonio la lujuria más se acercaba al milagro que al pecado.)

Para los cristianos más fanáticos lo ideal era suprimir cualquier contacto sexual. Ya Dios proveería la forma de que la especie no desapareciera. Al Dios judeo-cristiano se le agrada y halaga con la abstinencia sexual, con la mortificación, con el abandono de los bienes materiales. Y si hay que copular, mejor que eso no ocurra en las noches dominicales, pues los hijos concebidos en los días de adorar al Señor saldrán monstruosamente deformes, como con absoluta certeza asegura san Gregorio de Tours, aunque también advierte del peligro de las noches de los miércoles y viernes. Tampoco debían mantenerse relaciones sexuales los cuarenta días que precedían a la Navidad, los cuarenta días antes de la Semana Santa o los ocho que seguían a Pentecostés. Una vez preñada la dulce esposa, la pareja debía interrumpir los encuentros conyugales —¿para qué copular si ya estaba embarazada?— y así mantenerse hasta treinta días después del parto, si hubiera sido varón, o cuarenta si se trataba de una niña. La Iglesia, definitivamente, era refractaria a cualquier expresión de sensualidad. De ahí los votos fundamentales de los monjes: pobreza, castidad, obediencia. De ahí los anacoretas internados en el desierto, las sociedades de flagelantes, los cenobitas alejados del mundo y, a veces, hasta voluntariamente privados de la palabra.

La Iglesia católica es una estructura básicamente masculina, en la que las mujeres ocupan una posición meramente auxiliar, no pueden acceder al sacerdocio y mucho menos a la jerarquía episcopal, al cardenalato o al papado. Es una institución de hombres, y los hombres son siempre tentados por las mujeres, y por ellas llevados a la perdición y el infierno. La mujer es mala porque convoca al sexo. El papa san Gregorio I clasifica a los seres humanos en tres categorías: los mejores son los que mantienen la virginidad y nunca se han «ensuciado» con el sexo; les siguen en méritos los que han conocido esa práctica lamentable, pero han conseguido renunciar a ella; y, por último, están las personas casadas, esclavas de la fea costumbre de copular. San Agustín, obispo de Hipona, aunque pecador él mismo en su juventud, no encontraba demasiada distancia entre la *copula fornicatoria* que se lleva a cabo con una ramera y la *copula carnis* que se efectúa dentro del matrimonio. Por eso, desde el principio, se resalta y honra la figura de María, la madre de Jesús, cuya naturaleza es objeto de encendidas polémicas que dividen los concilios. ¿Cómo se podían censurar las relaciones sexuales si Dios había nacido de una mujer? Obvio: esa criatura era diferente. Dios y su madre eran distintos. Jesús había sido engendrado por obra y gracia del Espíritu Santo, sin que mediara obra alguna de varón. La virginidad de María no sólo era una prueba de su pureza, sino que constituía también una crítica implícita a las evas de este depravado mundo de tentación y pecado.

Muy pronto los católicos comienzan a defender la indisolubilidad del matrimonio. El propósito es desestimular la lujuria mediante la monogamia obligada. El que se casa lo hace para siempre o se condena al fuego eterno del infierno. Hay, sin embargo, algunas excepciones. Cuando el cónyuge no es cristiano o cuando se comete adulterio, pero en este último punto no hay acuerdo general. ¿No deben, acaso, perdonar los cristianos? Sin embargo, el matrimonio frente al cura, tal y como hoy lo conocemos y efectuamos, no se institucionaliza hasta el siglo XII, cuando la ceremonia escapa al ámbito de la vida privada y las iglesias y parroquias comienzan a llevar un registro. Tampoco se hace obligatorio el celibato de los sacerdotes hasta bien avanzada la Edad Media, y no falta quien opine que la razón principal que subyacía tras esta medida era la de preservar el enorme patrimonio de la Iglesia al no tener que dividir los diezmos que recibía entre la prole de los curas. La castidad de los religiosos fue, en suma, un intenso debate: al fin y al cabo, todos los apóstoles, menos dos, Pablo y Bernabé, no sólo eran casados, sino que, además, viajaban acompañados por sus esposas cuando iban a predicar la «buena nueva».

Damas y caballeros

En la España medieval esta visión cristiana de la pareja, totalmente falta de sensualidad, contrasta con lo que sucede en la porción islámica de la Península, pero también hay zonas de grandes coincidencias. En el mundo musulmán, el Corán admite la poligamia. Son aceptadas hasta cuatro esposas, o las que puedan ser mantenidas. Se trata, sin duda, de una sociedad concebida para el disfrute de los hombres. Las mujeres deben ocultar su rostro tras los velos para no despertar pasiones, y deben ocultarse ellas mismas tras las celosías de unos harenes custodiados por —a veces— inofensivos eunucos, pues el adulterio femenino es considerado una gravísima falta que se paga con la vida. Las hembras son propiedad del macho que las atesora. Golpearlas o maltratarlas de palabra son normas de comportamiento perfectamente aceptadas. «Cuando llegues a tu casa —dice un proverbio árabe— pégale a tu mujer. Tú no sabrás por qué, pero ella sí.» Repudiarlas y deshacerse de ellas es también sencillo. La autoridad religiosa islámica, como sucede entre los cristianos, es siempre masculina y generalmente misógina. Y esta asimetría se mantiene hasta en el más allá, donde los varones que alcancen la gloria recibirán con ella, o como parte de ella, el disfrute de bellas huríes. Las mujeres árabes hasta en el cielo son un mero instrumento del placer de los hombres.

Entre los cristianos el terror al adulterio femenino y el descrédito social que ello conlleva no es menor que entre los musulmanes. En la Edad Media el honor no depende de las acciones propias sino de la percepción de los demás. La falta cometida por una mujer adúltera es siempre menos importante que la deshonra del que no lava con sangre la injuria cometida. Y no se trata de una locura típicamente española. El cinturón de castidad, con sus candados inútiles y su espantosa falta de higiene, es italiano. Concretamente, de Florencia, y así, como «cinturón florentino», se lo conoció durante los dos largos siglos en que los caballeros ausentes intentaban evitar las deslealtades sexuales de sus cónyuges encarcelándoles el rincón de la anatomía «por do más pecados había», y escondiendo luego la llave en la faltriquera más segura.

Sin embargo, mientras la realidad social de la mayor parte de las mujeres en la Europa medieval —la cristiana y la musulmana— es de subordinación total al hombre, en los últimos siglos de la Edad Media, básicamente entre los siglos XII y XV, surge una curiosa tendencia a idealizarlas, fenómeno que se refleja en la poesía trovadoresca aparecida en la Provenza francesa, muy pronto imitada por todas las lenguas romances que entonces comenzaban a florecer. Súbitamente, la Eva pecadora denunciada desde los púlpitos de las Iglesias, la fuente de todas las desdichas y tentaciones, se convierte en una casta dama deseada por caballeros dispuestos a realizar cualquier proeza con tal de conquistar su corazón. Más aun, ése es el único procedimiento para conseguir el amor de la mujer querida: la hazaña, el «más difícil todavía», el imponerse a peligros tremebundos para demostrar, mediante la temeridad sin límites, el amor que se siente.

¿Hay en esta «revalorización» de las mujeres de alcurnia —las villanas no eran objeto de culto caballeresco— una disminución de la visión machista sustentada por la sociedad medieval? En absoluto; lo que están en juego son valores masculinos. De lo que se trata es de demostrar la valentía, la ferocidad en el combate y la delimitación de zonas de autoridad patriarcal. Se conquista a la dama mediante una hazaña casi siempre absurda y desmesurada no exenta de bravuconería. A veces consiste en situarse en un camino y desafiar a duelo a quienes acierten a transitar por él. Otras, en llevar cadenas y pesadas argollas en los tobillos o en el cuello. Los hay incluso que se someten a torturas por fuego. Sufrir es una manera de expresar el amor. Y quien está más dispuesto a sufrir es quien más ama. ¿Qué es eso? Una forma inmadura, casi adolescente, de exhibir los más primarios signos de la identidad masculina. No se trata, como algunos piensan, de una forma de culto a la mujer, sino de otra manera narcisista de adorar los atributos del hombre.

Pero no debemos confundirnos: las idealizadas relaciones entre las damas de buena cuna y los caballeros andantes —tiernamente ridiculizadas por Cervantes un siglo más tarde en *El Quijote*— en modo alguno reflejan la enorme misoginia que va abriéndose paso en Europa desde fines de la Edad Media hasta el bárbaro holocausto de mujeres que se lleva a cabo a lo largo del siglo XVI, precisamente cuando tiene lugar la conquista de América. En efecto, durante la llamada «cacería de brujas» más de cien mil mujeres son asesinadas mediante el fuego en Europa occidental. Sólo un veinte por ciento de las víctimas son hombres. El ensañamiento es con las mujeres. Antes de quemarlas vivas, con frecuencia se les aplican hierros candentes en los brazos y se les amputan los senos. Los familiares son obligados a contemplar el espectáculo, y a los hijos pequeños, además, se les golpea para que nunca olviden lo que les sucede a las endemoniadas que arden frente a ellos.

¿Por qué acaeció esta monstruosidad? Por una combinación de

estereotipos, supersticiones de la época y tensiones religiosas. Las supuestas brujas, en su mayoría mujeres de más de cincuenta años, pobres e ignorantes, eran acusadas de haber tenido relaciones carnales con el diablo, víctimas de su incurable lujuria. Una vez poseídas por el Maligno, éste les exigía que blasfemaran, cometieran actos sacrílegos, desataran plagas, asesinaran niños, provocaran enfermedades, incluida la impotencia de ciertos varones, y hasta la desaparición del pene de algún desdichado sacerdote. Para realizar sus ruines propósitos, el diablo les concedía la posibilidad de volar o de transformarse en animales, y les comunicaba las fórmulas de pócimas y venenos con los cuales realizar sus ritos mágicos. Preocupados varones hubo que, convencidos de una cierta visión conspirativa de la historia y de la teología, hasta denunciaron la evidente conjura fraguada entre los demonios y las brujas con el fin de destruir la civilización cristiana.

Este clima de terror y sadismo contra las mujeres se vio facilitado por una serie de circunstancias históricas que fueron fatalmente encadenándose. A partir del siglo XIII hay un recrudecimiento de la represión contra las herejías, y la Inquisición elimina la *lex talionis* que castigaba con la misma pena solicitada a quien no lograse probar su acusación. Ya se puede acusar a cualquiera de cualquier cosa sin necesidad siquiera de dar la cara. Los tormentos más brutales son utilizados para obtener la confesión de los acusados. El miedo se apodera de muchas mujeres y se repiten los casos de histeria colectiva en los que se oyen voces o se perciben apariciones sobrenaturales. Estas «señales» confirman las sospechas de los perseguidores. Por otra parte, lentamente van fortaleciéndose los Estados en detrimento de los señores feudales, y el poder central identifica con mayor precisión y rigor a sus supuestos enemigos naturales: herejes, judíos, leprosos, homosexuales y brujas. Hasta los bizcos, zurdos y jorobados son sospechosos. Cualquier comportamiento excéntrico es objeto de represión. Las mujeres prácticamente no pueden defenderse, porque su testimonio apenas es tenido en cuenta por tribunales invariablemente masculinos que en muchos casos se guían por el *Martillo de Brujas*, o *Malleus Maleficarum,* un perverso manual de persecución de endemoniadas escrito por los dominicos Kramer y Sprenger. Las mujeres, además, no pueden estudiar. No se les permite ser funcionarias, ni siquiera aprendices en los gremios de obreros especializados. Sólo unas pocas alcanzan a ejercer carreras artísticas, y ninguna logra el reconocimiento de una posteridad definida por la pupila masculina. Se les menosprecia, se da por supuesto que son seres naturalmente inferiores, y así se les trata.

En América, el siglo XVI es el de la conquista, mas en el Viejo Continente es el de las terribles guerras religiosas que divide la Europa cristiana. Sin embargo, el sadismo y el atropello contra las mujeres se da tanto entre los católicos como entre los protestantes. Algunos países, como España y Portugal, se dedican con más ahínco a la persecución de herejes, judíos y marranos que de brujas, pero no exactamente por el carácter católico de las naciones ibéricas. En Alemania, por ejemplo, donde el territorio se divide entre católicos y luteranos, las más crueles cacerías de brujas se llevan a cabo en la zona católica. En Tries, el jesuita Peter Binsfeld hizo quemar 368 supuestas brujas en 22 villorrios diminutos. Fueron tantas, que en dos de esos pequeños poblados sólo quedaron sendas mujeres para contar, aterrorizadas, lo que había sucedido.

Hay una razón teológica que acaso explique por qué los alemanes luteranos fueron algo menos crueles que sus compatriotas católicos en la persecución de las brujas. Para los luteranos, el diablo es el Ángel Caído, una criatura también sujeta al imperio de la voluntad divina. Pero no resulta nada fácil encontrar las causas que justifican las diferencias de comportamiento de los cristianos con relación a las brujas. Los datos son elocuentes y confusos al mismo tiempo: la Iglesia ortodoxa oriental resultó mucho menos cruel que la occidental, los católicos se mostraron algo más rigurosos que los protestantes, pero fue en el centro norte de Europa donde este criminal comportamiento alcanzó su mayor grado de vesania.

Los españoles, el sexo y América

Es este panorama sexófobo y racista, propio de la época, el que los españoles tienen en la cabeza cuando arriban a tierras americanas. Están acostumbrados a la esclavitud —todavía vigente en la Europa del XVI, aunque muy atenuada—, a la implacable persecución de quienes idolatran dioses diferentes, y a imponer un trato brutal a las mujeres. Es la Europa del Renacimiento, de Leonardo y Miguel Ángel, pero también la de Torquemada, la del saqueo de Roma, la de la quema de brujas. Es una Europa que proclama su deslumbramiento ante la razón y dice colocar al Hombre, con mayúscula, en el centro del universo, mientras simultáneamente se entrega al fanatismo y a la despiadada destrucción del adversario o de quien se atreve a ser diferente.

¿Quiénes son los españoles que se lanzan a la conquista de América? Son jóvenes varones, más educados que la media de sus compatriotas, y entre los que no abundan, por cierto, quienes poseen experiencia militar. Suelen ser «segundones», esto es, de origen hidalgo pero no «principales», y andan a la caza de fortunas, aventuras y placeres, aunque juran ser profundamente católicos. Casi nunca viajan acompañados por sus mujeres, y los caracteriza una inmensa osadía y una total falta de escrúpulos frente a unos indígenas que les parecen más bestias que personas. Esto explica que los poco más de veinticinco mil españoles que cruzaron el Atlántico entre 1492 y 1567, cuando ya estaba fundadas todas las capitales de América Latina, llegaran a dominar un hemisferio que acaso tenía una población de veinticinco millones de personas en el momento del descubrimiento. La relación es pasmosa: un español por cada millar de aborígenes.

La sociedad patriarcal de los españoles encontró en América la sociedad patriarcal de los indios. Cuando los blancos vieron a Moctezuma por primera vez, no tardaron en averiguar que tenía ciento cincuenta mujeres preñadas al mismo tiempo. Para los indios, aun cuando no sucediera exactamente lo mismo entre los aztecas que entre los incas, o entre los más atrasados arahuacos en relación con los guaraníes o los araucanos, la mujer ocupaba también un estamento notablemente inferior. Se trataba de sociedades poligámicas, con la agravante de que, al menos en Mesoamérica, se sacrificaban vírgenes para conseguir la benevolencia de los dioses, mientras otras mujeres eran ahogadas para calmar la inclemencia de las deidades de la lluvia y las cosechas.

No era raro que Colón raptara doce mujeres indias en su primer viaje sin hacer la menor referencia a los hijos que dejaba sin madre. Eso no parece pasarle por la mente. Toma las mujeres con la misma naturalidad con que arranca una piña y la guarda en la bodega del barco para mostrársela al rey en el viaje de regreso. Lo que consigna en su diario es si tienen buena o mala apariencia; si son más o menos oscuras que las *guanches* de las islas Canarias; si se cubren o no las «vergüenzas». Pero no siempre es necesario apelar a la fuerza. Los taínos y siboneyes se las entregaban gustosos. Para la mayoría de los conquistadores que siguieron la huella de Colón, las indias eran unas criaturas concebidas para prestarles servicios y permitirles disfrutar del sexo sin límite alguno. Los propios varones indios reforzaban este comportamiento regalando a los intrusos sus hijas, hermanas, y hasta las propias esposas, con el fin de apaciguarlos. Los guaraníes vendían a sus mujeres e hijos sin exhibir el menor remordimiento. A Cortés le regalan veinte indias, entre ellas Malintzin, la famosa Malinche, más tarde bautizada como Marina, que luego de pasar por otras manos le servirá como intérprete y amante, siendo muy probable que el conquistador de México se sintiera mejor con las nativas que con las mujeres blancas. Por lo pronto, siempre ha sido sospechoso que su mujer legítima, Catalina Suárez, la Marcaide, muriera de extraña manera a poco de llegar a México con el objeto de reunirse con su esposo.

El obsequio de mujeres también tiene un rasgo clasista. Los jefes indios entregan las mujeres a los jefes blancos para que éstos hagan la repartición. Los jefes blancos se reservan a las indias emparentadas con los caciques y distribuyen las menos importantes entre la soldadesca. A veces los españoles se hastían de estos regalos y muestran su desdén con una señal terrorífica: ahorcan a un par de indias a la entrada del campamento. No obstante, a los españoles les gusta creer que las indias los prefieren a ellos, aunque es probable que se trate de una ilusión banal. Las indias, aterrorizadas, buscan protección, y descubren que tener un hijo del invasor blanco puede acarrearles ciertos privilegios, pues la paternidad suele ablandar a esos implacables guerreros. Algunos de éstos, sin embargo, pierden la cuenta de los hijos engendrados en los vientres de las indias, dando inicio a un furioso proceso de mestizaje que en pocas generaciones cambia totalmente la composición étnica del Nuevo Mundo. No es exagerado ver la conquista de América por los españoles como una especie de hazaña genital: «Majestad —dice un español en un documento en el que quiere demostrar sus méritos para obtener alguna simonía—, yo con mis solas fuerzas poblé el territorio a mi cargo.» En otro texto, Bartolomé Conejo, colonizador en Puerto Rico, pide licencia para instalar una casa de lenocinio guiado por el más cristiano de los principios: encauzar debidamente la lujuria de los españoles y salvaguardar la honra y la virginidad de las mujeres blancas. Los curas que acompañan a los conquistadores se horrorizan ante los incontenibles deseos de los soldados y advierten que es doble pecado ayuntarse con mujeres paganas. De acuerdo: entonces se bautiza a las indias de forma expedita y múltiple, mientras a marcha forzada continúa el apareamiento.

Las indias, además de las prestaciones sexuales, brindan, tal como hacían en el mundo precolombino, toda clase de servicios domésticos y actúan como bestias de carga, especialmente durante el largo período que tardaron los asnos, caballos y burros en reproducirse, puesto que antes de la llegada de los españoles en América no existían la rueda ni los animales de carga o tiro, a excepción de la frágil llama. Ese salto «tecnológico» —como señalara, quizá exageradamente, el ensayista mexicano José Vasconcelos—, dado el alivio que proporcionaba a las mujeres, acaso compensaba por sí solo el dolor causado por el trauma de la conquista.

Entre las indias había prostitutas —los aztecas contaban con un cuerpo de jóvenes mujeres que calmaban las urgencias de sus soldados— y los españoles denuncian frecuentes casos de homosexualidad, prácticamente en todas las culturas que descubren y avasallan. Colón cree ver parejas homosexuales entre los dulces taínos que echan humo por la boca mientras por los orificios de la nariz aspiraban unas hojas encendidas a las que llaman «tabaco». Balboa, en el Darién, en la cintura de América, lanza sus perros de presa contra una cincuentena de *camayos*, como llamaban los indios a los homosexuales, y luego, asqueado, quema a los supervivientes. Si hay algo que repugna a los muy católicos españoles es la sodomía. La Iglesia es inflexible ante eso que en latín denominaban, pudorosamente, *extra vas debitum.* También odian el incesto, y descubren que los varones de la familia real de los incas no sólo practican el *vicio nefando,* sino que copulan con sus hermanas y su madre, mientras encierran en conventos a jóvenes vírgenes consagradas al culto solar. Hernando de Soto, sin conciencia de cometer sacrilegio alguno, asaltó uno de esos templos y repartió entre sus soldados a las doscientas *acllas* que tejían plácidamente en honor de su luminosa deidad. Las *ñustas, coyas* y *pallas* —la nobleza inca— no tuvieron mejor destino. Pizarro preñó a las hermanastras de Atahualpa y de Huáscar, los dos beligerantes herederos del trono inca. Para la nobleza inca vincularse con los conquistadores constituía una forma de mantener los privilegios. Para los conquistadores se trataba de un medio de controlar el poder mediante el sometimiento de la jerarquía derrotada. El *quid pro quo* resultaba obvio.

Desde la perspectiva española todo contribuía a justificar sometimiento y virtual esclavización de los indios: sus costumbres sexuales, los sacrificios humanos, la antropofagia y la idolatría pagana. Los españoles, como todos los conquistadores que en el mundo han sido, veían la paja en el ojo ajeno, pero no la viga en el propio. «Aperrear» indios no les parecía bárbaro. Era algo así como cazar liebres con una jauría. Aunque las leyes de Indias dijeran otra cosa, los indios no eran, realmente, personas. Eran semibrutos, sexualmente corruptos y supuestamente duros de entendederas, a los que sólo se podía controlar y educar por medio de palo y *tentetieso.*

Lo terrible es que este desprecio de los conquistadores hacia los conquistados acabó por instalarse en la conciencia de la población india y mestiza, pues el exterminio y atropello de los aborígenes se mantuvo y hasta se agravó tras el establecimiento de las repúblicas. Eso es lo que explica las frecuentes matanzas de indios a manos de guerrilleros, paramilitares o soldados en países como Perú, Guatemala, Brasil o México. A principios del siglo XVI la reina de Castilla decretó que los habitantes del Nuevo Mundo eran vasallos de la Corona con todos sus privilegios y derechos, pero nadie le hizo demasiado caso. Quizá ahora resulte más obvio el origen del machismo latinoamericano y sus terribles secuelas. El punto de partida de esta actitud casi se pierde en la noche de los tiempos, como reza la fatigada metáfora.

LA ECONOMÍA QUE NACIÓ TORCIDA

¿En qué medida el racismo, las injustas jerarquías surgidas de la conquista y de la colonización, o el desencuentro de todos con el Estado generaron en América Latina el caldo de cultivo para un desarrollo económico tremendamente deficiente? Sin duda éstos son factores importantes, pero hay también un mar de fondo que guarda relación con la visión trasplantada por los españoles a América, de alguna manera prolongada hasta nuestros días.

Vale la pena recordar una anécdota emblemática que ilustra el problema con suficiente claridad. Los costarricenses estrenaron el siglo XXI con una sorda lucha sindical destinada a impedir que el Gobierno flexibilizara muy moderadamente el monopolio estatal de teléfonos y electricidad, permitiéndole asociarse con grandes empresas extranjeras portadoras de capital y tecnología. La oposición a esa medida, indispensable en el mundo actual, fue larga y destructiva.

No hay duda: en América Latina el gran debate económico de finales del siglo XX y principios del XXI gira en torno al deslinde entre las esferas pública y privada. No es el costarricense un caso aislado. Por el contrario: poco antes, en Colombia, había sucedido algo parecido. Y en Guatemala, en El Salvador, en Uruguay o en Argentina; en rigor, en toda América Latina. Invariablemente, la idea subyacente establecía que los intereses de la sociedad siempre iban a estar mejor tutelados por el Estado que por los codiciosos capitalistas, contradictoria conclusión en sociedades que simultáneamente sostienen que el Estado es un pésimo, corrupto y dispendioso administrador. Además —y aquí viene el argumento patriótico con relación a las privatizaciones—, cualquier enajenación de los bienes públicos de producción es sólo una forma de debilitar la fortaleza económica de la nación. La patria no sólo está constituida por un territorio, una etnia —o varias—, una tradición, unas instituciones, una lengua —o varias—, un vínculo espiritual, una memoria histórica y un proyecto común, sino a eso se agregan, por razones no muy claras, las centrales eléctricas, las comunicaciones, las minas, los seguros, los bancos —a veces— o ciertas fábricas, aunque funcionen de manera deficiente. La clave radica en que a la empresa en cuestión pueda colgársele el vaporoso calificativo de «estratégica» y la sociedad se convenza de que es un peligro dejar-

la bajo el control de empresarios incapaces de actuar responsable-
mente. La frase famosa del soldado norteamericano Stephen Deca-
tur —«mi patria con razón o sin ella»— se desdobla en una curiosa
variante: «Mi empresa nacional, que es la patria con chimenea,
aunque produzca poco y mal.»

¿Otras razones para oponerse a las privatizaciones? Por supuesto. El costo de estos servicios, una vez en manos privadas, seguramente aumentaría, y, probablemente, algunos empresarios
nativos o extranjeros se beneficiarían copiosamente, algo que repugna a la sensibilidad general de los latinoamericanos, que prefieren que los precios de los servicios públicos y los productos de
primera necesidad los fije el Gobierno de una manera «justa», es
decir, subsidiándolos desde la Tesorería General de la nación.

No hay en el universo latinoamericano demasiado aprecio por
los empresarios triunfadores o los capitanes de industria. La lista
de los cien hombres más ricos del país casi siempre coincide, al milímetro, con los cien más odiados: se les suele culpar de la extendida pobreza que padecen los latinoamericanos. Los millones que son
indigentes y se alimentan mal supuestamente son las víctimas de
estos inescrupulosos millonarios. Es lo que dice la izquierda, lo que
se repite desde numerosos púlpitos religiosos, lo que se asegura en
las universidades. Ése es el catecismo de todos los partidos popu-
listas, y en América Latina casi todas las fuerzas políticas, incluidas las conservadoras, recurren a esa lengua y a esos esquemas de
razonamiento.

¿Se sostienen esas críticas? Muchas veces, sí, pero tal vez no
exactamente por lo que afirman los detractores de la libre empresa. Lo que generalmente funciona mal en América Latina no son el
mercado y la competencia, sino la ausencia de los mismos. Lo censurable es la colusión constante entre empresarios y gobiernos
para la venta de influencias y la adjudicación tramposa de contratos públicos. Los empresarios latinoamericanos —con excepciones
notables, naturalmente— han descubierto desde hace siglos que el
poder económico les da poder político y capacidad de intriga para
continuar enriqueciéndose, mientras que los gobernantes —también con plausibles excepciones— saben que el poder político les da
acceso al poder económico, lo que a su vez multiplica sus oportunidades de incrementar el poder político. Son dos corrupciones com-
plementarias que se retroalimentan.

Pero el agrio debate sobre las privatizaciones es sólo una pieza dentro de un panorama mucho más amplio y generalizado. La verdad es que los latinoamericanos no tienen en mucha estima la economía de mercado. En los mencionados ejemplos eran los sindicalistas y numerosos usuarios quienes se oponían a la privatización y optaban por estados-empresarios, pero cuando las reformas propuestas por gobiernos abrumados por la falta de recursos consisten en la apertura de mercado, en la reducción de la protección arancelaria o en el fin de los subsidios, entonces los que protestan son los productores locales, y entre las razones que esgrimen, al margen de las estrictamente económicas —«los trabajadores locales perderían sus trabajos»—, comparece el inevitable factor moral: «hay que proteger a la industria nacional de la competencia extranjera». Si los más pobres relacionaban a la patria con las empresas públicas, los más ricos se las ingenian para convertir el subsidio en otra expresión del amor al país.

Por otro lado, el fenómeno también encuentra su verificación más palmaria: nunca han sido más populares los gobernantes latinoamericanos que cuando han ensayado las «nacionalizaciones» de bienes privados. Ése suele ser el mayor atractivo de casi todos los programas políticos exitosos. Gran parte de la leyenda y el prestigio del mexicano Lázaro Cárdenas, del argentino Juan Domingo Perón, del venezolano Carlos Andrés Pérez —al menos durante su primer período—, del costarricense José Figueres o del boliviano Paz Estenssoro se debe a las nacionalizaciones de bienes extranjeros, independientemente del resultado de las mismas. Ahí, y en las «reformas agrarias» mil veces ensayadas, todas encaminadas a quebrar los latifundios, se satisfacían tres intensas pasiones latinoamericanas: privar a los extranjeros de sus bienes, supuestamente enriquecer a la patria, y contribuir a la felicidad económica de los individuos. El objetivo, pues, de muchos ciudadanos latinoamericanos es vivir del Estado, y no que el Estado viva de los ciudadanos, norma que, *sensu contrario*, es la divisa de las sociedades más desarrolladas del planeta.

Por otra parte, las percepciones generales tampoco refuerzan la idea de la libertad económica. Si se le pregunta a un grupo de latinoamericanos si los precios deben depender del libre juego de la oferta y la demanda, o si deben ser fijados por economistas justos, graduados en buenas universidades, la respuesta más frecuente apuntará a la segunda opción. Y si la pregunta se refiere a los salarios de los trabajadores o al costo de los alquileres de las viviendas, la reacción será similar: generalmente esperan que la «justicia» económica sea hecha desde fuera por personas cargadas de buenas intenciones éticas y con poder suficiente para imponer su criterio, pero nunca como resultado del mercado o de acuerdos libremente pactados. Hay que admitirlo: la libertad económica no tiene muchos adeptos en la región. Sus premisas resultan contrarias a la intuición popular.

¿Es este juicio sumario de la economía y de las fuerzas productivas —que muestra una mentalidad estatista, reglamentista y antimercado— sustentado por la inmensa mayoría de los latinoamericanos el resultado de una ponderación objetiva de los logros económicos de la región? No lo parece. Si algo resulta obvio en América Latina —en comparación con Estados Unidos, Canadá, Europa, Japón y otros enclaves asiáticos—, es la debilidad del aparato productor. Las empresas nacionales, tanto públicas como privadas, producen poco, generalmente con muy baja calidad y poco valor añadido, y, al menos en el caso de las públicas, con un gran desprecio por los costes reales de la operación. Los modos de distribución no suelen ser eficientes. La gerencia no dispone de instrumentos administrativos modernos. Los sistemas bancarios no son fiables, y la legislación que los regula es muy pobre. Las innovaciones son mínimas y la creación original prácticamente inexistente. Todo ello incide en el alto número de desocupados, en salarios bajos y en penosas condiciones de trabajo. Asimismo, hay una falta crónica de capital, y una buena parte del que podría estar disponible se «fuga» hacia otros países en los que existen reglas claras, hay mayores garantías legales y el valor de la moneda no se evapora como consecuencia de la inflación permanente vinculada al desorden de las recaudaciones fiscales y el gasto público.

¿Cómo se explica este divorcio tan agudo de la sociedad latinoamericana con el modelo económico de Occidente? Para entenderlo es conveniente ensayar una mirada histórica. Hay ideas centenarias, a veces milenarias, que quedan enquistadas en la memoria intelectual de los pueblos —con frecuencia inadvertidamente—, y acaban por conformar creencias, estimular actitudes y provocar comportamientos. Es muy probable que un sindicalista rural boliviano o un pequeño empresario paraguayo jamás hayan leído una letra de Aristóteles, o incluso que desconozcan totalmente la existencia de santo Tomás de Aquino, pero esa ignorancia no los salva de sufrir las consecuencias de estos y otros poderosos pensadores de nuestra tradición. Fue Keynes quien dijo que inevitablemente vivíamos bajo el influjo de algún oscuro economista del pasado. Podría haber añadido de un teólogo o de un filósofo. Y es que las ideas, aun las más antiguas, tienen consecuencias.

El pasado vivo

Según Murray N. Rothbard, autor de una formidable *Historia del pensamiento económico,* el primer economista que registra la historia fue Hesíodo, cuyo poema didáctico *Los trabajos y los días* —828 versos carentes de la menor emoción lírica—, escrito en el siglo VIII a.C., estaba encaminado a predicar cierta ética concebida para que los campesinos fueran honrados y eficientes. Pero si la obra de Hesíodo fue muy conocida entre los griegos, que la repetían como forma de aprendizaje, quien realmente se convierte en la primera y todavía vigente influencia en el pensamiento occidental es Platón. En efecto, más de trescientos años después de la obra de Hesíodo, a caballo entre los siglos V y IV a.C., Platón diseña su república ideal y propone fórmulas y medidas que de alguna manera comienzan a moldear la cosmovisión autoritaria en un modelo de sociedad en el que un poder legitimado por la inteligencia y la razón, pero no consensuado con las gentes, desciende de la cúspide en beneficio de las masas.

Dos son los libros clave para entender el pensamiento político-económico de Platón: *La República* y *Las Leyes.* ¿Qué propone para lograr la felicidad de la sociedad? Un gobierno oligárquico, dirigido por un rey filósofo, auxiliado por otros pensadores. Para Platón es muy riesgoso que las personas comunes y rústicas tomen sus propias decisiones importantes. Es al Estado al que corresponde esa función. Un Estado en el que son básicas las tareas de los guardias que mantienen un estricto control policial, y en el que la propiedad debe ser colectiva.

¿Platón precursor de los estados totalitarios, del fascismo y del comunismo? Por supuesto. No habla exactamente de partidos políticos, pero limita los derechos y la autoridad a cinco mil familias de nobles terratenientes. Platón vive en una cultura que ha convertido en un mito la felicidad de la *polis,* la ciudad a la que todos dedican alabanzas. Las *fratrías* —linajes más o menos familiares— siempre se inscriben en una *polis.* El culto a la *polis* prefigura el culto al Estado moderno. El patriotismo era entonces citadino. Se amaba una ciudad y se le dedicaban poemas y loas. Corresponde al Estado escoger las parejas para conformar los matrimonios, y también decidir qué niños podían vivir o morir, pues la *eugenesia,* palabra griega que designa la selección al nacer de los aptos y bellos, era lo que garantizaría la mejor supervivencia del grupo. ¿Crueldad excesiva? Tal vez no para los griegos, dado que el infanticidio era una práctica aceptada y bastante común en esa cultura. Como hemos visto, matar a un niño —casi siempre una niña— mediante el procedimiento de abandonarlo a la intemperie era cosa de todos los días. Sin embargo, la más destructiva herencia que deja Platón a la tradición occidental no es su apología del estado totalitario sino su estigmatización del comercio y el trabajo manual. Para este aristócrata los comerciantes y los artesanos eran seres viles, inferiores, despreciables. Sólo los que trabajaban con el intelecto, los guerreros, los sacerdotes y los campesinos merecían respeto. El execrable resto, junto a esclavos y *metecos*, formaba una casta detestable de la peor gente.

Afortunadamente, su mejor discípulo de la Academia, Aristóteles, una generación más joven, se apartó bastante del pensamiento del maestro. Se alejó en el terreno del derecho y en el de la economía. Aristóteles desconfiaba de la uniformidad y celebraba las virtudes de la diversidad. La autoridad, prescribió, no debía *descender* desde la cúpula del poder sino *ascender* desde la voluntad popular. Si a Platón podemos asignarle la advocación de los totalitarismos colectivistas, a Aristóteles debemos atribuirle la primera defensa teórica de la democracia y la economía de mercado. Donde Platón defendía el colectivismo, Aristóteles se decantó por la propiedad privada alegando un argumento psicológico que resuena hasta nuestros días: los dueños de las cosas, los propietarios, cuidan con mucho mayor esmero sus propiedades. No es justo, además, asignarles a todos los mismos bienes, pues entonces los que trabajan menos no tendrían incentivos para esforzarse con mayor denuedo.

Son notables las intuiciones de Aristóteles en materia económica. La propiedad privada no sólo estimula el progreso, sino que es una tendencia natural de la persona, quien con su trabajo crea algo que le pertenece. Pero esas pertenencias, esos excedentes, son los que luego le permiten ser benevolente y ejercer la filantropía. La propiedad privada no hace peor a la persona, sino mejor. Cuando no puede dar, porque es muy pobre, o cuando vive de lo que le dan, es incapaz de ejercer sus mejores virtudes. La riqueza no acanalla a las personas; por el contrario, potencia su nobleza. Aristóteles, además, discute el precio de las cosas y llega a la conclusión de que el mercado es el más apto para decidirlo. El valor es subjetivo y depende del interés de cada cual en adquirir o desprenderse de las cosas. Comprador y vendedor deben ponerse de acuerdo. Es el primer defensor del mercado. Eso hay que celebrarlo. Pero, lamentablemente, como buen aristócrata, comparte con Platón un intenso rechazo a los intermediarios, comerciantes y los trabajadores manuales. Tampoco entiende la necesidad de cobrar intereses por el dinero prestado o por la deuda aplazada. Le parece que el dinero debe darse a cambio de cosas, y no concibe que se dé más dinero a cambio de dinero. La usura le parece contraria a las leyes de la naturaleza y la combate por razones morales. Esa opinión, rescatada siglos después, será una pesada ancla colgada al cuello de la economía europea, y tal vez más aún de la española, y dará origen a graves lucubraciones morales, convirtiéndose en el punto en el que la economía, la ética y la teología se enzarzan en una agónica discusión.

Otros griegos posteriores a Aristóteles, los estoicos, dejaron su rastro en el pensamiento político-económico de Occidente, aunque sus reflexiones poco tuvieron que ver con el mercado. Se trataba de una escuela filosófica que sostenía algo así como una concepción global del hombre fundada en la ética. La creó Zenón de Citia predicando incesantemente en Atenas, junto al pórtico de Estoa, de donde deriva el nombre de la secta. Vivieron cien años después de Platón, en la frontera entre los siglos IV y III a.C., y a ellos se debe el decidido surgimiento de la defensa de los derechos individuales frente al Estado. Lo importante ya no es la *polis*, el Estado, sino la persona, que posee unos derechos que anteceden a los de la comunidad. El ateniense es más importante que Atenas. ¿Qué se barrunta en ese razonamiento? Nada menos que el *iusnaturalismo*, la idea de que existen unos derechos naturales que protegen a los seres humanos por encima de los deseos y de la voluntad de la colectividad. Uno de esos derechos, concluirán algunos de los seguidores del estoicismo, es el de propiedad.

¿Quiénes fueron estoicos? Entre los romanos, nada menos que los que alcanzaron la mayor notoriedad como pensadores y hombres de Estado: Cicerón, Séneca, Marco Aurelio. Para los romanos, los griegos eran los portadores de una cultura superior, y entre ellos los estoicos parecían ser los más respetables, los que aportaban una notable fibra moral. No es extraño, pues, que Cicerón, gran escritor, famoso orador y jurista, defendiera la tesis de los «derechos naturales». Murió en el 43 a.C., poco antes del nacimiento de Jesús —fue hecho ejecutar por sus enemigos políticos—, pero de alguna manera es posible ver la huella del estoicismo en la evolución posterior del cristianismo. Los romanos, que apenas dejaron su impronta en el pensamiento económico, legaron a la posteridad, sin embargo, las instituciones que hicieron posible el desarrollo sostenido de los pueblos: el derecho privado, que permitía la libre contratación, y el derecho mercantil, que regulaba las transacciones e impedía los atropellos. Dos mil años más tarde, los grandes especialistas del siglo XX, entre ellos los premios Nobel James Buchanan y Douglas North, demostrarían las estrechas relaciones que existían entre las instituciones de derecho y el desarrollo económico.

Lamentablemente, los romanos siguieron muy de cerca a los griegos en el desprecio por las actividades comerciales y los trabajos manuales. Los grandes señores, los senadores, la nobleza, los generales, poseían haciendas y plantaciones, pero delegaban la administración en gentes «inferiores», a menudo elegidas entre la abundante dotación de esclavos. La compraventa de éstos era, además, una de las principales fuentes de enriquecimiento, a una escala que el mundo no conocería hasta la trata de negros. Los ciento cuarenta mil habitantes de la ciudad griega de Corinto y los treinta mil de Tarento fueron vendidos como esclavos. Ése era uno de los principales incentivos materiales para reclutar soldados: el botín de guerra. Apresar seres humanos y venderlos a los traficantes. El «negocio» era de tal magnitud que los generales romanos, antes de emprender sus campañas, pactaban con los comerciantes esclavistas los precios de los futuros cautivos. Sólo que utilizar a estos comerciantes no significaba apreciarlos. El historiador alemán Ernst Samhaber da la clave de la actitud romana hacia estas actividades revelando la etimología latina de la palabra «comerciante»: es una derivación de *caupo*, personaje entre pícaro y ladrón, generalmente a cargo de una posada en la que esquilmaba o robaba a sus clientes y huéspedes. Las autoridades romanas solían tener al *caupo* por sospechoso hasta que demostrara su infrecuente inocencia.

El derecho romano, no obstante, fijó en sus códigos un par de conceptos que trascendieron a la posteridad. Primero, Teodosio II en el 435 d.C., y más tarde Justiniano, en el 530 —gobernando entonces desde Bizancio—, establecieron que el precio justo era el libremente acordado entre las partes, pero haciendo una salvedad que generó múltiples equívocos: la *laesio enormis*. Esto es, un precio injustamente reducido que le causa un severo daño a un vendedor obligado a desprenderse de sus bienes por razones de causa mayor, circunstancia que luego puede alegarse para invalidar los contratos.

Para esas fechas ya había entrado en escena un nuevo actor con voz para el debate y voto para tomar decisiones: el cristianismo. Roma, bien que a trancas y barrancas, se había hecho cristiana, y los obispos y padres de la Iglesia opinaban abundantemente sobre estos mundanos asuntos, al extremo de que es posible afirmar que desde el siglo IV hasta el XVII, todo lo que sobre estos temas se afirmó, dijo o contradijo, fue casi de la exclusiva incumbencia de la jerarquía eclesiástica. En efecto, el concilio de Nicea, celebrado en el 325, condenaba el *turpe lucrum*, añadiendo con ello una nueva dimensión al asunto: si para los romanos la voluntad de enriquecerse que mostraban los comerciantes era poco elegante y socialmente despreciable, para los cristianos era algo peor: un pecado de codicia, una conducta que condenaba al fuego eterno del infierno. ¿Y qué era el *turpe lucrum*? Era la ganancia excesiva. El *lucrum,* de donde viene nuestra palabra «logro», no era una virtuosa hazaña del empresario honrado, sino el despojo de lo que le pertenecía a otro. En ese mismo siglo san Jerónimo lo explica con una transparente ingenuidad: lo que uno gana el otro lo pierde. De alguna manera se siente respaldado por el Nuevo Testamento. ¿No expulsó Jesús violentamente a los mercaderes del Templo?

Sin embargo, la Iglesia no tiene una voz unánime. San Agustín, una generación posterior a san Jerónimo, dice lo contrario: acepta la propiedad privada y aprecia a los comerciantes. El Viejo Testamento está lleno de alabanzas al trabajo. Sólo prohíbe la usura contra los propios judíos. Pregunta el salmo 14: «Señor, ¿quién pisará tu tabernáculo?» Y Dios responde: «Aquel que no ha prestado dinero con usura.» En el Nuevo Testamento, es cierto, existen pasajes en los que parece rechazarse a los ricos, pero en otros se les reconocen sus méritos. La ética de los judíos no prohíbe las actividades comerciales, sino que las ensalza. En los monasterios en que los cristianos comienzan a agruparse se estimula y pondera el trabajo manual. También, sin embargo, se alaba la pobreza. Son muchos los cristianos persuadidos de que a Dios se le complace con una vida pobre y frugal. Por entonces, el Imperio romano de Occidente comenzaba su caída definitiva. Agustín muere en el 430 mientras los bárbaros asedian la ciudad en la que es obispo, Hipona, en el norte de África, pero el santo, que presiente la catástrofe, no atribuye la decadencia del imperio a los comerciantes e intermediarios, como entonces se afirmaba, y mucho menos al cristianismo, como opinaban los enemigos de la nueva fe, sino a la depravación incontenible de los hombres. Era el pecado lo que hundía a Roma, pero no exactamente el *turpe lucrum* de los comerciantes. Edward Gibbon, el gran historiador inglés del siglo XVIII, tomará un punto de vista no muy diferente para explicar el fin de ese colosal imperio.

El próximo hito en este breve recuento es el Imperio carolingio. Carlomagno, en unas disposiciones dictadas en Aquisgrán en el 789, prohibió la usura, y, muy dentro de su papel de monarca vinculado a la Iglesia, declaró que el *turpe lucrum*, además de constituir un delito, constituía un repugnante pecado. No era incongruente, pues, que a continuación estableciera controles de precios y sometiera las transacciones comerciales y las actividades manufactureras a distintos reglamentos, convirtiendo su Sacro Imperio Romano Germánico en el primer gran Estado intervencionista de la Edad Media. Rasgo que, por otra parte, tuvo notables consecuencias en el derecho canónico —por el que se regía la Iglesia—, puesto que éste estaba constituido por una compleja y a veces contradictoria amalgama formada por el derecho romano, los decretos conciliares y las decretales emitidas por el propio Papa, a lo que vinieron a sumarse las regulaciones carolingias.

Esta estrecha relación entre el Estado y la Iglesia no sólo obedecía a la búsqueda de legitimidad que procuraban los monarcas, sino al hecho evidente de que, destruido el Imperio romano, la Iglesia se había hecho depositaria del saber de la época. Carlomagno, por ejemplo, era tremendamente ignorante y escasamente podía leer y escribir, por lo que dependía casi totalmente de los clérigos para la administración de su imperio, y especialmente del monje británico Alcuino —discípulo del benedictino inglés Beda el Venerable—, invitado a Aquisgrán para que organizara la Escuela Palatina, centro cultural básico del imperio e inspirador del modelo pedagógico con que en los templos se impartían clases y en los monasterios se copiaban manuscritos, mientras los frailes conservaban las pocas bibliotecas entonces existentes. Eso explica que las primeras universidades llegaran de la mano de la Iglesia, como una lógica evolución de las escuelas episcopales, esencialmente con los auspicios de las órdenes religiosas, no sólo porque esta institución poseía la autoridad para fundarlas, sino porque contaba con las cabezas necesarias para nutrir sus claustros.

Como es natural, si a la Iglesia se debía la creación de casi todas las universidades en Europa —Salerno (en el siglo XI), Oxford (1170), París (1200) Salamanca y Cambridge (1230)— era razonable predecir que los grandes temas morales que interesaban a los religiosos estarían en el punto focal de la educación universitaria medieval. Y entre ellos estaban, cómo no, las disquisiciones en torno al precio justo de las cosas, el debate sobre los beneficios y la usura, así como el papel de los mercaderes y la naturaleza moral de su oficio. ¿Estudiaban, acaso, economía? En modo alguno: estos temas pertenecían a la teología. Al fin y al cabo, desde Roma algunos papas —Alejandro III, Inocencio II y, sobre todo, Gregorio IX— eran juristas e intervenían, con sus casi sagradas opiniones, en los asuntos económicos y legales, siempre trenzados con los teológicos. Urbano III repetía las palabras de Lucas: «Prestad liberalmente, sin esperar nada a cambio.» Gran experto en cuestiones morales, Urbano III sin duda sabía muy poco sobre la formación y la destrucción del capital.

En el siglo XIII, y muy decididamente en el XIV, en la medida en que Francia se perfilaba como una potencia europea —al extremo de secuestrar al Papa y trasladar impunemente la sede de la cabeza de la Iglesia a Aviñón durante varias décadas sin que nadie pudiera impedirlo—, la Universidad de París se convirtió en el más importante centro educativo de Europa occidental y en el sitio en el que los cristianos debatían los más urgentes problemas teológicos. Ahí el alemán Alberto Magno —luego declarado santo— trabó contacto con su discípulo Tomás de Aquino —llamado en vida Doctor Angélico—, y entre ambos, como se ha mencionado en capítulos anteriores, comenzarían el rescate y la asimilación del pensamiento aristotélico, lo que los llevó a asumir el punto de vista del griego en materia económica: los beneficios en las transacciones comerciales son legítimos, puesto que los comerciantes corren ciertos riesgos. Toda transacción conlleva incertidumbre: se puede perder, *ergo* es moralmente justificable premiar con ganancias a quienes están dispuestos a afrontar ese peligro. Asimismo, el precio justo, como proponía Aristóteles, es el que determina el mercado, y resulta éticamente aceptable tener acceso a la propiedad privada. Sin embargo, cobrar intereses por los préstamos es usura, algo que la moral cristiana no puede aceptar.

De nuevo la Iglesia tropezaba con el asunto de la usura. Sus mejores cabezas no entendían que el tiempo era también un factor económico de la mayor importancia. No lo entendían hasta que otro santo, Bernardino de Siena, un franciscano de vida frugal, gran predicador, vicario general de su orden —lo que no impidió que por razones teológicas lo acusaran de superstición y de albergar una actitud no muy bien vista dentro de la Iglesia: ser portador de una «peligrosa novedad»—, iluminó el asunto con un concepto a mitad de camino entre la economía y el derecho: el «lucro cesante». Esto es, el tiempo que el dinero está inmovilizado es un período perdido para quien lo posee, por lo que no puede realizar otras actividades que le rindan beneficios. Su ensayo *Sobre los contratos y la usura* era una defensa paladina de los comerciantes, de sus actividades, del derecho a cobrar intereses y del mercado. Algo se había avanzado.

La España del siglo XVI, la de la conquista y la colonización de América, es tal vez el país europeo donde mejor se distingue lo que podría calificarse de «tendencia económica promercado»: la llamada Escuela de Salamanca, expresión depurada de la neoescolástica tardía, aunque las universidades de Alcalá o la portuguesa de Coimbra, bajo la rectoría del vasco Martín de Azpilcueta, también colaboraron en la misma dirección. Este último, teólogo y jurista, consejero de papas y confesor de reyes, puede ser considerado el primer economista moderno de España, pues en sus obras *Comentario resolutorio de cambios* y el *Comentario resolutorio de usuras* aclara por primera vez la relación entre el nivel de los precios y el monto del circulante —origen de la escuela monetarista—, mientras explica con toda objetividad las razones que aconsejan el cobro de intereses en los préstamos.

A esa Escuela de Salamanca del siglo XVI —una manifestación muy temprana del liberalismo, como en el XIX comenzaron a admitir los economistas de la Escuela Austriaca—, la misma de Francisco Vitoria y Domingo de Soto —presente en el debate entre las Casas y Sepúlveda—, y luego la de Tomás Mercado, autor de *Tratos y contratos de mercaderes*, también pertenecen otros dos religiosos, en este caso jesuitas, que tuvieron una extraordinaria importancia en Europa: Francisco Suárez y su contemporáneo Juan de Mariana. Suárez, teólogo erudito y jurista de primer orden, conocido, junto a Vitoria, como el padre del derecho internacional por sus trabajos sobre el derecho de gentes, también incursionó en la ciencia económica, casi siempre en defensa del mercado. En todo caso, su compañero de orden, Juan de Mariana, fue mucho más explícito y apasionado: se opuso vehementemente, de acuerdo con su carácter, a la intervención del Estado en los asuntos económicos, y con muy buen juicio acusó al rey de provocar la inflación y la devaluación de la moneda con el excesivo gasto público, empobreciendo con ello a los españoles. Asimismo, coincidió con Suárez en la legitimidad del tiranicidio como último recurso para hacer valer la voluntad popular cuando un déspota olvidaba su compromiso con las leyes y la religión. No en balde la Inquisición lo encarceló y colocó sus libros en el Index por un larguísimo período.

Valga aclarar que en el momento en que Mariana proclama ese «derecho al tiranicidio» en un libro de 1599, *Del rey y de la institución real*, el asunto no era exactamente un debate abstracto, sino una opinión que casi podía calificarse de incendiaria dado el clima de violencia desatado por las guerras religiosas entre protestantes y católicos. En diciembre de 1588 el rey francés Enrique III, adversado por su vecino español Felipe II, católico intransigente que había visto con sospechas las concesiones hechas a los protestantes hugonotes en 1576 —pese a la previa y sangrienta matanza de «calvinistas» la noche de San Bartolomé, el 24 de agosto de 1572—, cayó asesinado por el monje Jacques Clément, un católico radical que hoy calificaríamos de integrista. Su sucesor, Enrique IV, hugonote en sus orígenes —es durante las fiestas de su boda en París cuando se produce el asesinato en masa de sus amigos los calvinistas franceses—, abjura de sus creencias y pronuncia su famosa y cínica frase, «París bien vale una misa.» Pero en 1610, tras aliarse militarmente con los protestantes alemanes y suizos, fue asesinado a puñaladas por un católico fanático, François Ravaillac, aparentemente instigado por españoles y austriacos, aunque el criminal no confesó ninguna complicidad durante los espantosos tormentos que le infligieron en los interrogatorios. Tampoco admitió haber leído al padre Mariana, pese a que los torturadores le preguntaron una y otra vez si conocía la obra del jesuita y si había sido inspirado por ella.

Los débiles o ausentes instrumentos del desarrollo

Por supuesto, el hecho de que al momento de la conquista y la colonización de América existieran en España unas cuantas cabezas bien dotadas y capaces de entender, aunque fuera someramente, lo que era un buen gobierno en materia económica, no quiere decir que estas voces llegaran al oído del monarca o al círculo de sus asesores principales. La verdad es que la hacienda pública española arrastraba una profunda crisis fiscal y monetaria, mientras los monarcas —Carlos V primero, luego su hijo Felipe II— se embarcaban en unas costosísimas guerras que arruinaron por siglos a España, exactamente en el momento de mayor auge político y militar que había experimentado la Península.

Carlos V, que conocía el oficio militar pero, como dijo Fugger, su prestamista alemán, no sabía «contar», y apenas tenía idea de una disciplina económica extraordinariamente importante que los italianos habían comenzado a perfeccionar desde mediados del siglo XIV, en Génova, cuando los cuidadosos banqueros iniciaron la teneduría de libros desarrollando la contabilidad por partida doble. Un siglo y medio más tarde, el veneciano Luca Pacioli, matemático, franciscano, amigo de Leonardo, quien ilustra una de sus obras, publica en 1494 su *Summa de Arithmetica, Geometría, Proportioni et Proportionalitá et Arte Maggiore,* con un apartado dedicado a la contabilidad que luego se publicó como *Tractatus particularis de computis et scripturis.*

¿Qué importancia podía tener esto para la gran empresa de América y para el destino de España como potencia europea? Pues enorme importancia. Una de las principales razones por las que España se hunde económicamente en la medida en que asciende su estrella política, es porque el Gobierno entiende muy poco de contabilidad de costos. La Corona, sencillamente, es incapaz de formular unos presupuestos en los que objetivos, costos y beneficios se relacionen de una manera razonable. La contabilidad permite calcular los costos, precisar la presión fiscal necesaria para cubrirlos, valorar realmente los activos, decidir si la producción se orienta en una u otra dirección y, en suma, hacer planes de largo alcance.

Nada de eso figuraba en el desordenado Gobierno español. Era cierto que los Reyes Católicos, abuelos de Carlos V, habían creado en 1480 la Sala de los Contadores Mayores de los Libros de la Hacienda y Patrimonio Real, y también que ya en 1401 aparece en

Barcelona el primer banco, llamado *taula di canvi*, fracasado poco después, o que en Valencia los comerciantes entendían de estos temas bastante más que en Castilla, pero esos datos no ocultan otra verdad esencial: la España del Renacimiento, y aun antes, no domina las técnicas financieras de su época. Quienes saben manejar el dinero son los extranjeros o las minorías locales. Desde el siglo XII, los banqueros son genoveses; más tarde llegarán los alemanes. Los administradores suelen ser conversos o judíos. Este último detalle es clave; cuando en 1492 expulsan a los hebreros, con ellos desaparece lo que hoy llamaríamos un formidable «capital humano». Se van del país miles de comerciantes y expertos en transacciones financieras. Los que quedan, convertidos en conversos o «cristianos nuevos», viven bajo la vigilancia implacable de la Inquisición, siempre cautelosa de quienes desempeñan oficios «propios de judíos», actitud que aumenta el descrédito popular de las actividades financieras. Los caballeros y los cristianos viejos no se dedican a esos sucios menesteres relacionados con el vil dinero. Tampoco a los deleznables trabajos manuales. Eso es propio de la «gentuza».

Esa pobre visión económica de los españoles se refleja muy pronto en un fenómeno que desconcertaba a los monarcas en el siglo XVI y que aún hoy, quinientos años después, genera graves discusiones: ¿por qué, con las ingentes cantidades de oro y plata que fluyeron de las minas americanas hacia España, la metrópoli se hundía cada vez más hasta quebrar cinco veces —1595, 1607, 1627, 1647 y 1656— y arrastrar en la caída a los grandes centros financieros del momento? Porque nadie sabía, ni se preguntaba seriamente, lo que realmente costaba armar una flota, trasladar miles de emigrantes a Nueva España (México), o a Potosí (hoy Bolivia); crear pueblos y caminos a cuatro mil metros de altitud; construir grandes templos religiosos para atender las necesidades espirituales de conquistadores y conquistados; mantener, literalmente, miles de indios o negros semiesclavos extrayendo los minerales; construir ciudades en las cuales controlar la operación y «pueblos indios» para los nativos vencidos en interminables guerras y escaramuzas; guarnecer con carísimas instalaciones militares los puertos y las encrucijadas estratégicas para evitar el saqueo de piratas y corsarios; y luego escoltar con naves artilladas el envío de la remesa de metales hasta España. Agobiados por las continuas guerras, los reyes no se detenían a contar. En realidad, no sabían cómo hacerlo.

Y lo curioso es que la visión imperante en la metrópoli era muy clara: el papel de las colonias consistía en enriquecer al Estado que las poseía. Eran una renta. Así se habían visto siempre las relaciones entre los poderes dominantes y los territorios vasallos. Las colonias eran una variante del Estado satélite medieval obligado a pagar tributos, por mucho que la Corona afirmara que las Indias formaban parte de Castilla. (El asalto final contra Granada se decidió cuando el reino moro se negó a seguir abonando el tributo impuesto por los Reyes Católicos.) Con ese objeto —explotarlas en su beneficio— España colocaba su pendón en las tierras descubiertas en América y desplegaba los soldados para garantizar su soberanía. Era la misma visión de Inglaterra, Holanda o Francia.

¿Qué fallaba? El imperio resultaba víctima de un costoso error intelectual derivado de un razonamiento traicionero: ¿por qué eran ricas las personas? Porque tenían dinero. Y ¿qué era el dinero? Eran monedas de metal, fundamentalmente de oro, de plata y, las más despreciables, de cobre, cuyo valor se establecía en relación con el peso y la pureza de los metales con que habían sido acuñadas. ¿Cuánto le había costado a España la obtención de los metales, la exportación a la metrópoli y la función y acuñación de las monedas? Nadie lo sabía. Nadie se lo preguntaba. Lo importante era tenerlas. ¿Para qué? Fundamentalmente, para pagar los préstamos con que se financiaban las interminables guerras. Los ejércitos eran casi todos fuerzas mercenarias a las que, para evitar que se amotinaran, había que pagarles una buena soldada y darles como botín parte de los despojos de las ciudades doblegadas. Cuando no se les pagaba reaccionaban con ferocidad. También las monedas eran útiles para importar bienes que los españoles no producían con la calidad de los que se fabricaban en el extranjero, sobre todo en el norte de Europa, en Italia, y, progresivamente, en Francia: buenas telas, armas, joyas, relojes, ciertas maquinarias. Acaecía la mayor de las paradojas: España se desangraba en la obtención de metales que acababan fortaleciendo a sus vecinos y, muchas veces, incluso a sus enemigos.

No es posible ignorar la importancia que tuvo en España y América la incapacidad de la Corona para manejar los asuntos relacionados con la moneda, pese a la larga tradición que existía en la Península. En efecto, quienes primero introdujeron monedas en Iberia fueron griegos y cartagineses, con sus apreciados *dracmas, óbolos* y *calcos*. Los romanos trajeron el *denario* —de donde deriva nuestra palabra «dinero»— y crearon las *cecas reales* para acuñar monedas. A partir del siglo V, los godos continuaron haciéndolo, pero rebajando la calidad del metal. Y cuando en el VIII los árabes conquistaron la Península, impusieron el *dinar*, cuya etimología también recuerda al *denario* latino. Los cristianos de España, bajo influencia árabe, denominaron a su moneda más popular con una palabra tomada del enemigo almorávide: *maravedí*. ¿Tendría ese detalle algo que ver con la ambigua actitud de los cristianos hacia el dinero? Quién sabe. Eso pertenece a la zona más oscura de la conciencia. Pero lo cierto es que en el siglo XVI, al arribar los metales y monedas a España, los precios se cuadruplican confirmando la observación de Azpilcueta: a mayor abundancia de monedas, si no aumentan los bienes disponibles, aumentan los precios. Es la inflación. Un destructivo proceso al que sucede la deflación cuando las minas americanas comienzan a secarse paulatinamente. ¿Qué hace la Corona? Resella las monedas: multiplica artificialmente su valor, generando un mayor caos en el sistema financiero y provocando la hambruna en varias regiones de España, a lo que se suma la peste de finales del siglo XVI. ¿Quiénes se salvan, aunque sea parcialmente? Los que poseen signos monetarios más saneados: los catalanes y valencianos, pues no es hasta el siglo XIX que España consigue tener una moneda única para todo el territorio.

En América, las minas de donde se extrae el oro, la plata y otros metales no resuelven, sin embargo, el problema crónico de la escasez de moneda. Sólo las ciudades están realmente «monetizadas», y en las zonas rurales se recurre al trueque. Los metales en lingotes o las monedas ya acuñadas se exportan a Europa en barcos permanentemente acechados por los piratas. Hernán Cortés fue el primer «americano» que acuñó monedas. Pero nunca hubo suficientes, lo que significaba un freno al comercio. En las minas se utilizan ingentes cantidades de indios. En su momento, tal vez la empresa con más trabajadores en todo el mundo era la mina de Potosí: trece mil quinientos mineros y auxiliares que laboraban durante larguísimas jornadas. No en balde la mitad de la producción mundial de plata se obtenía ahí, especialmente desde que en 1552 Bartolomé Medina descubrió la amalgama de mercurio y facilitó el proceso industrial. Pero ni siquiera en las minas se podía cobrar siempre con monedas, y los obreros recibían su paga en una pequeña parte del mineral que extraían, la llamada *pepena*.

Al no haber moneda, pero sí ciertas cantidades de oro y plata, se pesaba el material y se le asignaba un valor. Ése es el origen de la palabra peso: peso oro, peso plata. En 1525, 4,6 gramos de oro de 22 quilates equivalía a un peso oro, también llamado castellano, y se intercambiaba por 450 maravedíes. ¿Qué se podía comprar con eso? Bastante: era el salario de casi dos meses de un peón agrícola. Un peso plata acuñado en América —moneda muy apreciada— bastaba para pagarle un mes de salario: 275 maravedíes. Pero circulaban poco, pues la demanda en Europa era grande, y aunque los americanos se quejaban de la escasez de monedas, la Corona no prestaba demasiada atención. Sus propios problemas le parecían infinitamente más apremiantes que el rumor de tan lejanos como agraviados súbditos.

Si el caos monetario era notable, los modos de recaudación fiscal y la forma en que el Estado contraía y atendía sus obligaciones no le iban a la zaga. No por gusto una buena parte de la población ingresaba en los conventos o en el clero secular, mientras casi todos aspiraban a formar parte de la nobleza: los religiosos y los nobles no pagaban impuestos en España ni en América. ¿Cómo se nutrían las arcas nacionales al margen de los metales procedentes de América, que en realidad constituían una proporción no muy grande de los ingresos? Gravando las transacciones comerciales. Había impuestos de tránsito, derechos de aduana —«almojarifazgo»— y sobre la compraventa, básicamente de lana. Existía, además, la «alcabala», que venía a ser un impuesto sobre la venta directa o las permutas, y la «avería», un tributo especial dedicado a pagar por la protección a los buques de la flota, parecido a la «cruzada», un impuesto papal destinado a costear las guerras contra los turcos. ¿Ayudaba la Iglesia? No mucho. Algo aportaba la Inquisición con las confiscaciones de bienes a los condenados, pero tampoco solía estar muy sobrada de dinero, pues se veía obligada a autofinanciarse. Sin embargo, no eran esos los únicos recursos que proporciona Roma: la Iglesia comparte con el Estado el producto de la venta de indulgencias. Cuando estos ingresos no alcanzan para hacerle frente a los gastos del Estado, se recurre a los «juros», una deuda pública emitida por la Corona. Hay juros desde los siglos XII y XIII, pero a partir de los Reyes Católicos la deuda se multiplica exponencialmente, factor asimismo causante de la inflación. Hay un momento en que Felipe II, el monarca más poderoso del planeta, la cabeza de un imperio en el que el sol no se ponía, teme no poder hacerle frente ni siquiera a la intendencia de su propio palacio. Entre él y su padre destruyeron la fortuna del banquero alemán Fugger, tal vez la mayor de la Europa de su tiempo, pero de paso también empobrecieron escandalosamente a la propia Corona.

España y América, ciertamente, forman un poderoso territorio, al que suman las posesiones europeas del rey español. Los tercios españoles, generalmente dotados de abundantes mercenarios de otras latitudes, sin duda son temidos por su fiereza. Pero esa fortaleza militar no se compadece con el poderío económico ni con la destreza y refinamiento en el manejo de las finanzas que se observa en otras partes de Europa. En el norte, desde el siglo XIV las ciudades alemanas y los Países Bajos comercian intensamente. En su mejor momento 72 ciudades alemanas constituyen la Liga Hanseática. Por el extremo occidental el límite es Flandes; por el oriental, Rusia. El Báltico y el mar del Norte se convierten en su *Mare Nostrum.* Hay años que hasta mil barcos surcan esos mares en todas las direcciones. Es un lejano precedente de la Unión Europea: se asocian para comerciar y proteger sus líneas marítimas. Quien agrede a una de las ciudades sufre el aislamiento del resto. Los feroces daneses son domados y Escandinavia de alguna manera se integra comercialmente a ese mundo: el mismo que en siglos anteriores los vikingos habían aterrorizado. Las pieles, los arenques, las telas y las maderas navegan de un puerto a otro. Inglaterra y Holanda participan esporádicamente de ese comercio, pero nadie puede evitar los conflictos y los choques de intereses. En el norte de Europa, entre esos pueblos de filiación anglogermánica se va forjando una sociedad más compleja desde el punto de vista científico, industrial y financiero. La Liga decae lentamente, como toda estructura política y económica, pero deja su huella de manera permanente. Ingleses, escandinavos, alemanes, holandeses, belgas y franceses, sin dejar de pelear intermitentemente, construyen un espacio cultural y comercial con rasgos bastante homogéneos: es la consecuencia de los intercambios de toda índole que llevan a cabo. La Europa del XVI tiene dos polos culturales y financieros hegemónicos: ciertas ciudades del norte de Italia y el norte de Europa. Hacia este último polo se va poco a poco escorando el peso de la civilización. España es un gran poder, pero excéntrico, atrasado, y sólo temible en el campo militar. Ese carácter marginal se trasvasa de una manera inevitable a la América española o a la portuguesa. Era imposible que fuese de otra manera.

El capital, como la vida, busca desesperadamente multiplicarse. El acumulado en esa zona del mundo no es diferente. En Brujas, una ciudad flamenca —hoy perteneciente a Bélgica—, se dan cita los comerciantes alemanes y los italianos —todavía existe la Casa de los Genoveses— para realizar transacciones. Son representantes de banqueros y de industriales que comienzan a regarse y a instalarse profusamente por Europa. En vez de monedas, utilizan cartas de crédito y letras de cambio. Los genoveses las conocían desde hacía ya doscientos años. Este instrumento financiero expande el comercio tremendamente. En el siglo XIV muchos viajantes de comercio se reúnen en la posada de una familia apellidada Bourse e intercambian documentos de crédito. La confianza y la buena fe se convierten en un elemento clave para el desarrollo. Las palabras «fe» y «fiar» tienen raíces comunes. Empieza a fomentarse una economía basada en la confianza: el *trust* que dicen los ingleses, piedra angular del desarrollo. Casi no hay españoles entre estos comerciantes internacionales. La cultura de la confianza no se expande en España y luego en América con la firmeza con que lo hace en el norte de Europa. El nombre de los Bourse acaba por transmitirse a una plaza, pero todavía alcanza para denominar algo más trascendente: la Bolsa. El mercado de letras de cambio dará origen a las compañías por acciones y a la venta de esas acciones. Las primeras «sociedades anónimas» surgen en Londres en el siglo XVI. Muy pronto Amberes, Lyon y Amsterdam son también centros financieros de primer orden. Los empresarios de esa parte del mundo saben «mover» sus capitales y a veces los arriesgan en especulaciones sobre producciones futuras de cosechas. En el XVII londinense ya se utilizan las expresiones bursátiles relacionadas con toros y osos: *bull market* cuando la tendencia es al alza del valor de las acciones, y *bear market* cuando declinan. Nadie sabe exactamente el origen de esas expresiones ni quién las acuñó. Ya son muchos los que participan en esas actividades especulativas: además de los compradores y los vendedores están los agentes, o corredores, y los minuciosos escribanos, dueños de un sutil lenguaje jurídico concebido para blindar legalmente las transacciones. Ello no impide, por supuesto, las estafas, como así tampoco el progresivo refinamiento de los textos legislativos y notariales para adaptarse a las complicaciones conceptuales de las nuevas categorías económicas que van surgiendo. El capitalismo tiene que ver, claro, con el dinero, pero se asienta sobre una base legal. ¿De dónde vienen nuestras populares expresiones «burbuja financiera» o «burbuja especulativa», tan atemorizantemente vigentes en el siglo XXI? De la llamada *Bubble Act* del siglo XVIII, dictada para obligar a sanear las ambiguas escrituras que redactaban los notarios. El capitalismo tiene dos alas. La de los riesgos es la del mercado, la de la seguridad descansa en el derecho. No hay capitalismo sin seguridad jurídica y sin respeto por los contratos.

Pero lo importante es que ha surgido un método nuevo de acumular capitales, de multiplicar las inversiones y una manera impersonal de manejar los negocios. Ya no basta el capricho del empresario o de su familia, pues quienes manejan las empresas tienen que rendir cuentas a los accionistas. Esa presión contribuye a la transparencia en las actividades comerciales y obliga a la eficiencia. Si se desea competir por el ahorro ajeno hay que procurar la excelencia. En España, y más aún en América, todo esto sucede a cuentagotas. Incluso el papel moneda —otra invención inglesa, o anglofrancesa—, obra del escocés John Law, un genio financiero al servicio de Francia, creador del crédito moderno a principios del siglo XVII, no se utiliza profusamente en la Península hasta un siglo más tarde. Es verdad que el experimento de Law terminó en la quiebra, con el escocés escondido en Italia, y Francia —que tampoco fue un modelo económico muy fiable— en medio de una recesión, pero sus mejores ideas, llevadas a la práctica, le dieron un impulso tremendo al comercio y cambiaron la faz de Occidente. Tras la creación del papel moneda y la puesta en circulación de nuevos instrumentos de crédito, el norte y el centro de Europa se separaron aún más en la medida en que crecían el número y el volumen de las transacciones comerciales. El capital comenzaba a ensayar una nueva ingeniería financiera que le permitía multiplicarse de manera nunca vista.

¿Y en América? Al mal manejo relativo de los instrumentos económicos del desarrollo que España exhibía en el momento de la colonización, del otro lado del Atlántico se agregaban unos notables problemas que hoy calificaríamos de «estructurales». La acumulación de capital no era el resultado de la industria, el comercio o el aumento de la productividad, sino del botín de guerra, del repartimiento de las tierras, del trabajo esclavo y de los privilegios asignados por la Corona. Y quizá la mayor fuente de acumulación de capital —asunto todavía hoy vivo, quinientos años más tarde—, era la de la posesión de la tierra. Originalmente la tierra era propiedad de la Corona, y esta la concedía como merced a sus más fieles conquistadores españoles, pero sin abandonar una visión aristocrática de los privilegios. A los peones, a los que habían combatido a pie, se les entregaban «peonías», y a los caballeros, a los que habían hecho la guerra montados, «caballerías». Una caballería tenía algo más de cuarenta hectáreas y ocupaba el tamaño de seis peonías. Casi de inmediato se inició un proceso de creación de latifundios que con frecuencia no podían ponerse a producir enteramente. ¿Por qué esa voluntad de acaparar tierras baldías? Porque entre los castellanos la posesión de grandes cantidades de tierra era sinónimo de distinción social y de noble origen. La Corona quería que se desarrollara la agricultura y enviaba expediciones de labradores a los que se les pagaban los gastos de transporte y asentamiento, pero tan pronto alcanzaban el Nuevo Mundo con gran frecuencia esos campesinos abandonaban el azadón y se convertían en señoritos dedicados a la explotación de los indios y negros. Trabajar, y menos con las manos, era una señal de indignidad. Así sería hasta que Carlos III a finales del XVIII levantara oficialmente ese estigma, aunque resultaba muy difícil que una pragmática real desterrara de un plumazo una milenaria concepción de la vida.

La Iglesia también se convirtió en un portentoso terrateniente. La inversión en tierra siempre era segura. Nunca parecía mayor el patrimonio que cuando se expresaba en tierras. Tal vez no generara demasiadas rentas, pero siempre estaba ahí. Una industria podía quebrar, el comercio estaba sujeto a los riesgos monetarios o financieros, mas la tierra siempre permanecía, aumentando de valor de forma lenta pero segura, en la medida en que crecía la población y las ciudades y pueblos se acercaban a la campaña. Con el tiempo, la Iglesia llegó a ser el mayor de los propietarios de América, pero sin que ello hiciera demasiado feliz a los monarcas españoles: los «curas» no pagaban impuestos y con frecuencia convertían sus inmensas propiedades en tierras «muertas» para la producción agrícola. De ahí la curiosa expresión castellana utilizada en el siglo XIX cuando le expropiaron sus bienes a la Iglesia: la «desamortización». La sociedad sacó esos bienes del reino de los muertos para traerlos de nuevo a la vida productiva.

¿Dejó el ejemplo colonial español alguna huella especial en la psicología de la clase empresarial latinoamericana? Probablemente. Todavía hoy la ecuación tierra=abolengo guarda toda su vigencia en cada una de las naciones latinoamericanas. Ser un hacendado confiere un prestigio antiguo, patriarcal, de «patriota viejo». Como también parece lamentablemente saludable la vieja tradición conservadora de mantener el capital muy seguramente invertido en tierras, sin correr los riesgos de las industrias y el comercio, a la espera de multiplicarlo de una manera natural por el apacible aumento vegetativo del valor de la propiedad inmueble. ¿Resultado de esa mentalidad? Hoy, y desde hace siglos, economías poco dinámicas, atrasadas, escasamente competitivas, exportadoras de materias primas en un mundo en el que se avanzaba milímetro a milímetro hacia la revolución industrial que estallaría a plenitud en la Inglaterra del siglo XVIII.

En efecto, la vocación empresarial de España no era la más enérgica, pero menos aún lo era en la América que había conquistado, pues de acuerdo con la mentalidad mercantilista de la época se suponía que el papel de las colonias era el de mercado cautivo al servicio de los productores de la metrópoli. Los latinoamericanos no debían manufacturar lo que la Madre Patria producía. La competencia, elemento clave del desarrollo económico, estaba deliberadamente proscrita. El modelo económico asignado era «complementario». No debían comprarles a los extranjeros, aunque el precio y la calidad fueran mejores. Tampoco debían venderles. Y el comercio tenía que hacerse en naves con insignia castellana, sólo con los puertos escogidos por la Corona —en sus inicios Cádiz y Sevilla— y por medio de compañías formadas por privilegio real para enriquecer a los nobles favoritos del monarca en régimen de monopolio. Ése era el pacto colonial. Pacto que, naturalmente, se vulneraba una y otra vez por medio del contrabando con furtivos comerciantes ingleses, franceses y holandeses que, literalmente, arriesgaban la vida por comprar y vender mercancías al margen de la ley. Cuando los sorprendían eran ahorcados, pero esas ejecuciones no ocurrían con frecuencia porque la complicidad general solía ampararlos. Era la suya una actividad de la que todos se beneficiaban. Todos, menos las autoridades coloniales que perdían, claro, un fragmento de su mal servida clientela, siempre a la espera del parsimonioso paso de la flota, un largo convoy de naves que se dispersaban y reunían en diversos puntos —La Habana era la primera y última gran parada— para recoger y dejar «géneros» con los cuales alimentar el comercio entre España y América Latina. Entre dos y cuatro meses duraba el recorrido, siempre y cuando las tormentas no echaran a pique los buques o los corsarios y piratas no los saquearan. Una eternidad para nuestro actual sentido del tiempo. Un plazo razonable para aquella civilización de digestión lenta, aprendida paciencia y cierto fatalismo.

Sin embargo, el desarrollo industrial no siempre estaba vedado por designios imperiales. Al margen de la minería, como señala el historiador Lutgardo García Fuentes, al menos en tres sectores España alentó claramente la producción industrial en América: el «obraje», como se llamaba a la industria textil, presente entre aztecas, mayas e incas antes de la llegada de los españoles; el azúcar, siembra ideal en los climas tropicales y subtropicales, servida por infinidad de esclavos negros; y los astilleros navales, para los cuales existían unos inmensos bosques madereros. Y de las tres actividades, tal vez los obrajes constituyeron la industria que alcanzó un mayor grado de desarrollo capitalista, especialmente en México, potenciando la producción de otros bienes conexos, entre ellos los colorantes que requerían los textiles: el «pan de añil», para dar un tinte azulado, sacado de las hojas maceradas del xiquilite; el «palo campeche», que cubría de color granate, y la «chinchilla», un pigmento que se obtenía de un diminuto insecto que vivía en el nopal, del que se extraía una sustancia roja prácticamente indeleble.

La ganadería fue también una actividad lucrativa. Los caballos, cerdos y reses se multiplicaron y adaptaron muy bien a un nuevo e inmenso territorio en el que no abundaban los depredadores naturales. Las ovejas se aclimataron a las zonas más frías, y en México llegaron a ser tantas que los dueños de los rebaños copiaron la *mesta* castellana, una organización dedicada a organizar el pastoreo trashumante por tierras ajenas. Pero como los nichos ecológicos o los mercados no suelen beneficiar a todos por igual, el éxito reproductivo de estos mamíferos acabó convirtiéndose en la pesadilla de los indios —como en la Edad Media lo había sido de los agricultores castellanos—, que con frecuencia veían cómo el paso de los animales por sus sembradíos significaba para ellos la ruina total. Un caso curioso —muy revelador de los complejos vericuetos de la conciencia religiosa de la Contrarreforma— fue el de los mulos. Era un animal muy apreciado por su resistencia, y en América Latina existía una enorme cabaña de ellos, pero como se trataba de una criatura híbrida —mezcla de asnos, caballos y burros—, y como generalmente resultaban estériles, las autoridades desaconsejaban su cría por oscuras razones teológicas: algo pecaminoso y contra natura debía existir en este tenaz cuadrúpedo de incierta concepción adorado por militares y granjeros.

Los fundamentos del desastre

A finales del siglo XVIII las mejores cabezas de Europa comenzaron a pedir el fin del mercantilismo. El historiador Carlos Rodríguez Braun lo sintetiza brillantemente en *La cuestión colonial y la economía clásica.* No se trataba solamente de una relación injusta en detrimento de las colonias, sino de una sangrante paradoja: ambos, metrópoli y colonia, se hacían daño. ¿Cuánto costaba mantener a la colonia como el coto cerrado de unos cuantos comerciantes privilegiados? Las guarniciones de soldados y la inmensa burocracia sólo parecían destinadas a beneficiar a unos pocos. Adam Smith, refiriéndose a las colonias inglesas en América, bastante más libres que las que dependían de España o Portugal, escribía lo siguiente: «Para proteger los intereses de un pequeño grupo de personas se perjudica a la totalidad de la sociedad.» Lo que inmediatamente lo llevaba a pedir la libertad total en las transacciones económicas. Para el autor de *La riqueza de las naciones,* publicado en 1776, el mismo año en que los norteamericanos se lanzaban a la búsqueda de la independencia, los monopolios impedían la formación de capital, y ése era el elemento clave del desarrollo: sólo el aumento incesante de capital lograba que las sociedades se enriquecieran. Y no era el primer pensador inglés que rechazaba el modelo mercantilista. En 1760 el deán de Gloucester, Josiah Tucker, se atrevía a más: defendía la independencia de las Trece Colonias transatlánticas por resultar conveniente a los intereses de Inglaterra. Algo parecido a lo que en 1770 proponía el abate Raynal en un libro de nombre singularmente farragoso: *Historia filosófica y política de los establecimientos y del comercio de los europeos en las dos Indias.*

España no era inmune a este debate. A partir de 1700 la entrada de los Borbones en la historia de la Península se había traducido en un constante esfuerzo de modernización de la administración pública, desde entonces muy influida por el modelo burocrático francés, como si la nueva dinastía advirtiera el retraso relativo del reino heredado de los Habsburgos. De manera que, poco a poco, las nuevas ideas liberales y antimercantilistas fueron penetrando en el corpus ideológico de la clase dirigente, hasta llegar a prevalecer durante los reinados de Carlos III y Carlos IV, período en que numerosos puertos españoles se abren al comercio con América Latina, se rebajan los aranceles y se permiten las exportaciones e importaciones con otras naciones. Es la época en que los «librecambistas», defensores de la libertad económica, logran poner fin a muchos monopolios comerciales y súbitamente, como habían previsto, se produjo una explosión de actividad económica.

Es la época, en suma, de los grandes ilustrados españoles: Campomanes, Floridablanca, Jovellanos. Pero los cambios llegan tarde. A principios del XIX los criollos se sienten inicuamente «explotados» y excluidos por la metrópoli, y a ella, a España, a su mentalidad económica, a sus hábitos comerciales y a su injusta legislación le atribuyen el atraso de la región. Un economista español es capaz de ver el punto de vista de la víctima: Álvaro Flórez Estrada, quien en 1811, cuando ya relampagueaban los cabildos rebeldes en América, publica *Examen imparcial de las disensiones de América con España*. No le duelen prendas: propone el librecambismo y rechaza los monopolios. Sabe que las relaciones entre España y América no pueden continuar montadas sobre el tradicional pacto colonial. La nueva economía, la economía capitalista, exigía que las dos partes se enriquecieran en los negocios. Desde Inglaterra, poco después, Jeremy Bentham, al recomendarles a los franceses que abandonen la explotación de los territorios conquistados —«emancipad vuestras colonias»—, añade un argumento moral irrebatible: la lejanía entre los ciudadanos y el centro de donde emana la autoridad se convierte invariablemente en mal gobierno. El que gobierna debe estar siempre cerca del gobernado. A este último le corresponde la tarea de hacer la auditoría.

¿Cuál era la herencia económica sobre la que se construían las nuevas repúblicas latinoamericanas? Una mentalidad aristocrática en la que no se valoraban las actividades comerciales o empresariales; un modo antiguo de entender la ingeniería financiera; un sistema de tenencia de tierras que acababa por convertirse en un ancla para las inversiones industriales; un panorama productivo que no había sido fecundado por emigraciones extranjeras portadoras de técnicas nuevas; una carencia crónica de capitales. ¿Consecuencias de todo ello? Enormes masas de personas muy pobres que no encontraban un sistema económico lo suficientemente elástico para ir incorporándose al desarrollo. Todos, naturalmente, problemas superables con el tiempo, siempre y cuando se entendieran las causas que los originaban y se conocieran las fórmulas de solucionarlos, algo que no parece haber sucedido. Si volvemos al inicio de este capítulo y repasamos la anécdota costarricense nos damos perfecta cuenta de la vigencia del pasado: ahí está, viva y coleando, la mentalidad mercantilista, enemiga del desarrollo y desconfiada de la libertad económica. Lo curioso es que sus mayores defensores ya no son las oligarquías que se beneficiaban de este modelo, sino los pobres que lo padecen.

EN EFECTO: INVENTARON ELLOS

Si un extraterrestre sobrevolara los distritos comerciales de Caracas, Santiago de Chile, Buenos Aires, e incluso Bogotá o Quito, podría llegar a la conclusión de que esas capitales albergan formas de civilización y niveles de desarrollo industrial y científico intercambiables con Londres, Amsterdam o Los Ángeles. Y si en su hipotético viaje alcanzara el campus central de la Universidad Autónoma de México, con sus doscientos cincuenta mil estudiantes —el mayor del planeta—, a veces paralizado por huelgas absurdas, la multitudinaria San Marcos en Lima o la Universidad de Santo Domingo, y si se le notificara que las tres instituciones fueron fundadas hace más de cuatrocientos años, un siglo antes que Harvard, probablemente supondría que América Latina forma parte de la cabeza intelectual del mundo. Los síntomas externos lo habrían precipitado en esa dirección.

Se equivocaría. Es verdad que en América Latina no faltan enormes instituciones educativas, y no miente quien afirma que abundan los profesionales notables, o que existe una buena dotación de expertos, e incluso de sabios, pero también es cierto que Iberoamérica, incluidos Portugal y España en esta triste aseveración, es el segmento cultural que menos ha contribuido al desarrollo intelectual de Occidente en los últimos siglos, lo que ha motivado no pocos denuestos, como aquella cruel descalificación general atribuida a Giovanni Papini: «El continente estúpido.» ¿Por qué esa ausencia nuestra del campo creativo? Es una larga y alambicada historia, cuya explicación ha suscitado los mayores debates —la polémica sobre la existencia o no de «ciencia española» dividió acremente a los intelectuales de la Península en tiempos de Menéndez Pelayo—, y en la que se confunden los datos objetivos con las emociones, los deseos y un mal entendido patriotismo, como si señalar nuestras deficiencias o carencias fuera una artera forma de mancillar el honor de la tribu.

Sin embargo, hay pocos asuntos tan importantes como este. ¿Por qué España, y como consecuencia el mundo por ella parido allende el océano, no fue una nación innovadora en materia técnica y científica? Lewis Mumford, en su conocido ensayo *Técnica y civilización*, uno de los estudios de sociología histórica más apasionantes del siglo, termina su libro con un apéndice en el que consigna los 506 inventos, hallazgos, innovaciones e instituciones que cambiaron la faz del mundo entre el siglo X y 1933, fecha de la primera edición de su obra. Y en esa lista sólo comparece un español, Blasco de Garay, quien en el siglo XVI tuvo la feliz idea de añadir ruedas de paletas a los barcos, que era algo así como cruzar los buques con los molinos de agua. Probablemente Mumford, a quien nadie puede acusar de anglofilia, olvidó anotar el nombre del histólogo Santiago Ramón y Cajal, merecido premio Nobel de Fisiología en 1906, y el de Juan de la Cierva, un hábil ingeniero que en 1923 diseñó el autogiro, una especie de protohelicóptero. Y de haber llevado su lista hasta nuestros días, no hubiera faltado Severo Ochoa, uno de los investigadores más importantes en la batalla por descifrar las claves de la herencia. Pero, en todo caso, esos nombres egregios, el del cubano Carlos J. Finlay o los argentinos Bernardo Houssay y René Favaloro, no alteran sustancialmente el terco dato que aflora ante cualquiera que desapasionadamente examine este asunto: es mínimo el aporte de nuestras gentes a la aventura cultural de Occidente en el terreno científico y técnico, aunque no así en el artístico, donde la presencia de España y América Latina es realmente notable.

A principios del siglo XX, cuando Miguel de Unamuno se enfrentó con este fenómeno, lo despachó con una conocida *boutade*: «¡Que inventen ellos!» No trató de negarlo, como inútilmente hizo Menéndez Pelayo una generación antes, sino que apeló a una frase desdeñosa, como si la esterilidad científica y técnica no tuviera serias consecuencias. Pero se equivocaba el eminente polígrafo: no formar parte del pelotón de avanzada en estos terrenos traía aparejados un grave perjuicio económico y la inevitable subordinación al liderazgo de otras naciones. España y América Latina fueron convirtiéndose en apéndices sin autonomía de las sociedades que desarrollaban las comunicaciones, la aeronáutica, la farmacología, la televisión, la biogenética, la carrera espacial, la energía nuclear, la informática, y el resto de las disciplinas que han dibujado el perfil de Occidente. Sencillamente, no se podía hacer uso pasivamente de esos desarrollos sin impedir que nuestra propia civilización —por llamar de algún modo al perímetro iberoamericano— acabara adquiriendo, parasitariamente y en condiciones de subordinación política e intelectual, el contorno de las naciones más creadoras.

Y a esto habría que agregar el aspecto económico: el desarrollo y la propagación de cada hito científico y técnico —la telefonía, la aviación, la electrificación, etcétera— iban añadiendo valor agregado a la sociedad que los impulsaba, distanciándola paulatinamente de los pueblos que se iban quedando rezagados. No es que las naciones más poderosas privaran de sus recursos a las más pobres, como suelen alegar los que muy poco entienden de economía —eso sólo ocurrió precisamente en la etapa precientífica—, sino que los pueblos más innovadores y audaces fueron creando más riqueza, acelerando con ello el ritmo del desarrollo. El muy autorizado Angus Maddison lo expresa con claridad al inicio de su *Historia del desarrollo capitalista* publicada en 1991: «Desde 1820 los países capitalistas avanzados han incrementado su producto total setenta veces, y en la actualidad representan la mitad del PIB mundial. Su renta per cápita real es hoy catorce veces mayor que en 1820, y el séxtuplo del promedio correspondiente al resto del mundo.»

Tal vez quien mejor explicó la relación entre prosperidad y progreso técnico y científico fue el economista austriaco Joseph Schumpeter con su reivindicación del empresario emprendedor como dínamo incomparable del proceso de creación de riquezas, y con la noción del «flujo circular» y las recíprocas influencias entre la técnica y la organización productiva: los creadores introducían nuevos bienes, lo que a su vez generaba nuevos métodos de producción y administración, inmediatamente comercializados en nuevos mercados, estímulo económico que provocaba la competencia de nuevos agentes económicos empeñados en mejorar y abaratar los productos. En otras palabras: la innovación desataba una febril actividad económica que levantaba incesantemente el nivel de vida de las sociedades punteras, afirmación que en nuestros días puede verificar cualquiera que haya seguido de cerca, por ejemplo, la secuencia de la informática a partir de las primeras máquinas diseñadas por IBM: ordenadores cada vez más veloces y económicos, Internet, mercadeo virtual, etcétera. ¿Cuánto de la creciente prosperidad norteamericana a partir de los años setenta del siglo XX, la llamada «nueva economía», se debe a las múltiples derivaciones de ese artilugio electrónico? ¿Cuál era, finalmente, la clave última de las sociedades más exitosas del mundo de acuerdo con Schumpeter? Era la combinación entre el empresario enérgico —el «capitán de industrias», que decía Carlyle— y el genio innovador. Cuando las sociedades auspiciaban la existencia abundante de estos especímenes mediante las instituciones adecuadas —economía de mercado, estado de derecho, reglas equitativas—, se producía el rápido despegue. Cuando faltaba algún elemento, las cosas ocurrían de otro modo.

Ahora bien, la persuasiva explicación de Schumpeter sobre la dinámica del desarrollo económico deja sin responder por qué la furia creativa en el campo científico y técnico se dio en ciertos países de Europa y en otros como España, Portugal y, en consecuencia, América Latina, no. La conjetura que exploramos en este capítulo es que, en gran medida, la pertenencia o la exclusión de la reducida lista de países líderes en materia de desarrollo técnico y científico, *ergo* económico, tiene que ver con la educación impartida y con la cosmovisión que de ella se deriva, de manera que vale la pena acercarse muy cautelosamente a esta resbalosa cuestión.

En efecto, en cualquier historia —y estos papeles pretenden ser un libro de historia «diferente»— es básico saber cuándo se fundaron las instituciones clave, y entre las primeras están las educativas. La educación formal —lo que se aprende, cómo se aprende y por qué se aprende, razón de ser de la epistemología— tiene una importancia capital para entender el desempeño posterior de los pueblos. Ya casi nadie duda de que no hay diferencias biológicas entre las «razas» o los grupos humanos, sino diferencias en la información que atesoran y en la educación que reciben, incluida la escala de valores, pues de ahí se desprenderá una cosmovisión que generará comportamientos, quehaceres, y, naturalmente, resultados. Todo ello, por supuesto, en el marco de un proceso proteico, cambiante, lo que nos permite asegurar que no hay ningún destino permanente. La Inglaterra muy pobre de los siglos XIII y XIV se transformó en el inderrotable imperio del XVIII y XIX. China, más rica y culta que Europa en el siglo XV, se quedó petrificada en su milenaria tradición. Por la otra punta, la temida España del siglo XVI fue haciéndose cada vez más insignificante en la medida en que nos adentrábamos en la etapa contemporánea. Un fenómeno inverso al que se observa en Japón o, incluso, en Rusia, cuya ascendente trayectoria desde el atrasado y casi silvestre principado de Moscovia hasta la construcción de la URSS, aun teniendo en cuenta la brutalidad con que ocurrió este gran salto, puede resultar pasmosa a los ojos de cualquier observador imparcial.

¿Hay algo más «latinoamericano» que los golpes militares? Tal vez la mayor parte de los latinoamericanos no ve al Estado como un incómodo corsé impuesto por la fuerza.

En América Latina el Estado surgió en medio de una creciente conciencia de ilegitimidad e injusticia.

Bartolomé de las Casas fue un apasionado defensor de los indios que echó las bases de la «leyenda negra», pero también los fuertes vínculos emocionales entre la Iglesia y la población indígena.

D. FR. BARTHOLOME DE LAS CASAS

Juan Ginés de Sepúlveda, adversario ideológico de Las Casas, fue un culto humanista que encontró en Aristóteles una justificación moral para subyugar a los indios, a los que consideró esclavos por naturaleza.

El papa Alejandro VI legitimó la Conquista y la división de las zonas de soberanía entre España y Portugal, aunque la propia autoridad pontificia en dicho tema partía de dos fraudes monumentales: la falsificación de la Epistola Clementis *y la no menos apócrifa* Donación de Constantino.

Los indios no eran los únicos que se sentían agraviados. Incluso los propios conquistadores (Hernán Cortés en la fotografía) *percibían con amargura cómo desde España limitaban sus posibilidades de enriquecerse, les regateaban sus méritos personales y les negaban títulos nobiliarios.*

Tras las huestes de conquista *llegaron las* huestes reales. *Era, calladamente, la* reconquista. *La corona castellana no quería perder el control de América y estableció diversos métodos para gobernar a distancia.*

En el momento de la Conquista, Sevilla era la gran ciudad española. El Consejo de Indias se crea para gobernar a las nuevas colonias americanas, a las que teóricamente se les concede el título de «Monarquía indiana» dentro del variopinto imperio de Carlos I.

Cuatro fueron los virreinatos creados por España a lo largo de la colonización, que reflejaron (y subrayaron) cuatro zonas lingüístico-culturales: México (en el dibujo) *y Centroamérica, el Caribe, la región andina y el Cono Sur.*

La institución medieval de la commenda, *surgida para premiar a los vencedores durante la Reconquista, en América se convirtió en la* encomienda, *una forma encubierta y (a veces) atenuada de esclavitud.*

Pelé, el gran futbolista, es tal vez el brasileño más universalmente admirado, pero América Latina dista mucho de ser un crisol de razas. El racismo es una de las líneas de fractura que divide a los latinoamericanos.

En España hubo esclavos desde tiempos inmemoriales hasta principios del siglo XIX, pero en los territorios americanos controlados por Madrid se prolongó hasta 1886.

Es difícil precisar si los negros esclavos fueron peor tratados en las colonias hispano-
lusas o en las angloholandesas. Parece que
el factor determinante era el tipo de explotación (agrícola o industrial) al que debían
dedicarse los cautivos.

José de San Martín creó sus batallones de «pardos y morenos» para
luchar contra España, semejantes a los que habían existido en los
ejércitos coloniales.

Como en el resto de Occidente, la mujer latinoamericana ha ido mejorando su presencia en posiciones de importancia. Violeta Chamorro, la popular líder de la democracia nicaragüense,
es un caso notable. Sin embargo, el machismo sigue siendo uno de los rasgos básicos de la cultura latinoamericana.

*En la tradición cultural española
hay un fuerte componente de desprecio y subordinación de la mujer,
que luego se trasladó, y aumentó, al
territorio americano. (Detalle de un
mural helenístico en la Villa de los
Misterios, cerca de Pompeya.)*

Al machismo de los españoles se sumó en América el machismo de los indios. Para muchos indios las mujeres eran bestias de carga o criaturas concebidas para aplacar a los dioses mediante sacrificios.

La modernización de la economía latinoamericana ha resultado muy problemática por el peso de la tradición estatista y dirigista. Mientras las sociedades protestan por la ineficiencia del estado-empresario, también se quejan de los esfuerzos por privatizar los bienes públicos.

La Iglesia católica, fuente de la educación medieval, incluyó los temas económicos dentro de sus discusiones teológicas. Santo Tomás de Aquino (en la fotografía, retrato vaticano) fue un hábil defensor del mercado.

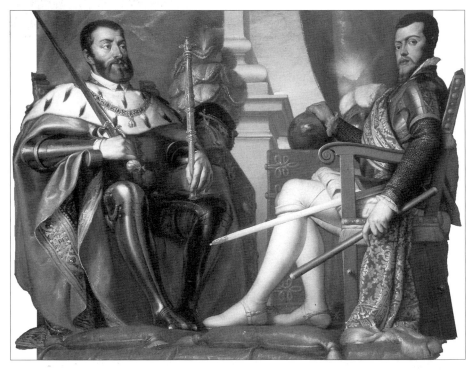

La contabilidad, disciplina básica para calcular costos y gastos sistematizada por Luca Paccioli, no era el fuerte de Carlos I ni de su hijo Felipe II (ambos en la fotografía). Esta falta de organización económica se trasladó también a tierra americana.

En el norte de Europa se populariza el uso del crédito con mayor intensidad que en España. En Brujas, en la posada de una familia apellidada Bourse, los viajeros se intercambian documentos de crédito: ha nacido la Bolsa.

El escocés John Law, al servicio de Francia, crea en Europa a finales del siglo XVII y principios del XVIII el papel moneda y con este instrumento se expande el crédito de forma notable.

12

Otro grave problema económico de América Latina fue el de la tenencia de tierras. La Iglesia y los sectores privilegiados fueron acaparando enormes cantidades de tierra, dejándolas con frecuencia sin producir, lo que alimentó una mentalidad poco dada al riesgo empresarial. (En la ilustración, construcción de la catedral de Guatemala.)

En el llamado «Pacto colonial», las colonias estaban destinadas a consumir las mercancías que producía la metrópoli, a empresas que tenían el monopolio de las ventas, a precios arbitrariamente fijados, lo que dio como resultado la ausencia de industrialización. (Grabado de un ingenio cubano.)

La cristianización de los indios exigía educarlos. Se hizo a medias y sólo de un modo elemental que estimulara la transculturalización y el olvido de las raíces autóctonas. Se escogía para educarlos a los hijos de los indios más importantes, pero a veces éstos escondían a sus descendientes y entregaban a niños plebeyos, con lo cual se generaba cierta movilidad social.

La educación española del Renacimiento llevaba una fuerte impronta medieval orientada a la repetición mecánica más que a la indagación. El objeto de la enseñanza no era descubrir novedades sino comprender y memorizar a las autoridades. En España y en América Latina se tardó mucho en abandonar la escolástica medieval.

ESTABLECIMIENTO

DE LA

Compañía de Jesus

EN LA REPÚBLICA DEL ECUADOR,

EN EL AÑO DE

1851.

QUITO:

IMPRESO POR ISIDORO MIRANDA.

JUNIO 24 DE 1851.

La orden de los jesuitas fue el gran instrumento educativo y pedagógico de la Contrarreforma, pero la paradoja es que algunos de los egresados de sus escuelas encabezaron luego la rebelión racionalista: Descartes y Voltaire.

La experimentación —Copérnico (en la fotografía), Bacon, Galileo—, que fue el corazón de la revolución científica de los siglos XVI y XVII tuvo una presencia mínima en España y más reducida aún en América Latina. Este fenómeno está en la base del atraso secular de la región.

Las repúblicas arrastraron un grave déficit de curiosidad intelectual y de estructuras educativas capaces de estimular la creatividad. Pero no sólo faltaban el laboratorio o la cátedra: también fallaban las redes comerciales, los sistemas de crédito y tribunales fiables en los cuales dirimir los pleitos surgidos en el curso.

Con el reclamo de la independencia llegó el diseño de las repúblicas y la redacción de las constituciones. Se hablaba de libertad, pero había poca experiencia en autogobierno y no abundaban las verdaderas virtudes republicanas. El resultado de esa contradicción fue un siglo de caudillos, atropellos y dictaduras. Bolívar (en la ilustración) murió amargado en el destierro.

El siglo XX, a partir de la Revolución Mexicana de 1910, vio el surgimiento y refuerzo del papel del Estado, defendido desde todos los ángulos del espectro político. La izquierda lo hacía desde posiciones marxistas; la derecha desde el militarismo o el fascismo. (En el grabado, Emiliano Zapata.)

El antiyanquismo ha sido una de las constantes más presentes en América Latina a lo largo del siglo XX. Primero, como consecuencia de las intervenciones de Washington en el Caribe y México, y luego, a partir de la Segunda Guerra Mundial, como resultado de la guerra fría. Y será durante la guerra fría donde se inserta la aparición de Fidel Castro en la historia de América Latina.

Los fundamentos de la educación tradicional

Cuando los conquistadores arribaron al Nuevo Mundo —lo que para ellos no dejó de ser una frustración, pues esperaban encontrar las viejas costas asiáticas repletas de las ansiadas especias—, lo primero que hallaron fueron sociedades muy primitivas de la familia de los *arahuacos*, en las que no existían, o ellos no fueron capaces de distinguir, vestigios de educación organizada, dato que les llevó a pensar que los indios eran poco menos que salvajes.

Sin embargo, los españoles no tardaron en comprobar su error. Cuando llegaron a México, a la muy compleja cultura de los aztecas, verificaron, no sin cierta admiración, que los nativos contaban con un estructuradísimo sistema educativo en el que existía una clara correspondencia entre la clase a la que se pertenecía y los conocimientos a los que se tenía acceso. Entre los campesinos pobres —el grupo más numeroso de la pirámide social—, llamados *mecehualtin*, eran los padres los responsables de enseñar a sus hijos varones tanto las tareas propias de los agricultores como las normas de convivencia, y resultaba socialmente aceptable que recurrieran a los castigos más severos, incluido el de utilizar sobre la piel de los niños el humo urticante de ciertos chiles colocados al fuego. A la madre, en cambio, le tocaba la instrucción de las niñas en las tareas propias de su género, y solía ser menos rigurosa en la fase de adiestramiento.

La casta de los nobles, los *pipiltin*, recibían una educación que habría admirado a Platón: los educaban para ser modelo de caballeros. Si iban a pertenecer al grupo dominante, debían aprender a comportarse como señores valientes, generosos, sobrios, siempre en control de sus emociones. Y al llegar a la pubertad se dividían en dos grupos básicos: los que asistían al *calmécac*, destinados al sacerdocio o a la burocracia imperial, y los que acudían al *telpochcali*, verdaderas escuelas militares, elemento básico de una civilización que era fundamentalmente guerrera. Sin embargo, los *mexicas* de mayor jerarquía social eran los formados en el *calmécac*. ¿Por qué? Tal vez porque eran los depositarios de la ciencia y la técnica aztecas. Aprendían astronomía, ingeniería civil, matemáticas. También himnos religiosos y la particular cosmogonía de ese pueblo, todo ello bajo la atenta supervisión de los sacerdotes, que controlaban la vida de estos jóvenes con el mismo rigor con que se hacía en los más severos monasterios cristianos, y con algunos de los mismos presupuestos morales. Estaban proscritas, por ejemplo, las relaciones sexuales, y quien fuera sorprendido violando la norma podía sufrir un ejemplar castigo.

Si ésa fue la experiencia de Cortés ante los aztecas, la de Pizarro y Almagro en los Andes resultó parcialmente distinta. Los incas tenían un sistema más rudimentario de transmisión de conocimientos, lo que hizo pensar a los españoles que tal vez se tratara de un esfuerzo deliberado por mantener a las masas sojuzgadas, puesto que el régimen incaico tenía bastante de Estado totalitario. En todo caso, existían ciencia y técnicas incas, como acreditan las imponentes ruinas de Machu Picchu o los restos de construcciones urbanas que aún se conservan en Cuzco. Sin embargo, no es muy denso el patrimonio cultural precolombino que sobrevivió a la conquista de la América que comenzaba a ser hispánica, pese a la *Historia general de las cosas de la Nueva España* (1558-1569) escrita por Bernardino de Sahagún, donde el sabio religioso recoge cierta información sobre los saberes astronómicos y médicos de los aztecas, o el curiosísimo opúsculo, coescrito en latín por dos de los primeros indios licenciados en esa disciplina por los españoles, Juan Badiano y Martín de la Cruz, quienes sorprendieron a los europeos con un *Libellus de medicinalibus Indorum herbis*, en el que consignaban buena parte de la sabiduría azteca en materia botánica. Otro texto que merece ser mencionado es el del severo Diego de Landa, destructor de numerosos textos mayas —quemados por constituir herejías próximas a Satán—, pero redactor él mismo de una valiosa *Relación de las cosas de Yucatán*, libro en el que consigna para la posteridad muchos aspectos valiosos de la vida de los mayas.

Curiosamente, las primeras instituciones educativas de los españoles en América no fueron creadas en beneficio de los blancos, sino de los indios, pero no había en ello altruismo sino una clara intención de control social, unida al celo misionero. Los conquistadores, casi todos ellos jóvenes adultos, no pensaban en mejorar su educación, pero el compromiso con Roma hecho por la Corona española incluía la obligación de evangelizar a los nativos, lo que inmediatamente se convirtió en un esfuerzo por «transculturizarlos». No sólo se trataba de enseñar a los indios la palabra de Dios o «la religión verdadera», sino, además, de arrancarlos de su matriz cultural y convertirlos en una suerte de semiespañoles. ¿Cómo se lograba esa transformación? Con la enseñanza. De inmediato comienzan a llegar «sacristanes de indios», casi todos franciscanos y dominicos, algunos mercedarios y agustinos, más tarde jesuitas, dispuestos a convertir a la inmensa masa de indígenas controlada con la espada y atemorizada por los caballos y las «atronadoras» armas de fuego a la fe católica y a una variante elemental de la cultura española. Pero los niños son muchos y escasean los curas-maestros, mientras se comprueba que hay muy pocos seglares con vocación docente. ¿Cómo llevar a cabo la formación de los indios con tan limitados recursos? Eligiendo a los hijos de los caciques y los señores principales, con la certeza de que se convertirían en modelos para el resto del pueblo. Si ellos conseguían educar a los hijos de la elite india, la próxima generación habría perdido cualquier voluntad de resistencia.

No resultó fácil. Para la vieja casta aristocrática indígena, la entrega de sus hijos al invasor para que fueran educados a la manera española, aunque podía ofrecer ciertas ventajas materiales, resultaba repugnante. ¿Cómo evitar esa ignominia? Algunos entregaron niños plebeyos al «sacristán de indios», en lugar de sus verdaderos descendientes —cambalache que trajo como consecuencia cierta movilidad social—, mientras otros, sencillamente, huyeron, aunque los más, abrumados por la derrota, cedieron, y comprobaron cómo los pequeños, en efecto, iban transformándose en una variedad culturalmente mestiza del pueblo invasor en la medida en que avanzaba un proceso que hoy calificaríamos de lavado de cerebro.

Los niños, naturalmente, aprendían pocas cosas en las «escuelas de indios»: historia sagrada, las letras, los números, himnos religiosos —cantaban incesantemente, lo que parecía gustarles tanto a los curas como a los indios—, y algunos oficios. No se esperaba de ellos ni originalidad ni creación independiente. Era una instrucción formativa-repetitiva. Se privilegiaba la educación de los varones, pero hubo algunas escuelas para niñas. Incluso, en México llegó a fundarse una tercera modalidad: una escuela para mestizos. Se intentaba también formar a los indios mejor dotados como cuadros cristianos capaces de penetrar en la sociedad indígena. En algunos casos, cuando se destacaban por su inteligencia y dedicación, conseguían alcanzar conocimientos propios de los españoles más cultos. Ésa es la historia de los indios latinistas Hernando de Ribas y Antonio Valeriano, buenos lingüistas, pues debían dominar no sólo la lengua materna, sino también el español y el latín, y moverse entre los tres idiomas con soltura.

Las primeras universidades y la supervivencia del pasado

A mediados del siglo XVI ya existían tres universidades en América Latina, lo que no deja de ser admirable dada la escasa densidad demográfica española en el Nuevo Mundo pues, aunque los indios teóricamente podían matricularse, lo cierto es que muy pocos lo hicieron. La de Santo Domingo fue fundada en 1538, y las de los virreinatos de México y Lima, en 1553. Todas habían sido creadas a imagen y semejanza de la de Salamanca y, en menor medida, de la de Alcalá de Henares. Contaban con cinco facultades —Teología, Cánones, Leyes, Medicina y Artes—, y el rector poseía tanta autoridad sobre profesores y estudiantes, o sobre el funcionamiento del centro educativo —incluidas competencias judiciales con posibilidades de imponer castigos en los que no hubiera mutilación o muerte—, que eran frecuentes las disputas con los burócratas de la Colonia, incluidos los mismísimos virreyes.

Exactamente como en Europa, el latín era la lengua de estudio, y en ese idioma se dictaban las clases, generalmente de una hora, período calculado por medio de relojes de arena. Los estudiantes solían permanecer en silencio, salvo si se les pedía que intervinieran, y para graduarse les bastaba con asistir regularmente —los bedeles pasaban lista—, pues no existían exámenes de asignatura, aunque sí de grado, y era costumbre, cuando terminaban los estudios de licenciatura o doctorado someterlos a unas bromas mordaces llamadas «vejámenes». ¿Cómo eran esas clases? Siguiendo el viejo método medieval —basado, entre otras razones, en la ausencia de suficientes libros—, se trataba de lecturas y comentarios a los textos desde diversas perspectivas: literaria, histórica, espiritual, alegórica. Eso era la *lectio*, y constituía la esencia de la pedagogía medieval, luego prolongada, en algunos casos, hasta los siglos XVIII y XIX. ¿Qué leían? Leían a los *auctores*, de donde provenía la palabra *auctoritas*, «autoridad». Esto es, creadores irrefutables que encerraban toda la verdad. Una verdad que ya había sido hallada y que, por lo tanto, no podía ponerse en duda. Ése era el método escolástico: redescubrir *racionalmente* las verdades por medio de la glosa, recurriendo al comentario minucioso de los textos, no mediante el examen de la realidad ni como resultado de la experiencia. *Verba, non res*, la palabra, no la cosa, es lo importante. Cuando surge una duda en la interpretación de los textos, una *questio*, se acude a la *disputatio*, a la disputa, para resolverla. Pero esa *disputatio* tampoco es un ejercicio libre de imaginación, sino una especie de esgrima verbal prefabricada, en la que todo se argumenta mecánicamente utilizando reglas invariables. ¿Por qué esa fascinación casi fetichista con la palabra, especialmente con la escrita? Porque para los ideólogos católicos el objeto final del conocimiento es ascender hasta las Escrituras. Una religión fundada en la veracidad de unos libros sagrados y revelados a los elegidos tiene que ser capaz de llegar a la sabiduría por medio de la palabra.

En el Medievo la lista de *auctores* era casi siempre la misma: Donato para la gramática, Cicerón y Quintiliano para la retórica, Galeno y Constantino el Africano para la medicina, el *Corpus Iuris Civilis* de Justiniano para el derecho y Porfirio y Boecio para la filosofía. Con el tiempo podían cambiar los *auctores*, pero al *alumnus* —literalmente, el «nutrido»— se le «alimenta» con unos textos que deberá asimilar sin cuestionarlos, porque pocas cosas podía haber más ingratas a los ojos de Dios que la «soberbia intelectual». Ni siquiera basta con ser un maestro reconocido para poder tener ideas propias. Una de las quejas más amargas de Rogerio Bacon —un sabio él mismo— dirigidas contra Alberto Magno, luego proclamado santo y *doctor universalis*, era que el alemán, docente en la Universidad de París, proponía sus *tesis*, sus opiniones, como *auténticas*. Vale la pena regresar al ejemplo: lo que invalidaba el razonamiento de Alberto Magno no eran los aciertos o los yerros de sus enfoques, sino la falta de *auctoritas*.

¿Para qué parafrasear lo que el ensayista italiano Eugenio Garin ha resumido elegantemente en *La educación en Europa: 1400-1600*? Citémoslo:

> Con la definición de las estructuras de la escuela, con el rígido establecimiento de los métodos, libros y formas de enseñanza, se va cristalizando un modo de pensar, un sistema de la realidad y de la vida, fijado en esquemas rígidos que, nacidos de un razonamiento fluido, pretendieron inmovilizarlo en fórmulas válidas para siempre. Estas fórmulas representaron la grandeza y el límite de lo que precisamente se llama la *escolástica*. Su grandeza consistió en haber reunido en las escuelas la elaboración de un sistema capaz de asumir un valor universal; y su límite fue haber creído en la validez de aquel sistema, considerando absoluta aquella admirable «técnica» del saber que se había definido especialmente en París y en Bolonia, en los dominios de la teología o del derecho.

Cuando la universidad llega a América ese sistema pedagógico está totalmente en crisis. Una parte muy importante del Renacimiento consiste precisamente en eso: la rebelión contra la vieja pedagogía escolástica. Es en los siglos XV y XVI cuando comienza a hablarse de *studia humanitatis*, esto es, de estudios humanísticos. ¿En qué consisten? Es una relectura de los clásicos paganos, griegos y romanos, pero sin el corsé impuesto por la escolástica. A Europa occidental han llegado de la mano dos notables acontecimientos que se conjugan inmediatamente: la imprenta de Gutenberg y los eruditos bizantinos que en 1453 huyeron de los otomanos llevándose sus códices helénicos. Ya no se lee a los clásicos buscando la confirmación de los dogmas católicos, sino por el placer de conocerlos. El hombre se ha vuelto el centro de la Creación y hay que celebrar su existencia y escudriñar su entorno con una actitud más racional y desprejuiciada. Esto entraña una sorda protesta contra los frailes, a quienes se les achaca una grave responsabilidad en el manejo de la educación.

En efecto, la Iglesia había tomado la educación bajo su control desde el momento mismo del hundimiento del Imperio romano de Occidente en el siglo V. Pero eso significaba también que la Iglesia arrastraba la pedagogía romana, la educación latina que, a su vez, había sido construida sobre el modelo griego del *heptatucon* o las siete columnas que sostenían el templo de la sabiduría, como rezaba la metáfora clásica: la gramática, o habilidad para el buen decir; la retórica, que enseñaba la argumentación persuasiva; la dialéctica, o lógica que adiestraba para percibir el bien o el mal; la aritmética, que mostraba cómo cuantificar la realidad por medio del lenguaje de los números; la música, básicamente el canto, pero también los instrumentos; la geometría, para medir las dimensiones de la tierra, tan importante para la agricultura o para las construcciones; y la astronomía, que permitía conocer las leyes que regían el movimiento de los astros.

Las siete materias constituían las artes liberales, que eran propias de los hombres libres y liberaban al ser humano de las cadenas de la ignorancia y las servidumbres del mundo real, aunque Séneca, el estoico romano-cordobés, opinaba que no hacían mejor al hombre, pues esto sólo se lograba mediante la educación en los valores correctos. Las tres primeras disciplinas formaban el *trivium* y servían para configurar la manera en que las personas expresaban su espíritu. Se buscaba la elegancia, la elocuencia: todo era forma.

De ahí el significado moderno de nuestro adjetivo *trivial*. Lo sustantivo, en cambio, era el *cuadrivium*, las cuatro últimas materias: ahí estaba la razón inapelable. Esas categorías han llegado hasta hoy, y subsisten no sólo en nuestro lenguaje, sino hasta en nuestros sistemas de enseñanza. ¿Qué era, en términos actuales, el *trivium*? Eran las letras. ¿Y el *cuadrivium*? Era el origen de las ciencias puras, aunque luego se les agregaran el derecho y la medicina.

La tradición educativa latina que heredaba la Iglesia, en su fase más elemental estaba basada en el *pedagogus* o *litterator* que enseñaba a los niños a leer y a escribir sobre tabletas enceradas que se «grababan» con el *stilus*. También aprendían a contar con los dedos, algo perfectamente razonable con un sistema en el que la numeración se representaba con signos que recordaban la mano y sus dedos, y en la que no existía el cero. Los maestros estaban autorizados a pegar con una especie de caña, la *férula*, y lo hacían con tal dureza que en la historia de la pedagogía, gracias a los textos de Horacio, basados en su propia experiencia infantil, ha quedado registrado el nombre de Orbilio —el «orbilianismo»— como sinónimo del instructor brutal que castigaba con saña.

El segundo nivel le correspondía al *grammaticus*. En esencia, se trataba de una profundización de la lectura, con intensos ejercicios de memorización de textos latinos y griegos, generalmente la *Eneida* de Virgilio entre los primeros, y la *Ilíada* y la *Odisea* entre los segundos, cuyos versos los estudiantes debían analizar y clasificar uno a uno. El tercer y último nivel era responsabilidad del *rhetor* y no eran muchos los jóvenes que alcanzaban esta fase formativa. Con el *rhetor* los estudiantes debían perfeccionar su capacidad expresiva. Ser un gran expositor era la máxima virtud de los intelectuales, incluidos entre ellos los políticos —dualidad frecuente entre los romanos—, pero no sólo porque esto supusiera una destreza particular, sino porque se suponía que la alta calidad moral de las personas se demostraba con la elocuencia. A mayor facundia, más valor espiritual poseía el sujeto.

El más importante *rhetor* de la cultura latina fue, precisamente, un romano nacido en España, en Calagurris, hoy Calahorra, pueblo de La Rioja, aunque formado en Roma. Su nombre: Marco Fabio Quintiliano. Los educadores lo consideran, con razón, el fundador de la pedagogía moderna —lo que no está nada mal para alguien que vivió hace dos mil años—, y algún parentesco lateral tuvo con el emperador Domiciano, a cuyos sobrinos educó en el cul-

to por la elocuencia de Cicerón, modelo inigualado entre los orado-
res latinos. Ya viejo y jubilado, Quintiliano escribió los doce libros
—doce rollos, en realidad— titulados *Institutiones Oratoriae*, en los
que sistematiza hasta nuestros días la secuencia más eficaz para
organizar el discurso: invención, disposición, elocución, memorización y disertación. Añadiéndole a la estructura una clara y lógica
simplicidad: exordio, exposición y demostración.

Pero no es la calidad de Quintiliano como *rhetor* lo que despier-
ta la admiración de los educadores, sino sus ideas pedagógicas contrarias a los castigos corporales, su proposición de enseñar mediante juegos, competencias y premios, su observación de que la
educación no comienza en el aula sino en la cuna, y su defensa de
la escuela pública como el medio ideal para adiestrar a los niños en
la imitación —«socialización» diríamos hoy—, objetivo más difícil
de lograr mediante la sola presencia del pedagogo doméstico, generalmente un fatigado esclavo griego. Este libro y estas ideas,
redescubiertos en 1470 gracias a la fortuita aparición de un manuscrito antiguo, fueron un acicate para los humanistas del Renacimiento, entonces empeñados en reformar la educación.

¿Cuál era la esencia de la educación latina? Sin duda: la forma,
la palabra, el gesto. Se buscaba la elegancia por encima de todo, la
culta cita de algún texto clásico, pronunciar una frase feliz en el
tono de voz adecuado y con el gesto preciso. El futuro carecía de importancia porque no existía la idea del progreso. La noción de ciencia como un saber encaminado a transformar la realidad no había
aparecido. Se suponía que la civilización era lo que en Grecia se había hecho y en Roma se había perpetuado, y a nadie se le ocurría
tratar de cambiarlo. Ésta era la visión de la Iglesia en el siglo VI, en
Francia, todavía llamada Galia, cuando se ordenó que donde hubiera un obispo debía fundarse una escuela. Por aquellos años, 524,
había sido ejecutado en Pavía, Italia, acusado de traición por las
autoridades germanorrománicas, el alto funcionario romano Boecio, erudito cristiano que había unido en sus estudios la teología católica y la tradición helenística representada por Platón, Aristóteles y Porfirio, este último un filósofo neoplatónico. Boecio también
recopila y traduce la geometría de Euclides y la astronomía de Tolomeo. ¿Qué importancia tiene este personaje? Inmensa: con su
obra *La consolación de la filosofía*, escrita en la cárcel mientras esperaba a ser ejecutado, lo que le ganará la condición de mártir de la
Iglesia, y con su selección de autores y temas crea los cauces por los

que luego se orientará la cultura católica. Diseña el marco de referencia, una especie de protocurrículo, y lo hace en buen momento. Es una época en la que rápidamente se debilitan los centros urbanos y se produce una enérgica ruralización de Europa occidental. Hacen falta guías y cánones. Es entonces cuando se multiplican los monasterios y allí se refugia el saber de la época, mas comienzan a esfumarse ciertos valores latinos: el cristianismo, penetrado por el estoicismo, es refractario a la poesía y a la sensualidad. La frugalidad, incluso la tosquedad, empiezan a ser valoradas positivamente.

En el siglo VI, nace en Sevilla una figura clave del Medievo que gravitará sobre la educación por muchísimo tiempo: Isidoro. En cierta forma continúa y amplía la labor de Boecio, pero, al contrario que éste, es perfectamente feliz con la monarquía de los bárbaros germanos. España está entonces bajo el dominio de los visigodos, quienes a su vez, en el plano cultural, están bajo el dominio de la Iglesia católica. Tres son las funciones que entonces se arroga la Iglesia, y así será por muchos siglos: *docere* (enseñar), *regere* (gobernar) y *sanctificare* (evangelizar). Isidoro, que se siente profundamente visigodo, es tal vez el primer español en la medida en que no reivindica una patria romana. En el 601 asume el obispado de Sevilla, vacante tras la muerte de su hermano Leandro. Es, fundamentalmente, un obispo «docente», y su función más importante consiste en ocuparse de la enseñanza, por lo que Isidoro decide formar clérigos-maestros. Para ellos escribe su obra cumbre, *Etimologías*. Se trata de una extensa enciclopedia en veinte libros que va al origen de las palabras. La idea central es que la esencia de las cosas están en las palabras que las denominan. Si uno es capaz de encontrar el significado prístino de los vocablos está en el camino correcto para apoderarse de la sabiduría. Ahí radica, en el culto por las palabras, la ceremonia de bautismo de la escolástica medieval. La fama de Isidoro —que, como su hermano, llegará a ser considerado santo— se extiende por toda la cristiandad. Puede hablarse de una Escuela de Sevilla, y no es exagerado afirmar que fue el momento de mayor influencia «española» en la cultura europea. Desgraciadamente, también hay en Isidoro un elemento muy presente entre los visigodos: el antisemitismo. Redacta dos opúsculos que serán profusamente reproducidos en la Edad Media: *De la fe católica contra los judíos* y *El libro de varias cuestiones*, escrito «contra la perfidia de los judíos». Un siglo más tarde, un apacible fraile británico que también alcanzaría la santidad, Beda el Venerable, personaje clave en la formación intelectual de Inglaterra y tal vez su primer historiador, estudiará atentamente las *Etimologías*. También lo hará su más importante seguidor, Alcuino, llamado por Carlomagno para organizar la educación y la administración en el Imperio carolingio, como se ha señalado ya en este libro. Para bien y para mal, la continuidad de la educación clásica está a salvo. Existe un hilo conductor que parte de Grecia y, en su momento, llegará a América.

En la Europa de la alta Edad Media los monjes y abades tienen una especial responsabilidad en el mantenimiento de las raíces culturales. Proliferan los monasterios, y, como es natural, son de diversos tipos. Los hay mixtos en el sentido de que conviven familias seglares y religiosos. También los hay mixtos —pocos—, porque cohabitaban religiosos de ambos sexos. Se les llama *dúplices*. No obstante, la mayoría está compuesta por varones célibes que aborrecen los pecados de la carne o por mujeres que desean huir del mundo cruel que las rodea. A estas instituciones, a todas, los padres más necesitados les ofrecen sus hijos en adopción: son los *donados*, también llamados *oblatos*. El trato dado a los niños es muy riguroso. El propio Isidoro recuerda con tristeza los castigos que le infligía su maestro Brulio. Para escapar de la ira de los maestros los muchachos a veces se refugian en el altar. El recurso es válido. Hasta ese santuario no puede llegar la férula del educador. Algunos de estos niños, al alcanzar los dieciocho años, optan por la *tonsura* y se quedan para siempre dentro del ámbito de la orden que los recogió. Eran tiempos de una enorme inseguridad.

Estos monjes son, en cierta medida, los cohesionadores de Europa. Llevan un mensaje cultural más o menos uniforme en sus desplazamientos y en los monasterios que fundan y administran, instituciones en las que no falta la biblioteca, con frecuencia situada en la parte más alta para facilitar el acceso de la luz solar. Suele haber, además, un *scriptorium* en el que el *librarius*, el copista, adiestrado desde niño en ese artístico oficio, generalmente asistido por un corrector, hace su paciente trabajo, siempre amenazado con severos castigos si se atreve a abandonar la profesión a la que se dedica. Pero a veces es posible comprarle una buena copia a un tabernero, intermediario entre copistas privados y los radicados en los monasterios. Son los *bibliopola*, antecedentes directos de nuestros actuales libreros. En otras oportunidades, cuando se corre la voz de la existencia de ciertos manuscritos tan raros como importantes para la propagación de la fe, no es extraño enviar a compradores de copias a lugares tan lejanos como Jerusalén con tal de obtenerlas. No obstante, no es de los monasterios de la alta Edad Media de donde emergerán luego las universidades, sino, posteriormente, de las escuelas episcopales fundadas en la proximidad de las zonas urbanas durante la baja Edad Media, a partir de los siglos XII y XIII. Los monasterios, ensimismados, rurales, sirvieron de viveros culturales, pero les faltaba el refinamiento y la densidad intelectual que se desarrollarían luego en las revitalizadas ciudades. Sin embargo, por encima de todo las universidades mantendrían el objetivo de formar cristianos, y por ello se creaban mediante autorización papal, a veces compartida con la autoridad real. Mas no todos los cristianos deben estudiar las mismas disciplinas. En principio, los clérigos y monjes rechazan las artes liberales —derecho civil, medicina— y se refugian en la teología. En *El Catholicón*, del genovés Juan Balbi, un manual muy popular en el siglo XIII, se expresa lo que la Iglesia cree de los estudios «laicos»: la palabra es sinónimo de idiota, de torpe. *Laicus* viene de *lapis,* «piedra», y si hay algo extraño a la cultura es lo que ostente la condición de *lapideus.*

Árabes y judíos

En la compleja historia medieval de España —que es también la compleja prehistoria de América—, hay que tener en cuenta dos factores ajenos a la tradición católica que ejercieron una notable influencia en el curso intelectual de esta nación: los árabes y los judíos. Bastante más próximos unos y otros en el terreno intelectual de lo que pudiera pensar un lector contemporáneo. Al margen de tratarse de dos pueblos convencidos de la existencia de un solo Dios, y además de exhibir un común parentesco como descendientes directos del padre Abraham, ambos pueblos semitas compartían una muy parecida metodología educativa. La base de los estudios árabes era la minuciosa lectura y memorización del Corán. Para los judíos, el objeto de sus desvelos intelectuales eran la Biblia y los libros adyacentes: la Mishnah, el Talmud —el de Babilonia y el de Jerusalén— y el Midrasin. Para los árabes la mezquita era, además del templo para rezar, el sitio en el que se impartían las clases en torno a hombres santos y sabios. Algo muy parecido a lo que sucedía en las sinagogas con relación a los venerados rabinos.

Entre los siglos IX y XII probablemente no hay ninguna cultura europea como la que exhiben las naciones conquistadas por el islamismo o la que se atesora en las juderías, y muy especialmente en las de España. Entre los siglos X y XI, el sabio persa Avicena, de religión islámica como todo su pueblo, reforma la enseñanza de los árabes dividiendo las disciplinas de una novedosa manera. Las ciencias físicas puras son: química, historia natural, geografía; y las ciencias aplicadas: medicina, astrología, mecánica, fisiognómica —el estudio del carácter por medio de los rasgos del rostro—, oneirología —el estudio de los sueños—, talismanes, encantamientos y alquimias. Las matemáticas también se dividen en puras y aplicadas. Las puras son la aritmética, la geometría, la astronomía y la música. Las aplicadas son el cálculo, el álgebra, la mecánica, la hidráulica, la construcción de instrumentos musicales. La medicina es un saber especial en la que ellos —y los judíos— son los grandes expertos de la época. Son los árabes quienes primero establecen hospitales docentes dotados de huertos con plantas medicinales y médicos que recorren las camas de los enfermos rodeados de discípulos ávidos de aprender una medicina que es, en realidad, griega, básicamente Hipócrates y Galeno, pues los árabes han absorbido la tradición helénica y la han enriquecido con observaciones y aportes de otras culturas, como los tratados médicos de los hindúes Carak y Súsruta. De esta suerte, la astronomía será la de Tolomeo y la geometría la de Euclides, pero el cálculo y la geometría tendrán otros orígenes más remotos y alambicados: la India, Persia, incluso Babilonia, que conoció el cero antes que nadie. Ésa era la ventaja de constituir un pueblo-puente, portador de instituciones extraordinariamente porosas, capaces de asimilar diversas influencias en sus incesantes cabalgatas de conquista por Asia, Europa y África dirigidas a expandir por el mundo la fe de Mahoma.

El papel que representó Avicena para los árabes lo desempeñó Maimónides entre los judíos. También médico, se ocupó de redactar manuales de higiene y de proponer técnicas de estudio que aún hoy mantienen su vigencia en Occidente, como la de tratar de limitar a 25 el número de estudiantes por clase. Judío cordobés de nacimiento, pasó gran parte de su vida entre mahometanos, trasladándose a Alejandría, donde llegó a ser médico del sultán Saladino; pero quizá el aprecio de sus correligionarios se debió, básicamente, a sus comentarios a la vasta tradición jurídica de la Mishnah, aunque los católicos —concretamente Tomás de Aquino— lo que tomaron del sabio hebreo fueron sus reflexiones sobre la obra de Aristóteles y su intento de articular la filosofía de este pensador griego con la teología judía, esfuerzo que recoge en una obra llamada *Guía para perplejos*.

Probablemente el pueblo más culto de la Edad Media fuese el judío, pero muy especialmente el que a lo largo de los siglos se había avecindado y echado raíces en España. Eran los sefarditas, los hijos de Sefarad, como entonces llamaban en hebreo a España. En una época en que el analfabetismo era casi la regla, entre los judíos constituía la excepción. ¿Por qué? La respuesta estaba en los libros sagrados del grupo: además de los sábados, hechos para la meditación y la lectura, «todo israelita tiene el deber de reservar un período del día y de la tarde para el estudio». Era, tal vez, la única etnia que colocaba a los intelectuales en la cúspide de la escala social: «Un bastardo sabio y estudioso tiene prioridad sobre un sumo sacerdote ignorante», dice una conocida máxima judía. La ignorancia es un estigma. Por eso cada comunidad sostiene a sus maestros y la filantropía se aprecia como un signo de grandeza. A los niños se los somete a una curiosa ceremonia en la que el alfabeto hebreo es cubierto con miel y se les pide que laman las letras. Es una manera simbólica de expresar el carácter alimenticio que tiene la cultura. Y es también un agradable recuerdo para el niño. No va a asociar el abecedario a la férula del maestro sino a un grato sabor dulce.

Los judíos son grandes mecenas y contribuyen con las instituciones educativas. Eran buenos matemáticos —una disciplina afín con las finanzas que solían manejar— y reputados astrónomos, al extremo de que a esa materia se la llamaba la «sabiduría judía». Siendo notables astrónomos y matemáticos, nada raro hubo en que desarrollaran la cartografía más avanzada de la época y fabricaran instrumentos de navegación, precisamente en Mallorca, dato que le ha hecho pensar a más de un historiador en la conexión judía de Colón, tal vez por medio de un historiador llamado Abraham Zacuto. Otro sabio judío de mediados del siglo XIV, Isaac Israeli, escribe *Yesod'olam, Fundamentos del mundo*, una verdadera enciclopedia de la astronomía de la época.

Dado el alto nivel académico de los judíos y su implantación en toda la Península, este grupo rinde a los españoles otro beneficio marginal: constituye una especie de correa de transmisión cultural entre la población árabe y la cristiana y entre la cultura latina y la griega. Para eso se sirven de su dominio de múltiples lenguas. Con frecuencia sus eruditos, además del hebrero y del arameo, saben latín, griego, árabe y las dos lenguas más importantes de la Península, el castellano y el catalán. La primera traducción de la Biblia al castellano no es, como suele decirse, la de Casiodoro Reina de 1569, sino la de Moisés Arragel, vertida desde el hebreo ciento cincuenta años antes. En 1383, el rey Pedro IV de Aragón obliga a los judíos a traducir a Maimónides al catalán. Probablemente lo hicieron del árabe, lengua en la que el sabio judío —al igual que el no menos sabio mallorquín Raimundo Lulio— escribió sus libros de medicina. A veces la traducción era del castellano al catalán o viceversa.

Esos elementos ilustran la inmensa pérdida que significó para España la expulsión de los judíos. Si en el capítulo anterior mencionamos el modo en que esa medida afectó la economía del país al privarlo de una buena parte de los grandes financieros y comerciantes, en éste hay que subrayar el daño enorme que se le hizo a la cultura al extirpar el segmento mejor preparado de su *intelligentsia*. Un grupo humano, por cierto, en el que ya existía una corriente racionalista y empírica, precisamente derivada de los seguidores de Maimónides, que habría podido asimilar la revolución científica y técnica que se desataría en los siglos XVI, XVII y XVIII, y de la cual ya existían claros síntomas cuando en 1492 Isabel la Católica y su marido Fernando de Aragón —al parecer con el apoyo entusiasta de la sociedad española— cometieron el atropello de expulsar de España a cientos de miles de sus mejores súbditos sin percatarse del perjuicio que causaban a los propios españoles y a la judería sefardita. Mutilación sólo comparable —aunque a otra escala, mucho menos cruel y sin el componente genocida— a la que ocurriría en el siglo XX cuando los alemanes de Hitler destruyeron la judería asquenazi —la otra gran familia de la cultura hebrea—, es decir, la de tradición alemana y centroeuropea, que tan importante había sido para el desarrollo de las ciencias en el Viejo Mundo.

No obstante, no todos los judíos abandonaron España, puesto que una buena parte escogió la conversión al cristianismo, incluso mucho antes de haber sido colocados en la disyuntiva de aceptar la fe de Cristo o emigrar de inmediato. Y entre este grupo de conversos, quizá el caso más sorprendente y fascinante fue el del gran rabino de Burgos, Salomón Ha Leví, quien a finales del siglo XIV se bautizó, adoptó el nombre de Pablo de Santa María, bautizó a sus cinco hijos —alguno de los cuales llegaría a obispo, como él mismo—, se transformó en teólogo asesor del papa Pedro de Luna, el antipapa Benedicto XIII, junto a Vicente Ferrer un santo ardientemente antisemita, y contribuyó a estimular lo que se ha llamado la Escuela de Burgos, un movimiento cultural que tuvo bastante del humanismo prerrenacentista.

La revolución que cambió el mundo

El XVI fue un siglo de grandes enfrentamientos en toda Europa. Es el siglo de las devastadoras guerras religiosas. Se fragmentó otra vez el catolicismo —en el siglo XI ya se había separado definitivamente la Iglesia ortodoxa griega—, se acentuó el perfil de las naciones con la revalorización de las lenguas vernáculas —Lutero traduce la Biblia al alemán como otra forma de romper con Roma y con el latín—, y hay una especie de gran rechazo a la vieja tradición escolástica universitaria, expresada en los escritos de los grandes humanistas: Erasmo, Juan Luis Vives o Philip Melanchthon, el gran educador alemán amigo de Lutero, por sólo citar tres nombres entre el largo centenar de escritores, artistas y pensadores que con todo derecho podían figurar en la lista. Otro autor muy significativo, François Rabelais, primero franciscano, luego benedictino, médico graduado por Montpellier —entonces, junto con Padua, una de las mejores universidades en esa disciplina—, comienza a publicar los cinco libros conocidos como *Gargantúa y Pantagruel*, uno de los grandes relatos de la literatura francesa, obra maestra de humor y desmesurada fantasía. ¿Qué esconde esta sátira feroz? Algo muy evidente para los lectores de la época: una crítica despiadada a la educación tradicional. No en balde es la Sorbona la que primero pide la censura del libro, y de ser posible, la cabeza del autor. El libro, finalmente, es prohibido. La cabeza no la consiguen por la intervención de un cardenal amigo de Rabelais.

Lo que sucede en la Sorbona es el reflejo de algo que acaece en toda Europa: la educación se convierte en una guerra abierta con diversos frentes y campos de batalla. Para el catolicismo, la escuela, incluida la universidad, había sido un instrumento de control social. También lo será para el protestantismo: tras la ruptura con Roma del rey británico Enrique VIII, se prohíbe graduar católicos en Oxford y en Cambridge. La intolerancia se instala en todos los bandos. Calvino, gran educador en Ginebra, manda ejecutar a 58

143

personas por herejías religiosas. Una de ellas es el sabio español Miguel Servet, también heterodoxo, pero discrepante de Calvino en el tema de la Trinidad. La profunda reforma educativa que se lleva a cabo en la parte protestante de Alemania asusta a los países católicos. Los alemanes cambian los métodos de instrucción. Comienzan a educar para consolidar la idea de nación. Un pedagogo llamado Valenti Friedlan, conocido como Trotzendorf, reproduce en la escuela una república en miniatura que rescata las dignidades romanas: hay senadores, cuestores, cónsules. Él se declara «dictador» de la institución. También se establecen reglas, y los infractores son juzgados por 12 senadores. Trotzendorf intenta que la educación forme para la vida adulta mediante el sentido de la responsabilidad y la voluntaria sujeción a las reglas. Muy pronto la reforma educativa protestante comenzará a dar sus frutos. Un siglo más tarde las pruebas documentales demostrarán que los niveles de alfabetización de las zonas protestantes son más altos que los que exhiben sus adversarios católicos. A fines del XVII, el setenta y cinco por ciento de los franceses son analfabetos. Entre los alemanes esa proporción se reduce al cincuenta y cinco por ciento. Eso es lo que parecen demostrar los documentos notariales de la época y el número de gentes capaces de estampar su firma al pie de un documento. La Reforma de Lutero y de Calvino, que en sus orígenes poco había tenido que ver con el problema pedagógico, acabó por alcanzar un notable éxito en ese terreno.

Los católicos no sólo no ignoran estos triunfos del protestantismo, sino que les preocupan. A instancias de Carlos V, el Papa, sin demasiado entusiasmo, convoca un concilio en Trento (1545-1563). Hasta el lugar es elegido por el emperador germano-español. Pero hay que convocarlo tres veces por falta de interés. Hay un sector de la Iglesia, el erasmista, que sueña con que de Trento tal vez salga la reconciliación con los protestantes, pero sucede lo contrario. Se fortalece el espíritu de lucha: es la Contrarreforma, y tiene cuatro instrumentos para dar la batalla. El primero son las propias deliberaciones del Concilio. Hay buenos teólogos y consiguen organizar las refutaciones teóricas al protestantismo. Al fin y al cabo, el trasfondo de la polémica con los protestantes es de carácter teológico: se trata de un pleito sobre la salvación del alma. El segundo es la Inquisición. En el siglo XIII el emperador Federico II había creado un tribunal para juzgar herejes. En Trento se revitalizó, convirtiéndose en la gran arma represiva. El tercero es el *Index*. Es una policía del pensamiento: juzga los libros. Los heréticos, los pecaminosos, los que contradicen las verdades reveladas, son anotados en la lista. Deben ser destruidos. Su sola posesión puede atraer castigos muy severos. El cuarto es una nueva orden religiosa: la Compañía de Jesús. Es la recién creada milicia del Papa y ha surgido con un extraño ímpetu.

Su creador fue un caballero vasco, Ignacio López de Recalde y Loyola, Íñigo de Loyola, soldado, herido cerca de Pamplona en 1521, quien durante la convalecencia tiene unas experiencias místicas que lo llevan a fundar una orden religiosa que le viene a Roma como anillo al dedo: además de los tres votos convencionales —pobreza, humildad y castidad—, Ignacio añade un cuarto compromiso: sumisión incondicional al Papa. Exactamente lo que necesita el pontífice en una época en que media cristiandad cuestiona su autoridad. Los jesuitas crecen a una sorprendente velocidad. ¿Por qué? Sin duda, es muy importante la personalidad del fundador. Ignacio tenía un carácter fuerte, muy disciplinado, y un entusiasmo apostólico de tal magnitud que hasta se hizo sospechoso a la Inquisición, que llegó a encarcelarlo. El otro componente, un tanto fortuito, es la calidad del primer círculo de jesuitas, y entre ellos tres franciscos excepcionales: Francisco Javier, Francisco de Borja y el más joven y erudito, de una generación posterior, Francisco Suárez. Otros nombres de la primera hornada también harán historia: Diego Laínez —clave en Trento— y Claudio Acquaviva.

Muy pronto proliferan las instituciones educativas dirigidas por jesuitas. La educación no era exactamente el proyecto original de Loyola, hombre de formación académica tardía y algo deficiente que, en principio, pensó dedicarse a predicar entre los infieles turcos, pero muy pronto su obra se orientó en esa dirección. Tal vez fue una derivación natural de dos documentos escritos por el propio Ignacio: las *Constituciones* y los *Ejercicios espirituales*. De ahí arranca una pedagogía muy efectiva basada en el fortalecimiento del carácter y en la introspección. También desarrollan técnicas pedagógicas muy parecidas a las de los adversarios luteranos. Los jesuitas recurren a los premios y la emulación. Dividen a los estudiantes en «romanos» y «cartagineses». Establecen sistemas de premios y de lo que hoy un psicólogo conductista llamaría «refuerzos positivos». A finales del siglo XVI se sistematiza la pedagogía jesuita con la *Ratio studiorum*. Es un método abarcador que se utiliza en todas las disciplinas: prelección, concertación, ejercicios, repetición. Los jesuitas han descubierto cómo la memoria fija el conocimiento de manera eficaz. Pero todo esto se hace también con cierto carácter de disciplina militar. ¿Consecuencia? Muchos estudiantes desarrollan una especie de espíritu de cuerpo. Les enorgullece haber sido formados por los jesuitas, quienes muy pronto se convierten en la orden más instruida de la Iglesia: diecisiete años de estudio.

Sin embargo, no todos están contentos con los jesuitas. Dentro de la Iglesia despiertan celos y cierta animadversión. Adquieren «demasiado» poder. En España —y luego en América— son hegemónicos. En Francia dominan una buena parte del sistema educativo. En Polonia el control es casi total. Otras órdenes los acusan de prepotentes. Los gobiernos no se sienten demasiado seguros con un grupo cuya lealtad declarada e inamovible es al Papa y no a la Corona. Provocan por todo ello un notable rechazo que en 1773 cristalizará en la disolución de la orden y la expulsión de los religiosos de numerosos países —incluida América Latina—, especialmente de los controlados por los Borbones. En 1814 la orden será restablecida. En todo caso, los protestantes los perciben como sus más formidables adversarios. Algunos notables ex alumnos los critican ácidamente y les achacan un carácter autoritario y una incómoda rigidez. El más famoso de estos detractores será nada menos que René Descartes, un francés desvitalizado y soñoliento, soldado a ratos, tercamente solitario, hijo de un juez acomodado, que dedica una parte del famosísimo *Discurso del método* —en realidad un prólogo a tres ensayos científicos sobre dióptrica, meteoros y geometría— a descalificar la educación recibida de los jesuitas en el colegio La Flèche porque no le aportó un sentido claro a su vida ni la posibilidad racional de distinguir lo cierto de lo falso.

Si Descartes criticó a los jesuitas, la represalia de éstos fue desproporcionada: prohibieron la lectura de sus textos en sus escuelas. ¿Por qué? Porque el filósofo planteó algo que iba contra el corazón mismo del catolicismo escolástico: a la verdad no se llegaba por la revelación ni por las explicaciones de las autoridades, sino por la duda de todo, y eso sólo podía ponerse en práctica mediante la introspección más rigurosa. El artificioso edificio de santo Tomás se desplomaba de golpe. Si a la verdad se llegaba mediante una razón desprovista de componentes trascendentes, ¿qué papel le quedaba a la Iglesia? Según Descartes, para el ser humano no había nada cierto, salvo el dato verificable de que podía reflexionar sobre las cosas y sobre las ideas. Todo podía ser falso, todo podía ser obra del engaño de los sentidos, o incluso de un diablo perverso, menos la certidumbre de que se está pensando: *cogito, ergo sum*, razonamiento, por cierto, que ya había adelantado san Agustín en el siglo V. Una vez instalados en ese humilde principio, comienza un método que posee cuatro fases: sólo aceptar lo que sea absolutamente evidente; fragmentar las dificultades que se asomen en unidades pequeñas para poder analizarlas adecuadamente, tras ese paso, verificar los conocimientos que nos sirven para ordenar las respuestas en un orden de creciente complejidad: ésa es la síntesis. Por último, enumerar cuidadosamente el análisis, la revisión y la síntesis. ¿De dónde saca Descartes su método? Bella paradoja: de las matemáticas que muy bien le enseñaron los jesuitas, y quizá, por qué no, de los ejercicios espirituales que practicó en su infancia en aquellos largos silencios interiores de introspección profunda.

Si Descartes mina la filosofía y la teología escolásticas con una construcción teórica a la que luego se llamará «duda metódica», otros pensadores científicos toman un camino diferente que, de alguna manera, conduce al mismo sitio. El inglés Francis Bacon es, tal vez, el más influyente, y se le considera el padre del empirismo. Hombre de Estado —caído en desgracia al final de su vida—, rico de cuna, escribe varias obras que alcanzan una notable difusión: *El progreso de las ciencias, Novum Organum* o *Nueva Atlántida*, esta última publicada póstumamente, una imaginativa «utopía» de las que hubo varias en aquellos tiempos. ¿Qué aporta Bacon? Una proposición que se convierte en la clave de la ciencia moderna: a la verdad sólo se llega por medio de la experimentación. La labor del científico es explorar los fenómenos físicos mediante experimentos repetibles y verificables. Bacon propone crear lo que llama la «casa de Salomón». ¿Qué es eso? Es un inmenso laboratorio, un enorme banco de pruebas. Mientras Descartes aspira a llegar a la verdad científica utilizando la razón, y luego a expresar sus hallazgos en lenguaje matemático, Bacon propone partir de una hipótesis, realizar experimentos, repetirlos, y de los resultados que se obtengan formular las leyes generales. ¿Para qué ese esfuerzo del conocimiento? Aquí viene tal vez lo más importante del pensamiento de Bacon y uno de los giros básicos en la historia moderna: para desarrollar técnicas que beneficien al hombre. Con Bacon, además del método experimental, ha surgido la idea del progreso como objeto de la ciencia y de los desvelos intelectuales. Empirismo y utilitarismo comienzan a hermanarse. El método empírico permite transformar la realidad. La filosofía utilitarista —que se formulará claramente mucho después— establecerá que la bondad o la maldad son categorías referidas a la felicidad o infelicidad que le traigan a la mayoría de las personas. Con Bacon la mirada del hombre estará puesta en el futuro. Y no es una casualidad que sea Inglaterra el país que siglo y medio más tarde inicie la revolución industrial. Lo que luego acontecería ya se anuncia en este pensador.

Pero antes de Bacon algo muy importante le ha sucedido a Europa: en su lecho de muerte el cura polaco Nicolás Copérnico consigue ver publicado su libro *De revolutionibus orbium coelestium libri sex [Seis libros sobre las revoluciones de las esferas celestes]*. Es un tratado de astronomía, formulado desde las matemáticas, en el que desmiente a Aristóteles y a Tolomeo: el centro del universo no es la Tierra, sino el Sol. La Tierra rota sobre su eje y gira, además, como los demás planetas, en torno al Sol. No lo dice su libro, pero de ello se desprende una peligrosa conclusión: la excepcionalidad del hombre como centro del universo queda en duda. La arquitectura astronómica aristotélico-tolemaica era muy cómoda: la Tierra era el centro del universo. El hombre era la criatura clave de ese centro, concebido a imagen y semejanza de Dios. Y Dios era el ser que adoraban los cristianos y que en la tierra representaba su vicario, el Papa. Si la Tierra era un planeta más, por qué no pensar que los seres humanos sólo eran otras criaturas, y el cristianismo otra creencia y el Papa otra persona corriente y moliente. La Iglesia tardó en reaccionar, pero en 1616, cuando la popularidad de la obra se había extendido considerablemente, condenó el libro como una grave herejía y lo colocó en el *Index*. Dieciséis años antes, en 1600, por decir cosas muy parecidas —además de otras herejías—, el dominico Giordano Bruno había sido quemado en Roma. De alguna manera, los teólogos católicos más ortodoxos habían entendido que la revolución en el terreno de la cosmografía iba contra el corazón de la Iglesia y contra la autoridad papal y trataban de extirparla.

El próximo hito es Galileo Galilei, un físico, matemático, médico y astrónomo italiano, hijo de un músico, quien nunca se graduó formalmente y sobrevivió con bastantes estrecheces económicas, aunque llegó a enseñar en varias universidades. Galileo hace suyas las teorías de Copérnico, las observaciones astronómicas del danés Tycho Brahe, y las del alemán Johannes Kepler, este último descubridor de las elipses que describen los astros en su movimiento, lo que constituía otra mala noticia para la teología católica, muy segura de las esferas celestes y de los puros movimientos circulares. Galileo tiene la ventaja de contar con telescopios de una cierta calidad que él consigue mejorar. Eso le permite observar el relieve de la luna, las manchas solares y los satélites de Júpiter. Corrobora y enriquece con valiosas precisiones matemáticas la tesis heliocéntrica de Copérnico frente a la de Tolomeo. Es un convencido de que las matemáticas son el lenguaje con que se expresa la naturaleza. La Iglesia, empecinada en defender el dogma, lo condena a retractarse por «error intelectual» y lo mantiene bajo arresto durante un largo período. Al menos no lo ejecutan, como a Giordano Bruno. En realidad es un hombre menos belicoso, pero sin el servilismo que se le atribuye. El cardenal Belarmino lo acosa. Otro jesuita, Lotario Sarsi, escribe un libro contra él. Galileo le responde. Casi ciego, redacta su última obra, *Dialoghi delle nuove scienze*. A finales del siglo XX el papa Juan Pablo II pedirá perdón por la manera injusta con que la Iglesia atropelló a este sabio y a otros notables científicos.

A partir del siglo XVI la universidad, que estuvo en el centro de la disputa de Galileo, comienza a competir con otros centros culturales menos expuestos a las querellas burocráticas y a la persecución inquisitorial. Se trata de las academias, verdaderas asociaciones de personas vinculadas por el afán de saber, de experimentar. Las primeras surgen en Italia en el siglo XV como una especie de complemento a la enseñanza oficial. Tienen la ventaja de ser una expresión espontánea de la sociedad civil. El propio Galileo investiga tanto en la romana Accademia dei Lincei como en la Accademia del Cimento, fundada en Florencia. La academia, en un ambiente más desenfadado que la universidad, y en donde hay menos celos profesionales —no hay demasiados cargos a los que aspirar—, proporciona una atmósfera de intercambio de opiniones e información de la que se nutre el saber. El culto cardenal Richelieu, primer ministro de Francia, se da cuenta y auspicia la creación de diversas academias. Su sucesor, Jean-Baptiste Colbert, gran impulsor del Estado francés, funda la Academia de Ciencias, el Observatorio Astronómico y el Jardín Botánico. Pero es en Inglaterra donde este tipo de institución va a dar sus mejores frutos. En 1660 se crea la Royal Society for Improving Natural Knowledge para gloria de la investigación y con el propósito de publicar y divulgar sus hallazgos. Es el espíritu de Francis Bacon que ha calado muy hondo entre sus compatriotas. Explícitamente, excluyen las humanidades de sus objetivos básicos. No caben en sus proyectos. Se proponen conquistar el mundo material. Todo lo miden, lo pesan, lo desmenuzan, lo clasifican. Las abstracciones metafísicas no se prestan para estos ejercicios. Es el tempo del empirismo.

En 1703 la Royal Society designa un presidente de lujo. Se trata de Isaac Newton, matemático, físico y astrónomo, como Galileo, de quien se proclama admirador y discípulo. Es un hombre taciturno y profundamente religioso que bordea el misticismo. Experimenta con la alquimia. Se interesa por los fenómenos de la óptica y por las matemáticas puras: es el creador, junto (más bien frente) al alemán Leibniz del cálculo infinitesimal, pero pasa a la historia de las ciencias —y de la especie humana— por formular la primera gran explicación realmente racional y matemática del funcionamiento del universo: la ley de gravitación universal. Su enunciado es extraordinariamente elegante y sencillo: los cuerpos se atraen con una fuerza directamente proporcional al producto de sus masas e inversamente proporcional al cuadrado de su distancia. Es esta fuerza gravitacional lo que mantiene a los astros girando en el espacio. Muy bien, pero ¿cuál es el origen de esa fuerza? Ahí termina el Newton científico y comienza el religioso: es Dios. Con la ley de gravitación universal Newton desterraba a Aristóteles para siempre del ámbito científico, pero con su aceptación de Dios como principio de todas las cosas y de su movimiento constante le restituía su prestigio filosófico: ¿no era Dios ese primer motor, esa primera fuerza de la existencia que también había propuesto el Estagirita? El mundo de Newton es una especie de gran máquina universal y Dios es el maquinista que la mantiene funcionando.

Lo que luego siguió fue la aceleración inevitable del fin del antiguo régimen. El descrédito intelectual de la Iglesia católica iba parejo a la deslegitimación de las monarquías absolutistas. ¿Cómo podía seguir sosteniéndose que se reinaba por la gracia de Dios? Si la ciencia se fundaba en la razón, el poder político no podía ser menos: había que sustentarlo en el consentimiento de los ciudadanos y en un Estado de Derecho regulado por leyes equitativas. Lo que significaba Newton en el campo científico tenía su equivalente político en la obra de su amigo John Locke, inglés también, médico, jurista y pedagogo que construyó las bases teóricas del moderno estado liberal. Y tras su huella, el francés François-Marie Arouet, Voltaire, antijesuita formado por los jesuitas, quien añadiría al revolucionario discurso de los nuevos tiempos un efectivísimo tono sarcástico y una prosa endiabladamente seductora. Una generación más joven —aunque mueren en el mismo año— su compatriota Jean-Jacques Rousseau será la otra gran referencia de los «modernos» en el terreno de la filosofía y las ciencias sociales. Su *Contrato social* es otro de los documentos básicos para respaldar las nacientes apetencias de estados democráticos. Con su colaboración se redacta la *Enciclopedia*, treinta y ocho volúmenes en los que su director y principal inspirador, Denis Diderot se propone una tarea similar a la que en el Medievo emprendieron Boecio o Isidoro, pero ahora desde categorías científicas y racionales: explicar todo lo explicable, abarcar toda la realidad y describirla sin elementos mágicos o religiosos. Es la apoteosis de la Ilustración. Al mismo tiempo, es el entierro definitivo del viejo régimen. Sin embargo, la idea misma de la *Enciclopedia* —atrapar una visión abarcadora de la realidad dentro de libros que comparten una cierta percepción histórica— demuestra la supervivencia epistemológica del mundo que pretendían sepultar. Al fin y al cabo, la idea de la *Enciclopedia* era un trasunto medieval. En las postrimerías del siglo XX los franceses atribuirán la decadencia de su país precisamente al enciclopedismo. Pero a los efectos de nuestro libro, estamos a fines del XVIII y en todas las lenguas europeas la *intelligentsia* se acoge a la misma metáfora: son tiempos en los que la razón acaba con la oscuridad del desacreditado y moribundo universo medieval. Los ingleses hablan de *Enlightenment*. Los alemanes de *Aufklarung*. Es el Siglo de las Luces.

Todo este vasto movimiento de cambio de paradigmas llegaba a España con sordina y casi no se sentía en América. ¿Por qué? Es muy difícil responder con total certeza, pero, al menos en los siglos XVI y XVII, probablemente tiene que ver con la actitud de los Habsburgos y, especialmente, con el control férreo que los religiosos más ortodoxos tienen de la educación y de la difusión cultural. Hay españoles muy notables, como Juan Luis Vives y Miguel Servet, pero a menudo tienen que emigrar y realizar su gran labor intelectual fuera de España. Un espíritu culto y refinado como fray Luis de León debe pasar por los calabozos de la Inquisición. Es cierto que la represión no sólo se ejerce en España, pero hay razones para afirmar que aquí fue peor, y no hay mejor prueba de ese clima de terror que la esterilidad científica de una nación que en otros aspectos estaba a la cabeza del mundo. Es como si la cultura escolástica, fortalecida por la Contrarreforma —un movimiento esencialmente español dedicado a apuntalar el viejo universo intelectual, político y religioso, tres aspectos entonces fuertemente ligados— se hubiera mantenido inconmovible. ¿Qué significa eso? Que las verdades ya estaban descubiertas y las certezas establecidas de antemano. Que la investigación original no es una actividad apreciada. Es peligroso decir que la Tierra gira en torno al Sol. Algunos lo dicen en España, donde hay copernicanos en las universidades, pero sus voces son rápidamente silenciadas. Se corre riesgos si se enseñan los hallazgos del anatomista belga Andrés Vesalio, que le encuentra más de doscientos errores a Galeno y un buen puñado a Aristóteles. Repetir, aunque sea un disparate evidente, porque lo aseguraba Aristóteles, que los dientes crecen permanentemente, a lo largo de toda la vida, y los desgasta la masticación, es mucho más seguro que acogerse a la nueva anatomía. No es que no haya españoles notables en todas las ciencias, incluidos admirables eruditos —lo prueban unos espléndidos trabajos de José María López Piñero sobre la ciencia española— sino que no se lanzan a la aventura intelectual independiente y quedan desde entonces supeditados al impulso científico y técnico originado en el extranjero.

La España prodigiosa de *La Celestina* y *El Lazarillo*, la de Garcilaso de la Vega, la de Miguel de Cervantes, la de Lope de Vega y Calderón de la Barca, la del genial pintor Diego Velázquez y su retratado Francisco de Quevedo, tiene su Siglo de Oro, pero sólo en el terreno de la creación literaria y artística, es decir, en una zona en la que la sociedad no choca frontalmente con la vieja tradición escolástica ni con las autoridades, ni pone seriamente en peligro el orden existente. Son excelentes escritores y artistas, pero viven en una cultura castradora que sólo mira al pasado y teme y sospecha del futuro. Algunos —Lope de Vega, Calderón y especialmente Quevedo, pese a sus tropiezos políticos— serán parte entusiasta del *establishment*. Y no es que no haya en el país algunas instituciones parecidas a las del resto de Europa —la Academia de Matemáticas se funda en Madrid en 1582; en El Escorial, ya funciona en tiempos de Felipe II una botica experimental—, sino que tienen muy poco peso dentro del conjunto de la sociedad. Ortega y Gasset afirmó alguna vez que en España nunca hubo, realmente, Renacimiento. Tampoco hubo, realmente, revolución científica. Ni existió, realmente, Ilustración, pese a Feijoo, Jovellanos y otros, valga la paradoja, notables «ilustrados». Hubo elementos de todos esos períodos de la historia cultural europea, pero no en la cantidad y la calidad con que surgieron en otras latitudes. Ése es acaso el único razonamiento que explica por qué no hay en la Península sabios equivalentes a Leonardo, a Galileo o a Newton. Más allá de esta explicación sólo queda el burdo y anticientífico racismo, esto es: opinar que hay etnias destinadas por la naturaleza al atraso o a la esterilidad en el campo de las ciencias. Y si eso ocurría en la metrópoli, ¿qué no sucedería en las colonias? Al otro lado del Atlántico, mientras el Viejo Mundo bullía en ideas e innovaciones, en rebeldías iconoclastas que liquidaban el antiguo orden de cosas, cansinamente se repetían silogismos y latines a un ritmo mucho más lento que el de la propia España. Es verdad que se preparaban tres siglos de *pax hispana*, pero tal vez el precio de esa relativa tranquilidad era el adocenamiento de la sociedad y su deserción de las tareas creativas en los campos técnico y científico. Eran otros los que inventaban. Y nadie parecía advertir el horror que eso entrañaba o el costo económico y social que supondría en el futuro.

El desarrollo de la técnica

¿Cómo se traducía este atraso intelectual en el mundo material de España y América Latina? Para calibrar este fenómeno tal vez hay que comenzar por entender la concatenación tecnológica y sus múltiples derivaciones laterales. El tren, por repetir un conocido ejemplo, no se «inventa» de la noche a la mañana, sino que se desarrolla como consecuencia del trabajo de los mineros. Los fatigados trabajadores tienen que sacar el mineral de las entrañas de la tierra. Para ello construyen vagones y los colocan sobre raíles que primero son de madera. Necesitan bombas para achicar el agua. Surge la máquina de vapor. Pronto el vagón tirado por mulas o por tracción humana es sustituido por una rudimentaria locomotora. A su vez, este artilugio hace más eficientes las minas de carbón, lo que permite las grandes fundiciones de hierro, necesitadas de hornos capaces de alcanzar altísimas temperaturas. La era del hierro sustituye a la de la madera. Cuando el tren se desarrolla fuera de la mina, cambia la fisonomía de las naciones. Cada nudo ferroviario da origen a una población importante. Por donde el tren no pasa se va secando la vida urbana. La historia del progreso de Estados Unidos, han explicado los expertos, es también la historia urbani-

153

zadora del tren que «conquista» el Oeste con mayor ímpetu que las lentas caravanas tiradas por caballos.

Pero de la mina, que le da un enérgico impulso a la gran economía capitalista, surgen también otros especialistas, esta vez en el campo militar: los zapadores. Saben cavar, apuntalar y, cuando llegan los explosivos, son capaces de demoler. Ahí está en embrión la ingeniería militar. Para volar puentes o fortalezas deben saber construirlas. La guerra es una cruel experiencia humana que deja como herencia un sinfín de inventos y adelantos. Los fundidores de campanas, devinieron en fabricantes de cañones. La campana, sumada a la pólvora, da el cañón. Por eso hubo religiosos, especialmente jesuitas, expertos en fabricar cañones. El cañón es, en esencia, un pistón que se mueve por explosión. Cuando se coloquen varios pistones en cadena se tendrá el motor de combustión interna. Mas los cañones también se desarrollan en sentido inverso, y su tamaño se reduce hasta hacerlos portátiles. Son las pistolas y los mosquetes. Al principio los artesanos fabrican las armas una a una. Como los cañones, y como las antiguas espadas, esas armas tienen hasta nombre y diseño propios. Pero los ejércitos van creciendo, y a causa de ello surge la necesidad de estandarizar el armamento. Es la producción a gran escala para armar a cientos de miles de personas con artefactos complejos en cuya elaboración intervienen matemáticos, físicos, químicos e ingenieros. Hay que fabricar piezas intercambiables para idénticas armas de guerra que disparan proyectiles «homologados», portadas por soldados uniformados que marchan al unísono al sonido de tambores y trompetas. El ejército moderno, que surge con los holandeses en el siglo XVII, y al que los suecos hacen notables aportes, es un ensayo general para la revolución industrial que se va incubando sin que nadie lo advierta. Holandeses, alemanes, ingleses, franceses e italianos toman la delantera en estos procesos que hoy llamaríamos «complejos-militares-industriales», para usar una frase acuñada por el presidente americano Eisenhower a mediados del siglo XX. Los españoles habían quedado rezagados.

¿Por qué? Hay varias razones, todas son confusas y presentan numerosas excepciones que complican el diagnóstico. A España la perjudicó notablemente su permanente xenofobia, basada, casi siempre, en razones religiosas. Mientras las demás potencias estimulaban la inmigración de buenos artesanos, en España, tras expulsar a los judíos, un siglo más tarde, en 1609, se hace lo mismo con los moriscos —nada menos que unas 375.000 personas, muchas de ellas comerciantes, artesanos y agricultores—, mientras se prohibía en América la presencia de los extranjeros. En la Edad Media el país tenía un gran potencial para el desarrollo, pero lo fue dilapidando. Contaba con numerosos monasterios en los que existía cierta disciplina laboral y un buen uso del tiempo. Según la tradición implantada por los benedictinos se tocaba las campanas siete veces al día. Y la organización del tiempo —ahí está el bello ensayo de Carlo Cipolla para demostrarlo—, al sincronizar las actividades de las personas aumentaba notablemente la producción y la productividad de la sociedad. Todo ello mejoró sustancialmente en el siglo XIII con la invención del reloj mecánico. La torre de la iglesia con el reloj empotrado sirvió para organizar mejor los quehaceres de los pueblos. Pero España queda fuera de la fabricación de este artefacto. ¿Por qué? Es difícil saberlo. Los hará muy tarde, y jamás tendrán el prestigio ni la calidad de los que se fabrican en el exterior. Mala cosa y mal presagio. ¿De dónde salen los relojeros? De una yuxtaposición entre los cerrajeros y los orfebres. Es un invento en el que intervienen los artesanos más cuidadosos para dar vida a un delicado aparato de ruedas dentadas y flejes al que en algún momento se le añadirán muelles y tornillos diminutos. En España existe la conciencia popular de que hacer relojes es importante. Queda hasta una ambigua frase que resulta mentira: «Hasta el más tonto hace relojes.» No es cierto: sólo los más listos hacen relojes. El reloj es una máquina seminal. Algunos de sus principios mecánicos luego saltan a otras máquinas: a las armas, a los telares, a los motores.

¿Qué hace un reloj? Transmite uniformemente el movimiento de una aguja sobre una esfera. Su energía, y así será por muchos siglos, es mecánica. La «cuerda» tensa una pieza de metal que se va destensando rítmicamente. El desarrollo de la industria consiste en hallar formas de liberar energía de manera sistemática. El molino es también eso: el viento o el agua mueven las aspas que transmiten esa energía a unas piedras capaces de moler el grano. Los holandeses, que tienen que luchar a brazo partido con el mar para desecar sus «tierras bajas», deben aprender a utilizar los molinos para achicar agua y deben construir canales. La adversidad de la naturaleza los hace industriosos y los convierte en grandes ingenieros. Son capaces de utilizar esa energía mejor que nadie. Los ingleses retoman un hallazgo que ya los griegos insinuaron siglos antes de nacer Jesús: el vapor de agua orientado en una dirección se convierte en una poderosa fuerza motriz. (Parece ser que llegaron a utilizarlo en algún juguete.) Con la máquina de vapor se produce una multiplicación exponencial del uso de la energía. Mientras el aire o el movimiento de los ríos era desigual e impredecible, la energía de la máquina de vapor resultaba estable y regulable. Los ingleses son los primeros que se dan cuenta de que hay que estimular a los inventores para beneficio de toda la sociedad. ¿Cómo lo logran? En el siglo XVII el Parlamento británico vota la primera ley de patentes. Hasta ese momento los monopolios sólo eran privilegio de aquellos a quienes la Corona quería enriquecer arbitrariamente. Ya los inventores pueden aspirar a servirse de sus creaciones con carácter exclusivo, aunque sea por un período, generalmente por un largo período. A la gloria de inventar se une ahora la posibilidad de beneficiarse de ello. También se recurre a ofrecer premios para quienes resuelvan ciertos problemas técnicos o fabriquen determinadas máquinas. La práctica se extiende por toda Europa, pero con mayor incidencia en los cinco países de siempre: Inglaterra, Holanda, Alemania, Italia y Francia, aunque los escandinavos están cada vez más presentes. Un ejemplo tardío, pero muy revelador: Napoleón se prepara para sus campañas de largo aliento e infinitos ejércitos. Necesita abastecer a sus tropas. «Los ejércitos —dice— se mueven sobre sus estómagos.» No puede alimentar en el terreno a ochocientos mil soldados hambrientos. Propone un jugoso premio en metálico a quien consiga preservar en buen estado la ración militar de manera permanente. Es así como surge el envase al vacío. Luego eso se convertirá en una gigantesca industria, vigente hasta nuestros días, en la que Francia todavía mantiene una respetable presencia.

El vapor aumentó la capacidad de producción de los telares y abarató las telas. Esto incrementó la demanda de algodón. Surgieron las cosechadoras mecánicas para multiplicar la producción agrícola. Como sucedió con los relojes o con los cañones, España —y mucho menos su aletargada colonia americana— apenas participó de estos desarrollos. A veces otros objetos más humildes, pero tremendamente importantes para explicar el progreso, tampoco tuvieron demasiada difusión entre los españoles. Las gafas, o espejuelos, se conocían desde el siglo XIII, como el reloj, pero su uso estaba menos extendido en España que en el resto de Europa occidental. Eso significaba que los intelectuales y creadores comenzaban a perder facultades a partir de los cuarenta años de vida, etapa en que la presbicia produce una progresiva reducción de la visión, dolencia que se alivia mediante la utilización de gafas, una bendición técnica especialmente bienvenida tras la llegada a Europa de la imprenta. En el retrato que Velázquez le hace al escritor Quevedo éste aparece con lentes —desde entonces llamados «quevedos»—, pero es una imagen excepcional.

Los lentes, y, en general, los cristales, habían sido un adelanto que modificó muy notablemente los procesos industriales: los ventanales en las paredes alargaron las horas de trabajo en los talleres. Los cristales «anteojos» de los operarios prolongaron la vida laboral de los trabajadores. Incluso —la inteligente observación es de Lewis Mumford—, permitieron una vida más limpia y pulcra, porque era más fácil descubrir la suciedad o el desorden. Esto se percibe fácilmente cuando la pintura flamenca retrata las nítidas casas de los burgueses belgas u holandeses. Los lentes, además, se orientaron hacia el firmamento en forma de telescopios, y hacia el corazón de la materia como microscopios. La asepsia fue la consecuencia casi inmediata de descubrir ese mundo hasta entonces oculto de abominables criaturas diminutas. Eran unos insospechados enemigos a los que había que combatir. De la misma manera que los hallazgos técnicos se interrelacionaban, las observaciones científicas también se trenzaban de manera casi natural.

Tras el vapor, como se sabe, llegó la electricidad —como tantas cosas, presentida por los griegos—, y de nuevo la producción dio un salto exponencial. Las duras máquinas, hechas de hierro colado, fundidas en altos hornos, con engranajes en los que se adivinaban retazos del reloj, o del cañón, o de las lanzaderas, porque todo invento arrastraba en su memoria mecánica la híbrida historia de la técnica, siempre entrelazada, comenzaron a vomitar por millares centenares de objetos que antes se producían de forma muy restringida: la era industrial se acentuaba. Basta con asomarse a una casa del XVII, cuando todavía reinaba la energía eólica y la producción seguía siendo mayoritariamente artesanal, regresar en el XVIII, en la época de su majestad el vapor, y volver a visitarla en el XIX, ya con la energía eléctrica a toda marcha. ¿Qué vemos en el hogar de marras? Una creciente dotación de objetos. El mundo se hace más abigarrado porque hay más cosas y éstas son cada vez más baratas. Las grandes masas, que antes consumían trigo, un poco de carne y unos cuantos metros de tela basta, comienzan a consumir cientos de objetos industriales y a poblar con ellos sus modos de vida. En los testamentos del siglo XVII se legan guantes, capas usadas, un par de jubones, unos manteles. Muy poca cosa. En los del XIX hay muchos más artefactos. De alguna manera el progreso es precisamente eso: poseer más objetos, acelerar el movimiento, reducir el esfuerzo muscular, hacer la vida más segura y confortable. Y el progreso descansa en la universidad, en la academia, en los laboratorios, todo ello unido por la ciencia, la técnica, las empresas, el comercio, y regulado por las apropiadas instituciones de derecho. Esa acumulación de objetos provoca también el exigente refinamiento de los otros sentidos. Si los lentes habían mejorado la calidad de la mirada, el abaratamiento de los perfumes contribuyó a un olfato más exigente, y el de las telas a los placeres del tacto: las sedas y los terciopelos pudieron descender en la escala de los consumidores y pasaron de las princesas a las plebeyas. El goce sensorial se democratizó.

Sin embargo, España y América Latina —también Portugal, naturalmente—, habían perdido esa oportunidad histórica de la modernidad surgida a partir del Renacimiento. No es que no disfrutaran de lo que los cambios trajeron de positivo, sino que lo hicieron pasivamente, siempre como receptores de expresiones técnicas y científicas paridas fuera de nuestras fronteras. De ahí el desarrollo deficiente, la falta de vitalidad de nuestra industria, la mínima creatividad de nuestras instituciones educativas. De ahí ciertos malos hábitos sociales, como despreciar a quien se atreve a pensar con originalidad, por ejemplo, o acostumbrarse a vivir pasivamente, reproduciendo modos de vida invariablemente diseñados en el extranjero. Por supuesto que no es erróneo seguir de cerca el modelo de civilización propuesto por otros pueblos exitosos —ésa es la historia de Occidente desde los griegos, y aun desde las anteriores culturas mesopotámica y egipcia de las que somos brumosamente deudores—, pero la decisión de imitar lo conveniente debería incluir la de innovar y, en su momento, la de crear con originalidad. Volvamos al economista Schumpeter, mencionado en el inicio del capítulo: una de las claves básicas de la prosperidad es el novedoso desarrollo técnico y científico, la «cosa» o el servicio recién creado que se coloca en el mercado para beneficio de los consumidores. Renunciar a la prioridad en ese campo y haber dejado «que inventaran ellos» era una forma segura de garantizar para siempre nuestro atraso relativo. Es lo que nos ha pasado hasta hoy.

CAUDILLOS, MONTONEROS, LIBERALES, CONSERVADORES Y GUERRILLEROS

En 1792, Floridablanca, el más notable de los ministros de Carlos IV, aterrado por las noticias de la Revolución francesa, pronuncia un vaticinio impresionante: «Vivimos al lado de una hoguera que lo puede incendiar todo, destruir la religión y la autoridad soberana del rey, así como la existencia misma de la monarquía y de las clases que la componen.» Tenía razón: poco después, el 21 de enero de 1793, Luis XVI y su mujer la reina María Antonieta eran decapitados, pese a las maniobras y amenazas de las otras Coronas de Europa. Ante esos hechos, España, aliada a Inglaterra —hasta hacía muy poco su rival— y a otros poderes imperiales, cruza los Pirineos en son de guerra. No es este el lugar para hacer el recuento, pero el episodio se salda con la derrota de los ejércitos españoles, que sólo tienen un primer momento de gloria, y los franceses tuercen las alianzas de la monarquía española, convirtiendo al reino de España en un virtual satélite del Imperio napoleónico, cuyas tropas, autorizadas por una Corona impotente, ocupan casi toda la Península. Así las cosas, tras una serie de vergonzosas traiciones y debilidades, Carlos IV, que previamente había abdicado en su hijo Fernando VII, y que luego revoca esa decisión, en la primavera de 1808, en Bayona, Francia, acompañado de su hijo —con quien tiene una feroz disputa—, de su esposa María Luisa y de Godoy, el favorito de la reina y ex *factotum* del Gobierno, vuelve a abdicar, pero esta vez en favor de Napoleón, quien nombra como monarca a su propio hermano José, para que se haga cargo de España. Napoleón, por su parte, incapaz de reprimir el desprecio que le provocaba la familia real española, redacta una magna carta con bastantes elementos «progresistas» —la Constitución de Bayona, que luego inspirará la promulgada en Cádiz en 1812 por liberales de España y de Hispanoamérica—, y establece dos compromisos: una jugosa recompensa económica para Carlos IV, para su hijo Fernando VII e incluso para Godoy —con palacios y honores aristocráticos incluidos—, y que España seguirá siendo un reino católico.

Ésa fue la espoleta que hizo estallar la guerra contra los franceses en España y la guerra contra España en América. De la misma manera que en España el pueblo no aceptó la abdicación del monarca, especialmente el despojo de los derechos sucesorios de

Fernando, que todavía no se había desacreditado tanto como su padre, en América constituyó la señal para plantear a fondo la cuestión de la autoridad: quién tenía el derecho de mandar sobre el Nuevo Mundo. Primero el alzamiento fue contra los franceses al grito de «¡Viva Fernando VII!», pero muy pronto esa consigna política derivó hacia otra latitud: «¡Viva la independencia!», a la que en México se agregó: «¡Mueran los gachupines!», nombre despectivo con que se calificaba a los peninsulares. Mientras que en Europa los españoles ilustrados se dividían entre afrancesados y castizos, los de América eran casi todos afrancesados, veían con admiración la revolución que había acabado con la monarquía de Luis XVI, y admiraban también el proceso que pocos años antes había liberado a los norteamericanos del control de los británicos.

Las revoluciones de Estados Unidos y Francia

En efecto: a lo largo de la segunda mitad del siglo XVIII los latinoamericanos más cultos, exactamente igual que los liberales españoles, a quienes tanto se parecían, se habían nutrido de las ideas reformistas propuestas por los enciclopedistas franceses. El colombiano Antonio Nariño, el ecuatoriano Eugenio Espejo, el cubano Francisco Arango y Parreño, el venezolano Andrés Bello o el peruano Juan Pablo Viscardo —de una posible lista de varias docenas—, sin conocerse entre ellos, habían bebido de las mismas fuentes que españoles como Gaspar Melchor de Jovellanos, Juan Meléndez Valdés o el economista Francisco Cabarrús. En todo el ámbito de la cultura surgían «sociedades económicas de amigos del país», calcadas de las que previamente habían tenido los vascos, propugnadoras de aperturas, librecambismo y reformas liberales. Las elites leían a Locke, a Montesquieu, a Voltaire, a Rousseau y, en general, a los enciclopedistas. Tras la Revolución francesa, se hablaba de la Declaración Universal de los Derechos del Hombre y del Ciudadano, e incluso se reproducían los textos revolucionarios, lo que en territorio americano, como les sucedió a Nariño y a Espejo, significó para ambos la cárcel durante largos y crueles años de cautiverio.

La revolución independentista americana de 1776, una generación anterior a la francesa, también había sido vista con mucho interés por los latinoamericanos, pero con la ventaja adicional de que las autoridades españolas, entonces enemigas de Inglaterra, lejos de tratar de suprimir el mal ejemplo, contribuyeron a difundirlo cooperando con los esfuerzos bélicos de las tropas de Washington. Unas veces la ayuda consistió en grandes destacamentos militares —el doble de los que prestaron los franceses—, como los que tomaron Mobila, en Alabama, y Pensacola, en el norte de la Florida, y otras con dinero, como cuando el Gobierno y la sociedad colonial de La Habana reunieron en seis horas el oro y la plata necesarios para pagar al ejército de Washington, entonces a punto de amotinarse por la falta del salario, poco antes de la batalla de Yorktown (1781): nada menos que un millón doscientas mil libras, un caudal metálico de tal peso que hundió el suelo de la tesorería del ejército estadounidense.

Precisamente, uno de los soldados que España envió en auxilio de los norteamericanos fue el criollo venezolano Francisco de Miranda, tal vez la figura política más interesante de todo ese período y acaso de la historia moderna de América Latina. Hijo de un comerciante español, nació en Caracas en 1750. A los veintiún años se traslada a Madrid decidido a hacer carrera como militar. En calidad de capitán participa en la campaña de Marruecos entre 1774 y 1775, pero la experiencia formativa no es demasiado inspiradora. Otro ilustrado de la época, José Cadalso, gran escritor prerromántico, militar dotado de un notable espíritu crítico, deja escritas por aquellos años páginas muy amargas sobre el adocenamiento y la mediocridad de la vida castrense española que él conoció tan profundamente.

En 1780 Miranda, como se ha dicho, ya está en suelo estadounidense combatiendo a los ingleses dentro de un regimiento español. Sin embargo, el contacto con la realidad de lo que ya comenzaba a ser Estados Unidos despertó en él una profunda anglofilia derivada del contraste entre las formas de vida ricas, ordenadas y pulcras de las colonias americanas y el cuadro que Miranda conocía de España y América Latina. El enemigo político coyuntural podía ser Inglaterra, pero a los ojos del venezolano la notable cultura cívica de esta nación poseía unas virtudes sociales admirables. Más adelante, ese juicio crítico se enriquecería con una nueva experiencia: ya alejado del ejército español, y como destacado participante en la Revolución francesa, donde alcanza el grado de general —es el único nombre hispano que figura en el Arco del Triunfo, lo que no impidió que sus camaradas de armas estuvieran a punto de fusilarlo—, aprende a calibrar la diferencia que separa ambos procesos históricos y es capaz de escribir la siguiente opinión: «Dos grandes ejemplos tenemos delante de los ojos: la revolución americana y la francesa. Imitemos discretamente la primera; evitemos con sumo cuidado los fatales aspectos de la segunda.»

Fue una advertencia inútil. Los latinoamericanos no le hicieron demasiado caso. ¿En qué se diferenciaban ambos procesos? Básicamente, la revolución americana se hacía para garantizar los derechos de los individuos frente al Estado. En eso, precisamente, consistía la Constitución redactada por Madison en 1787. La insurrección contra los ingleses se había llevado a cabo porque Londres había violado la ley imponiendo tributos injustamente y de manera inconsulta. La americana había sido una revolución en nombre de la ley contra una monarquía que incumplía sus propias reglas. ¿Con qué podían sustituir a la Corona inglesa? Con una república, pero no para otorgar al presidente o a los órganos de gobierno los mismos poderes del régimen derrocado, sino para someterse todos al imperio de la ley. Los estadounidenses adoptaban la fórmula ascendente de ejercer el poder. El poder surgía del pueblo soberano, ascendía a sus representantes, a los que convertía en empleados de la comunidad sujetos a la vigilancia de la sociedad que les pagaba los salarios, mas la autoridad quedaba claramente limitada por un texto legal que los vinculaba a todos por igual. Se afianzaba el concepto del funcionario como servidor público. Ni la mayoría ni los gobernantes podían oprimir a las personas. La Declaración de Independencia de 1776 consignaba el derecho a la búsqueda de la felicidad, pero como una demanda personal acoplada a las necesidades, siempre diferentes, de cada individuo. El Estado no se proponía definir e imponer la felicidad al ciudadano, sino que se limitaba a crear los cauces para que este lo intentara de acuerdo con su talento, tenacidad y buena estrella. La democracia, en suma, no se concebía para decidir qué hacer en cada momento, sino como un método para tomar los acuerdos que la ley permitiera. Ésa era la mentalidad social que explicaba la famosa frase de Jefferson, en la que aseguraba preferir vivir en una sociedad en la que la prensa fuera libre aunque no pudiera elegir a los gobernantes, a una sociedad en la que ocurriera lo contrario. Lo fundamental, pues, eran los derechos individuales, y para protegerlos se construía el Estado. Ésa era la igualdad a la que aspiraban. No a que todos vivieran de la misma manera, sino que todos —los blancos, claro, pues la esclavitud persistía— tuvieran los mismos derechos. Esto se llamaba «constitucionalismo», y luego en castellano adquirió el nombre de Estado de Derecho, como traducción libre de la expresión *the rule of law*. Eso formaba parte de la tradición inglesa y era lo que podía leerse en los textos de John Locke, de John Milton o en la literatura utópica —concebida para el desarrollo de un estado ideal— que James Harrington había publicado en 1656 bajo el nombre de *The Commonwealth of Oceana*.

Frente a este «modelo» revolucionario de esencia legalista y conservadora, los franceses se embarcaban en otro tipo de proceso histórico. El antecedente directo no era exactamente un jurista, sino un filósofo contradictorio, Juan Jacobo Rousseau, persuadido de que la mayoría tenía el derecho de imponer su voluntad sin otra limitación que la que ella quisiera darse. Para Rousseau, los derechos naturales no existían. Todo el derecho era positivo, dictado por los hombres, y por estos modificable. En ese aspecto, los revolucionarios franceses fueron roussonianos, especialmente los radicales jacobinos. Para ellos, lo importante no eran los derechos de los individuos —pese a la famosa Declaración— sino la ingeniería política encaminada a imponer la felicidad sobre la tierra como consecuencia de la acción de unos jefes iluminados por el amor a la humanidad. ¿Cómo se manifestaba esa felicidad? Fundamentalmente, en la igualdad. Pero no en la igualdad ante la ley, sino en la igualdad de resultados. Las diferencias en los niveles de vida resultaban sospechosas y censurables. La palabra «ciudadano» se volvió entonces una fórmula retórica encaminada a igualar a todas las personas y a barrer las jerarquías basadas en el abolengo. ¿Cómo eliminar las diferencias, cómo lograr el mismo modo de vida para toda una masa ciudadana harta de las distancias que la separaban de la aristocracia? Para eso bastaba con que el pueblo concediera el poder a los caudillos de la revuelta, quienes actuarían motivados por sus nobles impulsos sin otra regulación que la que imprimían la pasión y la ética revolucionarias. Ése es Robespierre, ésos son Danton, Marat, Saint-Just, aunque luego se devoraran entre ellos. Y esto explica la secuencia circular de los hechos: el ciego absolutismo de una Corona que no supo ceder, condujo a la revolución; la revolución, decidida a rediseñar a la nación francesa, condujo al Terror; el Terror terminó propiciando la aparición de Napoleón Bonaparte, con su ansiado golpe militar concebido para restablecer el orden, lo que en buena medida significaba otro género de absolutismo monárquico, sólo que ahora los militares ocupaban el centro del poder. Como los perros locos, la historia se había perseguido la cola hasta arrancársela de un mordisco.

Constituciones y fracasos

Mil veces, con mejor o peor fortuna, se han contado los avatares de las guerras de independencia latinoamericanas, con las vicisitudes de quienes las dirigieron, con sus penas, glorias y contrastes. Infantilmente, hasta se ha llegado a medir el sitio por el que San Martín cruzó los Andes para demostrar que el paso de Bolívar fue más difícil y, por lo tanto, más heroico. Y es sobre la memoria de estas guerras, sobre sus héroes y tumbas, que los latinoamericanos han construido las mitologías políticas sobre las que luego han echado las bases de las distintas nacionalidades.

En realidad, cuanto sucedió formaba parte de un fenómeno aparentemente imparable que estaba ocurriendo en Occidente desde el siglo XVII. Primero, con la Revolución Gloriosa de los ingleses (1688-1689) la monarquía absoluta pasó a ser una monarquía constitucional donde la autoridad del rey era más simbólica que real. Supuestamente, sólo se trataba de poner límites a los derechos de los monarcas y liquidar la superstición de que se encontraban en la cúspide del poder «por la gracia de Dios», puesto que necesitaban el consenso del pueblo; pero el asunto tenía unas implicaciones mucho más profundas: si la soberanía residía en el pueblo y no era un atributo inherente a la figura del rey, resultaba imprescindible definir sobre qué territorio se ejercía y quiénes estaban llamados a ejercerla. En otras palabras: el fin de la monarquía absoluta y el ascenso del «pueblo» como sujeto, actor principal de la historia y gran factor legitimador del poder, inevitablemente conducían al fortalecimiento de la idea Estado-nación. Ser «pueblo» era serlo de algún sitio: el nacionalismo surgía con una fuerza enorme.

La otra fuente de autoridad que se secaba era la Iglesia católica, y, en general, las creencias religiosas. El culto a la Razón y a la Ciencia, fundamentados sobre la cultura humanista del Renacimiento, cultivados así, con reverentes mayúsculas, suponía un debilitamiento progresivo de la capacidad de la Iglesia para imponer sus jerarquías y aun sus puntos de vista o sus normas de comportamiento sobre la sociedad. Asimismo, el triunfo y afianzamiento de la reforma protestante en casi todo el norte de Europa recortaba tremendamente la capacidad de Roma para influir sobre los acontecimientos políticos. En España, por ejemplo, ni siquiera fue necesario esperar al triunfo de los liberales para privar a la Iglesia de muchos de sus bienes: el propio Carlos IV, endeudado hasta las cejas en el último conflicto con los franceses, procedió a la incautación de numerosas propiedades eclesiásticas. A principios del XIX la Iglesia ya no generaba demasiado temor ni a tirios ni a troyanos.

Con estos antecedentes, y dentro de una inspiración mucho más francesa que norteamericana, con una buena dosis de conspiración masónica y con el permanente aliento de Inglaterra, finalmente fue cuajando la insurrección contra España a todo lo largo y ancho de la geografía continental latinoamericana. Así surgieron los nombres y las hazañas de los venezolanos Simón Bolívar, Antonio José de Sucre, José Antonio Páez; los argentinos José de San Martín y Bernardino Rivadavia; los mexicanos Miguel Hidalgo Costilla y José María Morelos; el colombiano Francisco de Paula Santander; o el chileno Bernardo O'Higgins. Poco a poco, en un largo conflicto lleno de altibajos, que comenzó en 1808 y terminó en 1824 con las victorias de los ejércitos bolivarianos en Junín y Ayacucho, quedó sellada la independencia de la América Latina continental, aunque la de las Antillas tardaría bastante más. Feliz desenlace para los americanos al que no fue ajena, por cierto, la negativa a embarcar rumbo a América de un ejército español sublevado en la Península tras el levantamiento de 1820 que dio origen al Trienio Liberal. En todo caso, no es hasta 1902 que Cuba se convierte en República independiente tras una guerra contra España organizada por José Martí, quien muere en combate, y no es hasta 1952 que los puertorriqueños optan por crear el Estado libre asociado como fórmula de ejercer o ceder la soberanía dentro de un pacto con Estados Unidos que recuerda la fórmula de la *commonwealth* británica. Panamá, por su parte, tras separarse de Colombia, estableció en 1903 una república independiente.

Cuando los latinoamericanos se asoman a la independencia están, pues, atrapados entre dos influencias cuyas diferencias muy pocos consiguen entender, a lo cual deben sumarse la tradición hispánica y los valores que ella fue sedimentando en la mentalidad social del Nuevo Mundo. Es por eso por lo que el instinto primario de los latinoamericanos los lleva a proponer unas monarquías locales que se parecían sospechosamente a la que acababan de derrocar. El argentino José de San Martín, hijo de españoles, oficial condecorado del ejército español en su primera juventud, la propone en Argentina. El mexicano Agustín de Iturbide, también procedente del aparato militar español, la intenta por un breve período en México, y, finalmente, se declara emperador. El propio Bolívar, que fue el más resuelto de los republicanos y el más antiespañol de todos ellos —«españoles y canarios, contad con la muerte aunque seáis indiferentes» reza una de sus más conocidas proclamas—, cuando legisla y redacta la Constitución de 1825 que supuestamente regularía la vida del país al que se le había puesto su nombre —Bolivia—, concibe el poder ejecutivo como un presidente vitalicio y un vicepresidente hereditario auxiliado por un senado aristocrático nutrido de personas especialmente educadas para ese fin. ¿Existe algo más parecido a una monarquía que ese extraño engendro de platónica ingeniería política inevitablemente destinado al fracaso? ¿Qué buscaba el Libertador? Algo emparentado con la visión absolutista, totalmente alejado de la voluntad popular: «Las elecciones son el gran azote de las repúblicas», escribió. No creía en ellas. Le parecía que conducían al desorden. Sólo la mano dura de un hombre recto y honorable podía evitar esa desdicha. Benjamín Constant, el liberal cuya cabeza Bolívar apreciaba más que ninguna otra, fue muy duro con el venezolano. Quien no colocaba la libertad por encima de las demás consideraciones no podía tenerse por un buen liberal. Bolívar quería serlo, pero no le salía espontáneamente, y lo admitía con cierta melancolía: «No me lo creerán» escribió sobre su fe liberal.

¿Cómo explicar estas contradicciones y ambivalencias, comunes a toda la generación de la Independencia? La razón más obvia apunta a una clara disonancia entre las construcciones teóricas de los jefes revolucionarios y los valores prevalecientes en ellos mismos y en la sociedad cuya vida pública pretendían reorganizar. Los criollos —que en general fueron quienes dirigieron la insurrección, pues los indios y mestizos combatieron en ambos bandos con igual fiereza— eran capaces de encontrar y juzgar duramente los enormes defectos del régimen colonial impuesto por los españoles. Lo que les resultaba más difícil era admitir que ellos también pertenecían a esa familia y compartían una cosmovisión común y una cierta sensibilidad. La república y el ejercicio de la democracia exigían sentido de la responsabilidad, experiencia en la administración de los bienes comunes y una sólida ética personal. Era sobre esa base moral que se armaban las instituciones, y no al revés. El asunto no era tan sencillo como promulgar constituciones perfectas. Inglaterra ni siquiera tenía constitución escrita. Eran las virtudes colectivas y los valores prevalecientes lo que impulsaba o impedía el establecimiento de la democracia. Por eso, casi las últimas palabras de un Miranda desesperado, cuando se lo llevan prisionero a España, son: «¡Bochinche, bochinche, bochinche!» Por eso Bolívar, aún más amargado, llega a decir que lo único sensato que puede hacer un latinoamericano es emigrar. Ha arado en el mar: lo sabe y lo afirma poco antes de su entristecida muerte en un rincón del litoral colombiano, en Santa Marta, en la casa de un amigo que no le fue indiferente aunque era español.

Montoneros y dictadores

Nadie debe extrañarse de que unas revoluciones precipitadas por un hecho imprevisto —el derrocamiento de la monarquía española por la invasión napoleónica— acabaran cayendo en el caos y en la anarquía. Los independentistas carecían de proyectos políticos claros. No contaban con grupos dirigentes bien organizados capaces de definir métodos y objetivos a corto, medio y largo plazo. No poseían una idea precisa sobre la configuración del Estado que aspiraban construir o de los órganos de gobierno que lo administrarían. Poseían una mínima experiencia de autogobierno. ¿Cómo sorprenderse de que el resultado de estas improvisaciones fueran feroces dictaduras en las que el ejército se convertía en un elemento vertebrador de la nación y, al mismo tiempo, en el suministrador de tiranos y permanente fuente de desasosiegos? «Cuando uno no sabe adónde va —reza un viejo adagio—, termina siempre en el lugar equivocado.» Y los latinoamericanos de la primera mitad del siglo XIX, salvo unas pocas excepciones, no sabían adónde iban. Ni siquiera tenían ideas claras acerca de los países que se veían obligados a construir, en algunos casos de forma bastante artificial, como sucedió con las cinco repúblicas centroamericanas, o con Bolivia, Paraguay y Uruguay, naciones que se desgajaron de otras entidades mayores con las que tenían una vieja vida en común. Y aun Colombia, Venezuela y Ecuador, países que Bolívar trató inútilmente de sujetar bajo la misma autoridad que las unió durante la era colonial.

Dos fueron las tensiones que con mayor rigor estremecieron a los latinoamericanos una vez instauradas las repúblicas, y ambas estaban fuertemente interrelacionadas. Por una parte, la fijación de los poderes locales. Había que decidirse entre el federalismo a la estadounidense, supuestamente defensor de los valores rurales autóctonos, o el centralismo más cosmopolita y, a la vez, más alejado de la esencia campesina nacional. ¿Se trataba de una fundamental cuestión de principios o tal vez esas dos fórmulas escondían rivalidades de otra índole? Probablemente las dos explicaciones sean ciertas, pero lo frecuente fue que algunas dictaduras, como la de Santa Anna en México o la de Rosas en Argentina, hechas en nombre del federalismo, acabaran por desplegar el centralismo más agudo aunque sin renunciar al grito del caudillo Rosas: «¡Mueran los salvajes unitarios!»

La segunda cuestión que dividió a las sociedades latinoamericanas sí tenía un componente ideológico mucho más transparente. Tras los desmanes de los caudillos y de las *montoneras* —ese montón de feroces guerrillas rurales—, que duró varias décadas e hizo retroceder sustancialmente los niveles de vida del Continente, o tras los enfrentamientos regionales que a veces encarnaban en ciudades adversarias —Granada y León en Nicaragua, Barranquilla y Bogotá en Colombia, Guayaquil y Quito en Ecuador, Buenos Aires y las provincias—, se fue perfilando una clara zona de antagonismos entre liberales y conservadores no muy diferente de la que podía observarse en Europa. Fenómeno que acaso explique cómo Giuseppe Garibaldi, el aventurero liberal italiano, de un modo totalmente natural podía participar en la guerra contra el argentino Rosas: era, así se veía entonces, un episodio más de una misma familia ideológica y de una misma revolución planetaria que en 1848 había estallado en diversos puntos simultáneamente: en París, en Budapest, en Suiza. Era el enfrentamiento entre el viejo régimen que se resistía a morir y el nuevo modo de entender las relaciones de poder. En América Latina, *grosso modo,* los liberales defendían Estados seculares orientados al progreso técnico y científico —dos palabras clave del vocabulario político de este sector—, basados en la industrialización y en la primacía urbana, mientras los conservadores se mantenían más apegados a valores tradicionales asociados a una mentalidad propia de la España colonial, a la religiosidad y a la propiedad agraria. Los liberales tendían a ser dirigidos por la pequeña burguesía urbana formada por comerciantes, exportadores agrícolas y abogados, mientras los conservadores parecían inclinarse ante la oligarquía constituida por los propietarios agrícolas latifundistas. Naturalmente, la línea que los separaba no siempre era precisa —aunque el tema religioso generalmente estuvo presente—, y hubo numerosos caudillos que cruzaron de un campo al otro con asombrosa facilidad. No obstante, esa fisura liberal-conservadora resultó suficiente para enconar los ánimos y para organizar partidarios y definir enemigos durante muchísimo tiempo, incluso hasta hoy mismo, como puede comprobar cualquiera que visite Colombia, Uruguay, Honduras y Nicaragua, países en los que esta terca dicotomía todavía persiste, pues los partidos políticos latinoamericanos de esa cuerda —algunos de los más viejos del mundo— todavía mantienen una notable vitalidad. Para liberales como Sarmiento, la disyuntiva resultaba trágicamente simple: «Civilización o barbarie.» Y civilización era todo aquello que alejaba a los latinoamericanos de la tradición española, incluso latina, y los acercaba al modelo anglosajón implícitamente defendido por Juan Bautista Alberdi en *Bases y puntos de partida para la organización de la República Argentina* documento inspirador de la Constitución de 1853 proclamada tras el derrocamiento de Rosas.

El liberalismo latinoamericano, sin embargo, aunque en todos los textos constitucionales que inspiraba, y en las proclamas de sus jefes, se mostraba partidario de las libertades, de Estados de derecho y del respeto por normas democráticas que supuestamente incluían una escrupulosa separación de poderes, en diversas ocasiones derivó hacia formas dictatoriales a las que se intentaba legitimar con la coartada del orden y el progreso. Éste fue el caso de Porfirio Díaz en México, Antonio Guzmán Blanco en Venezuela y de Rafael Núñez en Colombia. Tras ellos flotaban los ejemplos del canciller Otto-Leopold Bismarck, unificador y modernizador de Alemania, del filósofo Auguste Comte y su *Catecismo positivo*, y del sociólogo Herbert Spencer —Núñez y Guzmán Blanco fueron políticos notablemente cultos, no así Porfirio Díaz—, pues a diferencia de los caudillos de mediados de siglo, broncos y brutales, salidos de las guerras de independencia, los que comparecieron a finales de la centuria resultaban notablemente más instruidos.

Terminado el siglo XIX, salvo en el cono sur —exceptuado Paraguay, que se había despoblado en unas guerras tremendas con sus vecinos—, el panorama socioeconómico de América Latina era desolador. Las guerras de independencia, generadoras de nombres que se pronunciaban con reverencia o con temor —como ocurrió con el llanero Páez de los venezolanos—, no habían traído repúblicas estables y democráticas en las que las capas más pobres hubieran conseguido prosperar. Lo que había sucedido era que los ejércitos, surgidos en la lucha contra España, habían quedado como la principal fuente de autoridad y casi como los vertebradores de las diferentes naciones paridas tras la independencia. A principios del XIX la renta per cápita de los estadounidenses doblaba a la de los latinoamericanos. Cuando terminaba el siglo, la multiplicaba por siete. ¿Cómo extrañarse de que la frustración de las grandes mayorías se proyectara en un gran encono contra el Estado? Un siglo de montoneras y caudillos, de guerras civiles y de una casi siempre brusca alternancia en el poder entre liberales y conservadores sospechosamente parecidos, no había conseguido que América Latina ocupara un espacio notable en el concierto de Occidente.

¿Qué había ocurrido? ¿Qué explicación tenía el fracaso relativo de América Latina? ¿Por qué Estados Unidos, tras el establecimiento de la independencia, había escalado hasta la primera posición del planeta —dato evidente después de la guerra de 1898 contra España a propósito de Cuba, Puerto Rico y Filipinas—, mientras los latinoamericanos —exceptuada Argentina tras el derrocamiento de Rosas— no conseguían despegar ni liberarse de tiranías y desórdenes? Hasta ese momento dos eran las explicaciones más socorridas, y ambas estaban teñidas del análisis étnico: la antiespañola culpaba a la impronta colonial de estos fracasos, en tanto que la antiindia los atribuía al peso de los aborígenes, refractarios a la idea del progreso, la responsabilidad del empantanamiento de nuestros pueblos.

En 1900, con la publicación de *Ariel* por el uruguayo José Enrique Rodó —un inmediato éxito literario continental, tal vez el primero—, comparece una explicación diferente: el Nuevo Mundo ha hecho mal en olvidar los grandes valores de la cultura latina y su tradicional devoción por las cosas del espíritu. Hay en ellos mayor dignidad que en el materialismo de los anglosajones. Se debe volver a la matriz original y exculpar a España de nuestros errores. Rodó, además, es dulcemente antiamericano. No culpa a los gringos de nuestros fracasos, pero señala la superioridad moral de la cultura latina. Tras él vendrán quienes añadirán otro género de razonamientos mucho más cercano al análisis político y económico. El argentino Manuel Ugarte, gran polemista y gran panfletario, será el vocero mayor del «antiimperialismo». Su compatriota José Ingenieros repetirá los argumentos, ya trufados con una carga marxista, pues escribe tras la revolución bolchevique de 1917. ¿Qué es eso? Es el nacimiento de una estupenda coartada para explicar los males que afligen a los latinoamericanos: son pobres porque los intereses foráneos los explotan. Ese sencillo razonamiento, adornado con mil adjetivos y convoyado por otras tantas teorías laterales —la dependencia, el estructuralismo, el juicio moral de los teólogos de la liberación— estará vigente durante ochenta años, precisamente hasta la llamada Década Perdida —1980-1990— cuando, al fin, ante el ejemplo inocultable de otros pueblos subdesarrollados —Singapur, Corea del Sur, Taiwan, la propia España— que conseguían dar un salto al primer mundo de la mano, precisamente, de los poderes «imperialistas», se vio que era esencialmente disparatada.

A pesar de constituir una hipótesis dudosa que los hechos desmentían, el antiimperialismo, fundamentalmente expresado como antiyanquismo en América Latina, se convirtió en uno de los principales resortes para impulsar la violencia política en el Continente, especialmente a partir de la influencia castrista en los movimientos guerrilleros que plagaron Centroamérica durante por lo menos las tres décadas que van de 1960 a 1990, o los que todavía afectan de una manera terrible a Colombia, amenazando incluso su supervivencia como nación organizada. Dentro de la racionalización revolucionaria, suscribiendo las tesis leninistas, los insurrectos —y Che Guevara es el mejor ejemplo de ellos— daban por supuesto que los empresarios locales y la pequeña burguesía eran aliados naturales del imperialismo y sus «criados» domésticos. Destruirlos, pues, era un objetivo válido, mientras se cercenaban los lazos económicos establecidos con Occidente porque, supuestamente, esos vínculos habían sido forjados para garantizar la dependencia de las naciones de un Tercer Mundo radicado en la periferia del capitalismo y, por lo tanto, condenado al atraso. ¿Dónde estaban los aliados naturales de los revolucionarios latinoamericanos? En el campo socialista. Esta, en síntesis, fue la tesis defendida a capa y espada por Fidel Castro dentro del Movimiento de No-Alineados: había que alinearse con Moscú y sus satélites porque las naciones comunistas supuestamente no tenían pretensiones de dominio económico. Sólo que a partir del surgimiento de la *perestroika* y la desaparición del Bloque del Este toda esa argumentación cayó por su propio peso.

171

Yanquis y antiyanquismo

¿Cuánto había de razón en el antiimperialismo, y, especialmente, en el antiyanquismo, enérgica emoción que empezó a arraigar muy fuertemente desde los inicios del siglo XX tras la guerra hispano-norteamericana de 1898? En 1823 Estados Unidos había proclamado la Doctrina Monroe, pero en aquel momento esa postura fue aplaudida por los latinoamericanos. Se trataba de impedir que se embarcaran rumbo a América, para recuperar el imperio de ultramar, los famosos Cien mil Hijos de San Luis y la Santa Alianza que habían puesto fin al trienio liberal español restaurando el absolutismo de Fernando VII. Y muy buenas razones tenía Estados Unidos para abrigar ese temor. En pocos años, el pequeño perímetro de las Trece Colonias originales se había multiplicado con la donación que les hiciera Napoleón de la inmensa Louisiana —un acto concebido para castigar a los ingleses— y con la venta forzada de la Florida a que se vio obligada España en 1819. La Doctrina Monroe planteaba lo que hoy la prensa calificaría de una postura «progresista», aunque no la inspiraba la solidaridad geográfica sino el temor a que Inglaterra, al calor de este espasmo imperial que sacudía a Europa, intentara algo similar en Estados Unidos. Al fin y a la postre, en 1812 Londres no sólo había desencadenado de nuevo la guerra contra su ex colonia americana, sino que había conseguido incendiar la capital estadounidense de manera humillante y prácticamente impune.

Una generación más tarde, a mediados del siglo XIX, en medio de una ola de exultante nacionalismo, se había producido el despojo de la mitad norte de México, unas veces mediante compras forzadas —Nuevo México, California—, y otras mediante guerras de secesión desatadas por colonos euroamericanos —muchos de ellos emigrantes recién llegados del Viejo Mundo— decididos a separarse de México e incorporarse a Estados Unidos, entonces una esperanzadora nación que prometía evitar los viejos errores de Europa. Ésa fue la historia de la efímera República de Texas y de su bandera de la «estrella solitaria», un mero y mal disimulado trámite en el camino hacia la Unión Americana y hacia otra enseña mucho más nutrida de astros. Gobernaba entonces el presidente James Polk, y un periodista había puesto en circulación una frase que reflejaba el talante de la arrogante y exitosa sociedad estadounidense: el «destino manifiesto». Dios quería que toda América, de polo a polo, quedara bajo el control y la dirección de Estados Unidos, una nación cuyas virtudes la precipitaban al liderazgo y a la conducción de los pueblos menos dotados. Curiosamente, Marx y los radicales de la época aplaudieron ese acto imperial norteamericano, persuadidos de que la causa del proletariado avanzaría más rápidamente dentro del dinamismo económico de los estadounidenses que en el seno de la desordenada y soñolienta sociedad mexicana. No fue la única vez que el pensador alemán hirió la sensibilidad latinoamericana: pocos juicios han sido tan ofensivos como los que en su momento vertió contra Bolívar. El venezolano siempre le pareció algo así como un lamentable aprendiz de Napoleón.

Tras la guerra de 1898 contra España, llega la nueva etapa imperial norteamericana en América Latina, que durará hasta que Franklin D. Roosevelt es electo presidente a principios de los años treinta. Ese primer tercio del siglo XX —una vez saciado el apetito territorial con el dominio sobre Puerto Rico, las bases navales en Cuba y la franja panameña donde se construiría el Canal— se caracterizará por el papel de «potencia gendarme» que se arroga Washington. Es la diplomacia de las cañoneras. Los sucesivos gobiernos republicanos y demócratas se empeñan en mantener la ley y el orden en el vecindario caribeño. Ante situaciones caóticas, y ante el temor de que otras potencias envíen sus flotas a cobrar cuentas pendientes, intervienen en Cuba, en República Dominicana, en Haití, en Nicaragua. Generalmente, además de desarmar adversarios —a veces mediante el uso de la fuerza—, mejorar los sistemas de sanidad y educación y organizar las aduanas, adiestran militares con la esperanza de que pongan orden en el patio: son las *constabulary forces*, algo así como una policía militar. Cuando Pancho Villa cruza las fronteras, los estadounidenses lanzan operaciones punitivas —infructuosas, por cierto— y establecen en toda la zona una especie de protectorado *de facto* que acaba por ser contraproducente. Washington se empeña en forjar democracias estables y amistosas con Estados Unidos y con sus inversionistas, pero con frecuencia lo que sucede es que esos lazos procrean dictadores detestables como el nicaragüense Anastasio Somoza o el dominicano Rafael Leónidas Trujillo. Cuando en 1934 Roosevelt asume el poder, está decidido a terminar con esa inútil estrategia e inaugura la «política de la buena vecindad». «Nosotros somos los buenos y ellos son los vecinos», dicen los mexicanos más incrédulos. Otros analistas más cínicos calificarían el cambio de estrategia como «benigna negligencia». En todo caso, uno de los primeros actos del gobierno de Roosevelt, en 1934, es abrogar la Enmienda Platt que mantenía a Cuba como un virtual protectorado norteamericano.

Muy poco tiempo duró en Washington el propósito de no interferir en los asuntos latinoamericanos. Primero, la Segunda Guerra Mundial generó tensiones con gobiernos simpatizantes del eje nazi-fascista, como el de Perón en Argentina y el de Arnulfo Arias en Panamá, a quien derrocaron con celeridad. A continuación, la guerra fría provocó otra ola de presiones e intervenciones encubiertas dirigidas a proteger los intereses políticos y económicos estadounidenses, lo que dio lugar a la aparición del anticomunismo, una cobertura ideológica en la que se agaritaron los dictadores de siempre. El cubano Batista, el venezolano Pérez Jiménez, el peruano Odría, el colombiano Rojas Pinilla eran espadones guarnecidos por el anticomunismo. En Guatemala, en 1954, la Agencia Central de Inteligencia, la CIA —que entonces daba sus primeros pasos—, con la complicidad de militares guatemaltecos derrocó a Jacobo Arbenz, un coronel electo en comicios libres que mostraba inclinaciones izquierdistas, había comprado armas a Checoslovaquia y había afectado negativamente los intereses de la United Fruit Company. Cinco años más tarde, en 1959, Fidel Castro derrotaba al ejército de Batista —que apenas combatió— y alcanzaba el poder decidido a realizar una revolución comunista e instalar un régimen de partido único a pocos kilómetros de Estados Unidos. Dentro de la lógica de la guerra fría, el enfrentamiento resultaba inevitable.

El Estado de la salvación

Al margen del antiamericanismo y del antiimperialismo, otra hipótesis sobre el modo de desarrollar a los pueblos latinoamericanos vio la luz a principios del siglo XX, y esta vez los mexicanos fueron los impulsores: la revolución de 1910, que derrocó a Porfirio Díaz, tenía un componente de reivindicación campesina —la redistribución de las tierras productivas— que modificaba totalmente la fuente de la legitimidad política. El poder político sólo se justificaba si redistribuía la riqueza equitativamente y se convertía en el gran dispensador de «justicia social». El Estado existía para redimir a los pobres. Es lo que se deriva de la Constitución de Querétaro proclamada en 1917. ¿Cómo? Otorgándoles bienes hasta entonces en poder de los ricos.

De ese «Estado justiciero» al poco tiempo, y de manera natural, se avanzó en una dirección coherente que a largo plazo resultó terriblemente onerosa: para lograr la felicidad y el desarrollo de América Latina era menester convèrtir al Estado en el gran motor de la economía. La tesis era simple: los capitales locales resultaban escasos y la capacidad de absorción tecnológica mínima. Asimismo, los empresarios privados perseguían fines egoístas que no siempre resultaban convenientes para el conjunto de la sociedad. Sólo una entidad poderosa e imparcial como el Estado, donde estaba representada la totalidad del pueblo, tenía el músculo y la altura de miras necesarios para acometer exitosamente la tarea: había nacido el Estado empresario, capaz de industrializar los países a marcha forzada, sustituir las importaciones y convertirse él mismo en el gran exportador. Esto fueron el mexicano Lázaro Cárdenas, el argentino Juan Domingo Perón, el chileno Eduardo Frei Montalva, el brasileño Getulio Vargas, el peruano Velasco Alvarado, el cubano Fidel Castro. Unos, como Frei Montalva, actuaron desde principios democráticos; otros, como Cárdenas, desde el nacionalismo revolucionario; algunos —Perón, Vargas— concebían los problemas políticos desde coordenadas fascistas; mientras que otros, como Velasco Alvarado, recurrían a esquemas groseramente militaristas. Por su parte, Castro era un estalinista convencido de las virtudes intrínsecas del colectivismo y de la organización administrativa implantada por Lenin en la URSS. Pero todos coincidían en el punto clave: la solución económica de los pueblos latinoamericanos residía en Estados fuertes que guiaran a las sociedades hasta un destino superior de desarrollo y felicidad colectivas.

Es esa certeza la que se hizo añicos a fines del siglo XX. Tras ensayar todos esos experimentos y ver el sucesivo fracaso de las reformas agrarias, de las nacionalizaciones de las empresas y de los recursos naturales —el petróleo mexicano y venezolano, el cobre chileno—, y tras comprobar el desastre de los Estados empresarios —fuente de corrupción, atraso y encarecimiento del costo de vida—, los latinoamericanos perdieron toda ilusión con las interpretaciones convencionales y constataron un dato demoledor: al terminar la vigésima centuria, América Latina era, comparativamente, mucho más pobre de lo que lo fueron sus abuelos en relación con los vecinos Canadá y Estados Unidos: diez veces más pobres si se comparaba la renta per cápita de ambas regiones. Pero si a principios de siglo la distancia era superable —el teléfono, la electricidad y el tren estaban al alcance intelectual de todos— de entonces a hoy la brecha abierta en el terreno científico —el espacio sideral, la biogenética, el átomo, la cibernética, las comunicaciones— había tomado unas proporciones descomunales que iba configurando dos mundos sustancialmente diferentes.

¿No hay síntomas esperanzadores? Sí los hay: la quiebra de los Estados empresarios y el descrédito del colectivismo le ha devuelto a la sociedad civil —por lo menos para una parte sustancial de la opinión pública— el protagonismo que había perdido. De ahí la corriente privatizadora de los activos en poder del Estado. De ahí el abandono de la propuesta keynesiana de utilizar el gasto público para estimular el crecimiento, aun a costa de soportar grandes déficits. De ahí la voluntad de olvidar las prácticas inflacionistas del endeudamiento excesivo o de incurrir en gastos sociales sin contar previamente con la necesaria recaudación fiscal. De ahí también la aceptación de la globalización como un fenómeno positivo del que todos pueden beneficiarse, aun cuando el período de adaptación pudiera resultar doloroso por el desmantelamiento de las barreras proteccionistas que mantienen en pie ciertas industrias nacionales costosas, ineficientes y atrasadas. Medidas todas que forman parte de una reforma del Estado casi de carácter planetario, pues no son muy diferentes a los «acuerdos de convergencia» que se plantearon los países de la Unión Europea para unificar sus monedas, o a lo que predican los políticos norteamericanos y canadienses en sus propios países. Por otra parte, es una buena noticia el surgimiento en el cono sur de un mercado común de doscientos millones de personas —Mercosur— con una renta per cápita aproximada de cinco mil dólares al comenzar el siglo XXI y una clara voluntad de integrarse en los circuitos comerciales y tecnológicos del Primer Mundo. Algo que al norte del continente ya hiciera México al vincular su destino económico a Estados Unidos y Canadá. Asimismo, en Centroamérica, Costa Rica ha dejado de ser la excepción democrática y por primera vez en la turbulenta historia de la región no hay guerras civiles ni internacionales, y los siete gobiernos de la zona —incluidos Panamá y Belice, el país negro y de habla inglesa inventado por los ingleses en el siglo XIX e injertado en un costado de Guatemala— son el producto de elecciones libres a las que concurren todas las fuerzas políticas, incluidas las formaciones guerrilleras de antaño, ahora convertidas en partidos de izquierda dispuestos a aceptar las reglas democráticas. ¿Por qué ese cambio espectacular? Sin duda, el fin de la guerra fría tiene en ello una importancia capital, pero también el evidente fracaso de las fórmulas de desarrollo ensayadas a lo largo del siglo XX. Estos dos factores, qué duda cabe, han sido fundamentales para que en casi toda la clase dirigente se afiance la convicción de que no hay alternativa válida frente a la democracia y la economía de mercado basada en la propiedad privada, fenómeno constatable en el giro dado por partidos tradicionalmente estatistas, como el justicialismo argentino o el PRI de los mexicanos derrotado por el PAN en las elecciones de 2000 tras siete décadas de hegemonía. Mas lo que no resulta tan obvio es que los nuevos paradigmas de gobierno sean recibidos con entusiasmo. ¿Por qué? Porque no se ha llegado a ellos como resultado de un cambio real de opinión basado en la reflexión y el análisis de ideas contrapuestas, sino como consecuencia del descalabro de las viejas concepciones políticas. La conclusión, teñida de melancolía y con cierta nostalgia por los días gloriosos de las revoluciones y las soluciones fulminantes, no es que se trate del camino idóneo, sino que no hay otro.

En todo caso, una cosa es el análisis de los mejor educados y otra muy diferente la percepción de las grandes masas. Algún capítulo anterior se iniciaba con una referencia a la perturbadora actitud de sociedades —la venezolana, la peruana, la ecuatoriana, son muchas— que arremetían sin mayores cargos de conciencia contra sus propias instituciones democráticas como consecuencia del empobrecimiento progresivo, de la inflación que carcome su capacidad adquisitiva y de la falta de oportunidades laborales. Tal vez nunca han sentido que el Estado en el que desarrollan sus vidas como ciudadanos ha sido naturalmente segregado por ellas para su ventaja y disfrute. Tal vez la percepción general es que se trata de una entidad extraña administrada por gentes que buscan su propio beneficio. Tal vez nunca han visto a sus gobernantes como los representantes de sus intereses reales. En estos parajes el Estado, sencillamente, es para los *otros*. Por eso cada cierto tiempo alguien intenta demolerlo ante el aplauso y la complacencia de las muchedumbres. La rabia y la confusión son malas consejeras.

LA SALIDA DEL LABERINTO

El contenido de este libro nos remite, inevitablemente, a una pregunta final: pese a su historia, ¿es posible que alguna vez América Latina abandone el subdesarrollo y se coloque al mismo nivel económico y científico de Europa, Estados Unidos, Canadá o Australia, los otros fragmentos de eso que llamamos Occidente? Por supuesto que sí. Las naciones y las culturas pueden cambiar. No hay destinos irrevocables. Quienes conocen la historia de Japón, de Singapur, de Corea, e incluso de España, saben que es perfectamente posible darle un vuelco total al desempeño económico y cultural de un país. Pero esta afirmación nos conduce de inmediato a otras dos preguntas: ¿cuáles son esos cambios y cómo se llevan a cabo? A lo que sólo puede responderse razonablemente por medio de una regla surgida de la experiencia y del sentido común: examínense de cerca las ideas y las propuestas de nuestro tiempo que han servido para rescatar a ciertos pueblos de la miseria o para consolidar la prosperidad de los que ya eran notablemente poderosos.

La importancia de la democracia

En 1989, como todos sabemos, el Muro de Berlín fue literalmente deshecho a martillazos, y los Estados que antes conformaban el Bloque del Este dieron un giro político y económico de ciento ochenta grados. Asimismo, en América Latina, las dictaduras fueron cayendo una tras otra, con la excepción de la cubana, y en todos los casos, más tarde o más temprano, se recurrió a las formas democráticas para asentar la nueva realidad. Se sabía que las democracias no traían debajo del brazo la solución de los problemas económicos y sociales, pero por primera vez se entendía nítidamente su valor supremo: se trataba de un método racional y pacífico para la toma de decisiones colectivas, y en eso radicaban sus méritos. La democracia, como método, siempre era buena. Las decisiones, en cambio, podían ser buenas, malas o peores, en consonancia con la calidad y la cantidad de información que poseyeran los electores, o en virtud de los valores prevalecientes en el grupo, pero al método no era posible descalificarlo. Decir que la democracia no era buena para los latinoamericanos, era como decir que la aritmética, la paz y la racionalidad no se ajustaban a nuestra naturaleza psíquica. Al fin y al cabo, así se gobernaban las veinte sociedades más prósperas y estables del planeta. Por primera vez en casi dos siglos de establecidas las repúblicas latinoamericanas, el valor del método democrático se convirtió, al fin, en una idea mayoritariamente compartida, mientras se debilitaba la inmadura confianza en los «hombres fuertes» o en los caudillos providenciales, como hasta ahora había sido la norma en nuestra cultura autoritaria y en prácticamente las tres cuartas partes del planeta.

Más aún: decididos a mantener las formas democráticas, numerosos países del mundo hoy se asocian ventajosamente en diversas federaciones, pero excluyendo expresamente de sus organizaciones internacionales a quienes renuncian a los métodos democráticos. Ningún Estado puede pertenecer a la Unión Europea, a la OEA o al Mercosur, y —por lo menos en la letra impresa de los acuerdos tomados— ni siquiera al Pacto Andino, al Grupo de Río o al Parlacén, si su gobierno no es el resultado de unas elecciones abiertas y plurales. Ya no está, pues, de moda la idea de que existía algo así como un benevolente autoritarismo que le confería legitimidad a los «hombres fuertes» de antaño —llámense Perón, Getulio Vargas, Velasco Alvarado o Fidel Castro— para establecer el reino de la justicia social y la felicidad colectiva con la punta de las bayonetas.

La primacía de la sociedad civil

Lo que nos lleva de la mano a otra benéfica práctica de nuestro tiempo, extraída de la experiencia viva tras muchas décadas de gastos onerosos, corrupción y fracasos económicos: las privatizaciones de los bienes públicos que se llevan a cabo en todas las latitudes, consecuencia de la creencia, mil veces verificada en la realidad, de que es a la sociedad y no al Estado a quien corresponde la tarea de crear riqueza. Y no porque lo establezcan los dogmas del «pensamiento único», como suelen afirmar acusatoriamente los enemigos de la propiedad privada, sino porque los empresarios cumplen esta tarea más eficazmente que los funcionarios del Estado, porque el resultado de esta gestión privada termina por ser mucho más equitativo, y porque beneficia al conjunto de la sociedad y no sólo a quienes poseen los bienes de producción, como torpemente creían los marxistas.

Uno tras otro, todos los Estados contemporáneos, obesos y paralizados por décadas de prácticas estatistas, con mejor o peor fortuna han procedido a transferir a la sociedad la mayor parte de los activos que antes poseían y gerenciaban directamente. Así ha ocurrido en Inglaterra y en Francia, en España y en Argentina, en Chile, en México o en Perú. Unas veces esas privatizaciones se han hecho de manera turbia, enriqueciendo ilegalmente a unas cuantas personas deshonestas en el camino; otras, se ha sucumbido a la falacia de los «monopolios naturales», impidiendo una saludable competencia, pero en todos los casos ha habido un ganador neto: el usuario del servicio privatizado o el comprador del producto final. En general, ese usuario dispone ahora de mejores servicios y mercancías, y, con frecuencia, a mejores precios que en el pasado, lo que libera esos recursos para incrementar las transacciones económicas.

El consumidor soberano

Lo anterior significa que el ciudadano ha conquistado otra manera de comparecer ante la sociedad y ante el Estado. Ahora es algo de lo que muy poco se hablaba hace apenas unos años: ahora es un consumidor que tiene y exige derechos, ahora posee una identidad ubicua, porque todos somos siempre y a toda hora consumidores de algo. De donde ha surgido un concepto que amplía y dignifica la idea democrática: hoy se habla de la «soberanía del consumidor». Esto es, de una persona que elige con su dinero, libremente, aquello que le da satisfacción, y que no acepta de buen grado que sus decisiones en el terreno del consumo las tomen unos políticos o unos burócratas, por muy bien intencionados que se declaren, porque si algo sabemos con toda precisión en esta época realista y sin ingenuidades de fin de siglo, es que las motivaciones sociológicas de los empleados del sector público son exactamente iguales a las del resto de los seres humanos: persiguen sus propios fines, desean poder y prestigio, no suelen ser cuidadosos con los bienes ajenos, especialmente si no existe una permanente auditoría sobre la gestión que realizan, y no tienen una mayor pulsión altruista que el resto de las gentes corrientes y molientes.

El consumidor soberano sabe, además, que para poder ejercer sus derechos, le conviene la existencia de un mercado libre, sin trabas ni subsidios, porque cada privilegio que se le asigne a una persona o a un grupo poderoso, o cada barrera que se introduce en beneficio de alguien o de un sector preferido, acaba por convertirse en una distorsión de todo el sistema de precios y costos, encareciendo y envileciendo el producto o el servicio que desea adquirir en las mejores condiciones posibles. El consumidor soberano ha descubierto que las intervenciones en el mercado, esas correcciones artificiales, casi siempre son más perjudiciales que el mal que se pretendía aliviar. No ignora, tampoco, que el mercado es imperfecto, porque las personas no siempre toman las decisiones adecuadas en el terreno económico, pero ha aprendido que los políticos y funcionarios, personas falibles al fin y al cabo, no tienen por qué acertar con mejor tino o con mayor frecuencia que los agentes económicos de la sociedad civil.

Ese consumidor soberano tampoco se asusta, como sucedía hasta hace unos pocos años, cuando le advierten que el mercado, dejado a su libre arbitrio, genera perdedores. Ese consumidor, mucho más educado que antaño, sabe, en efecto, que ciertos productores incompetentes, poco innovadores, efectivamente, suelen ser castigados por el mercado, y hasta pueden desaparecer, perdiéndose con ellos los puestos de trabajo que mantenían, pero ha aprendido que asignar recursos para sostener una operación ineficiente destruye ahorros y detrae capitales que serían más útiles en otras zonas de la producción, generando daños mucho mayores que aceptar que quienes no satisfacen a los consumidores sean arrollados por el dinamismo de los más competentes. Eso no es «darwinismo económico», como demagógicamente se ha dicho, sino puro sentido común. Es lo que el economista austriaco Joseph Schumpeter —un cuasiliberal derrotista y sabio—, varias veces citado en este libro, llamaba la «destrucción creadora». Destrucción creadora que asegura, además, la saludable existencia de una tensión competitiva. Cuando no hay riesgo de fracasar, el estímulo para superarse es muy débil. Y donde no hay competencia se atasca totalmente la maquinaria del progreso: ese afán por innovar, por crear cosas cada vez más eficientes, o más rápidas, o más confortables, categorías que de alguna manera definen eso a lo que llamamos progreso.

El control del gasto público y de los funcionarios

No hay duda de que el hombre de fin de siglo, si está bien centrado, si ha sabido extraer lecciones de la realidad, entiende mucho mejor cómo se crea la riqueza o cómo se malgasta. Por eso tampoco abriga demasiadas ilusiones con relación a las intenciones de los políticos. Los ha visto hacer cosas terribles con los recursos de la comunidad. Los ha visto, a veces, en casos extremos, apoderarse de lo que le pertenece a la sociedad, de lo que la sociedad ha pagado por medio de los impuestos. Y los ha visto, con demasiada frecuencia, emplear esos dineros en comprar conciencias durante los períodos electorales, en subsidiar a los amigos que financiaron las campañas políticas y en mantener satisfechos a sus partidarios.

Uno de los grandes economistas del siglo xx, James Buchanan, obtuvo el premio Nobel, precisamente, por demostrar la incidencia económica de las decisiones políticas. Cada acto público cuesta. Ésa es una verdad de Perogrullo que suele olvidarse. Y de la escuela de la Elección Pública, o de Virginia, la de Buchanan y otros notables economistas, surge, más que una idea, una especie de silogismo ya incorporado al pensamiento moderno: como los actos públicos cuestan, como nos cuestan, la responsabilidad de la sociedad es vigilar constantemente esas erogaciones, proponer medidas que dificulten o hagan imposibles el dispendio —límites constitucionales al endeudamiento, por ejemplo—, y exigir que el dinero se emplee, realmente, en beneficio de la comunidad y no de la secta adicta al gobernante de turno. Hay que entender exacta y correctamente las relaciones de poder: en las sociedades modernas racionalmente organizadas, los políticos reciben un *mandato* no una *carta blanca*, y es a la sociedad a quien corresponde vigilar al gobierno, y no al revés, que es, con frecuencia, como perversamente suele suceder.

Eso quiere decir que Buchanan y su escuela de investigadores han refinado un viejo concepto para beneficio del pensamiento moderno. Ya aceptamos, melancólicamente, que no hay, en realidad, «bien común». No hay actos de gobierno que nos beneficien a todos de igual manera. El necesario puente que une a dos ciudades situadas en riberas opuestas, es siempre la necesaria escuela que no se hizo o el necesario hospital que no pudo reconstruirse por falta de recursos. Y hoy sabemos, además, que no vivimos en medio de una comunidad de arcángeles altruistas, sino de seres humanos en los que cohabitan buenos y malos instintos, buenas y malas actitudes e intereses contrapuestos. Y como humildemente conocemos y aceptamos nuestra naturaleza falible y egoísta, debemos equilibrar esas debilidades proponiendo siempre medidas neutrales y abstractas que no puedan ser utilizadas en beneficio de los más poderosos o de los más influyentes, así como un implacable sistema de control y auditoría de los actos públicos. Ésa es la equidad posible. La otra, la que surge de la bondadosa subjetividad de las personas, conduce, casi siempre, a la injusticia y al agravio comparativo.

Sin instituciones no hay desarrollo sostenido

¿Qué más han averiguado el hombre y la mujer modernos de este milenio que acaba de terminar? Se han afianzado, por ejemplo, los institucionalistas. Douglas North, también premio Nobel, estudió cuidadosamente la historia de los países más prósperos y encontró que donde se garantizaban los derechos de propiedad, con leyes claras y tribunales razonablemente eficientes, solía repetirse el fatigoso proceso que conducía a la creación de riquezas. En esos ambientes protegidos por el Estado de Derecho, las personas podían trabajar, ahorrar e invertir, sin temores a que los actos arbitrarios de los gobiernos los despojaran de las riquezas acumuladas.

Esa atmósfera de seguridad jurídica era básica para estimular una de las más importantes cualidades de las personas creadoras de riquezas: la pulsión moral que los lleva a restringir los gastos, a privarse de satisfacciones inmediatas a cambio de la promesa de alcanzar en el futuro una mayor recompensa material para ellos y para sus descendientes. Y eso sólo podía existir en verdaderos Estados de Derecho, porque en los otros, en los que viven sometidos a la acción imprevisible y caprichosa de los «revolucionarios», o de los gobernantes iluminados e «insustituibles» —esas personas persuadidas de que saben mucho mejor que el resto del género humano cómo encontrar la felicidad de los otros, y que se creen éticamente superiores a la sociedad en la que viven—, son, sin embargo, como resultado de estas actitudes, los mayores creadores de inestabilidad y pobreza que registra la historia. ¿Por qué privarnos hoy de gastar y consumir si no sabemos si mañana vamos a ser arbitrariamente privados de los bienes que tenemos? ¿Cómo vamos a planear a largo plazo —factor clave del desarrollo— si nuestra existencia está marcada por el sobresalto y la inesperada contingencia?

¿Cómo asombrarnos de que las personas razonables que viven en Estados en los que el derecho significa muy poco envíen sus ahorros a Suiza, a Londres o a Miami, en busca de protección para sus capitales, privando a nuestros países de esos indispensables recursos? Esos capitales van a la busca de Estados de Derecho. Van a guarecerse de los gestos abruptos de los revolucionarios o de los gobernantes que se colocan por encima de las instituciones, actos generalmente dictados a nombre de la justicia social —qué duda cabe—, esa justicia redistributiva preconizada por los revolucionarios, y que invariablemente acaba redistribuyendo la pobreza entre un número creciente de personas desesperadas.

La arrogancia revolucionaria

¿Quiénes son estos patéticos personajes consagrados a hacer el bien y lograr el mal? Quiero decir: ¿quiénes son estos voluntariosos revolucionarios? Esa pregunta, formulada de otra manera, se la hizo Hayek —antes se la había hecho Edmund Burke con parecida intuición—, y llegó a una conclusión que hoy forma parte de las percepciones convencionales del pensamiento moderno: son quienes padecen lo que el economista y jurista austriaco llamaba la «fatal arrogancia». Son esas personas que creen saber lo que a la sociedad le conviene producir y lo que le conviene consumir mucho mejor que el mercado. Son esas personas convencidas de que están dotadas por los dioses o por los conocimientos infusos obtenidos de sus ideologías para guiar a sus conciudadanos hacia la tierra prometida, aunque tengan que hacerlo a latigazos y con el auxilio de perros guardianes, porque parece que no hay otra forma de mover a los rebaños en busca de destinos no solicitados.

Esas personas, poseídas de su fatal arrogancia, invariablemente acaban convirtiéndose en los verdugos de sus prójimos, pues son incapaces de entender lo que con toda claridad hoy comprenden las personas instaladas dentro de una cosmovisión realmente moderna: que no se conoce un orden social más justo que el que espontáneamente emerge de las decisiones de millones de personas poseedoras cada una de ellas de una particular información que nadie puede abarcar totalmente, y que les sirve para alcanzar sus objetivos particulares. Estos arrogantes revolucionarios, o los caudillos iluminados, no entienden que es una insensatez intentar sustituir ese prodigioso proceso de cambio y creación de un orden espontáneo con la escuálida propuesta surgida desde la buena voluntad de los tiranos benévolos o de los grupos misteriosamente ungidos por una ideología salvadora.

El peligro de las ideologías

Las ideologías —y ahí esta Popper para hacernos llegar sus esclarecedoras conclusiones— nunca podían acertar, porque se originaban en un error intelectual primigenio: suponer que la historia era una especie de flecha lanzada en una dirección previsible y a una velocidad calculable. El historicismo era eso: entender la aventura del bicho humano como un relato lineal con su comienzo, su nudo y su desenlace. Y suponer, además, que los ideólogos, especialmente los que provenían de la cantera marxista, conocían de antemano el argumento del relato y su final necesariamente feliz.

Pero ¿no hay, acaso, en el pensamiento de Hayek, de Popper, de Buchanan, también una «ideología»? ¿No conforman algunas de las ideas hasta ahora apuntadas esa suerte de «pensamiento único» que denuncian los enemigos de la «sociedad abierta»? Por supuesto que no. Si observamos con detenimiento las ideas centrales del pensamiento moderno, enseguida se comprueba que no proponen un punto de llegada ni un modelo final de sociedad, no sólo porque no los conocen, sino porque deliberadamente se niegan a tratar de proponerlos. Todo lo que los pensadores más acreditados proponen y prometen es abrir cauces de participación para que las sociedades, libre y espontáneamente, vayan con sus actos definiendo el presente y señalando el futuro que deseen explorar. Puede haber marchas y contramarchas. Puede haber avances laterales o retrocesos, si de lo que se trata es de medir niveles de prosperidad o paz. La historia es un campo abierto, y lo que tiene de venturoso es, precisamente, su carácter impredecible.

La responsabilidad del individuo para con su destino

Naturalmente, los enemigos de las sociedades libres y abiertas suelen condenarlas con una frase sacada de los fábulas clásicas de Esopo: esa libertad es la que el zorro quiere para moverse a sus anchas en el gallinero. Esto es, para privar de sus bienes a los infelices que no saben defender sus intereses y necesitan de un hermano mayor que lo haga por ellos y les sirva de escudo protector. Felizmente, el pensamiento moderno ha liquidado esta falacia con una experiencia que comienza a ser incontestable: desde hace más de quince años funcionan en Chile las AFP, esos fondos mutuos de inversiones en que los asalariados colocan sus ahorros. Hasta ahora el rendimiento promedio de esas cuentas excede el once por ciento anual, y sus poseedores van acumulando una impresionante masa de ahorros que ya sobrepasa los cuarenta mil millones de dólares, dinero que seguramente les asegurará una vejez tranquila y notablemente provista de recursos.

En Chile —como en Estados Unidos, donde hay sesenta millones de personas que poseen acciones en la Bolsa—, el mercado ya no es sólo para los zorros, sino también para las gallinas. Y si hay sobre la tierra una institución verdaderamente revolucionaria, ésa no es, por supuesto, el Comité Central de algún anquilosado partido comunista, sino el electrizante mercado bursátil, con sus gritos nerviosos, donde comparecen día a día miles de productores con su imaginación, sus innovaciones y sus resultados para proponernos que los acompañemos en sus ilusionadas aventuras económicas.

Con la revolución de las AFP —una idea y una «carpintería» institucional latinoamericanas fundamentalmente concebidas por José Piñera en Chile— se puso fin, y ya era hora, a la superstición de las cajas de retiro creadas para el reparto solidario, en las que los asalariados, en nombre de la justicia social, eran despojados de sus ahorros de dos maneras igualmente repugnantes: por una parte, los privaban de los legítimos intereses a que podían, aspirar en el mercado, y por la otra, la inflación, generada por el manejo irresponsable de la emisión de moneda, se encargaba de destruir el valor del signo monetario en que habían ahorrado. Al llegar a la vejez, estos asalariados recibían unas pensiones miserables con las que apenas podían mantenerse. ¿Qué se aprendió de esta experiencia chilena? Que no hay nada más saludable que alentar en los ciudadanos el sentido de la responsabilidad individual y familiar. Que todo adulto debe tomar sus propias precauciones para cuando llegue la hora de la vejez, pues la experiencia ha demostrado que dejarle esa tarea al Estado puede ser muy peligroso. Que nadie va a cuidar nuestros ahorros mejor que nosotros mismos. Y se aprendió que los beneficios de la asombrosa vitalidad del capitalismo pueden alcanzar a las grandes mayorías, convirtiéndolas en accionistas, en poseedoras de capital, lo que sin duda reduce la conflictividad laboral, multiplica los lazos que unen a la sociedad y aumenta exponencialmente el ahorro disponible para el desarrollo colectivo. En otras palabras, desde un punto de vista práctico se aprendió que el sistema de jubilación basado en la capitalización, esto es, en cuentas individuales de inversión, es infinitamente mejor que el de «reparto», aunque este último esté perfumado por el aroma falaz de la solidaridad. Asimismo, fue desterrada la superstición de que la calidad de los Estados se medía por la cantidad de «gasto social» en que incurrieran. Sucedía a la inversa: donde mejor se demostraba la idoneidad de un Estado era donde el modelo económico propiciaba la creación de riquezas en una cuantía tal que apenas se necesitaba gasto social porque todas o casi todas las personas aptas para el trabajo podían hacerse cargo de sus propias vidas sin necesidad de recurrir a la solidaridad de ciertos grupos o a la caridad pública.

La simple cuenta aritmética se encargaron de hacerla en la revista *Society* publicada por Transaction en la Rutgers University, sólo para ilustrar el impacto del ahorro combinado con el milagroso efecto del interés compuesto a largo plazo: un universitario norteamericano promedio, que comience a trabajar a los veintidós años, se retire a los sesenta y cinco y reciba a lo largo de su vida profesional un sueldo promedio, si es capaz de ahorrar el diez por ciento de su salario y lo coloca en el mercado de valores, en el momento de su jubilación —estimando que la Bolsa haya reiterado el comportamiento promedio de los últimos setenta años—, va a recibir un cheque de casi cuatro millones de dólares. Una suma más que suficiente para asegurar a ese prudente y metódico ciudadano una vejez espléndida, y para transmitir a sus descendientes un buen capital con el cual afrontar el futuro con optimismo.

La formación de capital humano

Cómo habrá advertido el lector, el ejemplo descrito contenía un elemento nada inocente. El sujeto de nuestro sencillo cálculo actuarial era un «graduado universitario». El dato es importante. Gary Becker, otro pensador contemporáneo galardonado por los suecos, lo demostró con creces en *The Economic Approach to Human Beha-*

vior: el capital humano es uno de los factores básicos en la ecuación del éxito económico. Es fundamental la formación académica de la persona, y junto a este aspecto, son vitales los valores, actitudes y creencias con que esa persona se enfrenta a la tarea de crear riquezas para su disfrute y para conveniencia de la comunidad.

Los economistas clásicos solían mencionar capital, trabajo y tierra como los elementos básicos que se combinaban en determinadas proporciones y producían diversos resultados, pero rara vez ponían en la balanza los factores culturales para tratar de explicar el éxito o el fracaso de los pueblos. Hoy, sin embargo, gracias al trabajo de «culturalistas» como Becker o Lawrence Harrison, sabemos que este elemento elusivo y vaporoso, a veces incómodo, casi siempre «políticamente incorrecto», contiene los códigos de muchos fracasos y de no pocos triunfos.

No es difícil comprobar cuán acertados son estos enfoques culturalistas, hoy patrimonio del pensamiento moderno. En Guatemala, como en toda Centroamérica, pero quizá con mayor vigor que en ningún otro país de la zona, los protestantes denominados «evangélicos» han conquistado las emociones religiosas de una parte de la sociedad que, según algunos, se sitúa en la vecindad del cincuenta por ciento del censo. Y, aparentemente, entre los indígenas esa penetración es muy enérgica y está localizada en ciertas zonas en las que la propagación de la nueva fe, o la propagación de una nueva versión de la vieja fe —para el caso es lo mismo—, ha llegado muy nítidamente a unas comunidades y no a otras, permitiendo establecer con cierta facilidad los contrastes que se presentan. Esto sucede entre los indígenas cachikeles. Hay algunas comunidades que se han hecho evangélicas y otras que permanecen dentro del catolicismo, entreverado, como allí es costumbre, con sus ancestrales prácticas religiosas precolombinas.

Pues bien: Estuardo Zapeta, un sociólogo vinculado a la Universidad Francisco Marroquín, y otros investigadores sociales han podido comprobar algunos fenómenos que recuerdan las viejas hipótesis formuladas por Max Weber a principios del siglo XX. Los indígenas cachikeles son notablemente más prósperos que sus coterráneos católicos. ¿Acaso, como pretendía Weber, por los valores intrínsecos del calvinismo? No exactamente: es la consecuencia de ciertos comportamientos asentados en la cultura como resultado de la conversión a un nuevo y muy demandante credo. Los cachikeles evangélicos no beben. Esto los hace ser más responsables en el trabajo y aumenta su capacidad de ahorro. Los cachikeles evangélicos no suelen cometer adulterio, de donde se derivan familias más estables. Los cachikeles evangélicos no roban, y ello les genera más oportunidades de trabajo, pues sus empleadores, aunque sean católicos, aprecian notablemente esa virtud, especialmente si se presenta entre sus trabajadores. Los cachikeles evangélicos cuentan, además, con una Iglesia que funciona como un circuito general de apoyos mutuos. Hay, por lo tanto, más oportunidades de superar los escollos y se multiplican las oportunidades de mejorar la situación económica. Y la conclusión que se deriva de esta anécdota es obvia: como bien saben las personas que han conseguido instalarse en el pensamiento moderno, el desempeño económico de los pueblos y la paz social de que disfruten van a estar en total consonancia con la cantidad y la calidad del capital humano que posean.

Este dato es vital para señalarnos dónde la sociedad debe hacer un esfuerzo extraordinario si efectivamente quiere alcanzar un lugar prominente en el mundo: tiene que poner el acento en mejorar su capital humano. Tiene que educar más y mejor. ¿En qué fase? Fundamentalmente, en los primeros años, en el período formativo, cuando se forja el carácter, se incorporan ciertas pautas de comportamiento y se adquieren las destrezas básicas sobre las que luego edificamos unas complejas formas culturales.

Educación y valores

Si a los niños les enseñamos a ser ordenados, a fijar metas y cumplirlas, a ser puntuales, justos, respetuosos de la autoridad, tolerantes, responsables, intelectualmente curiosos; si los premiamos cuando se esfuerzan y les enseñamos la legitimidad que se deriva de una jerarquía basada en los méritos; si los adiestramos para que aprendan a votar y a tomar las decisiones colectivas de manera pacífica; si los urgimos a cumplir reglas justas y los aplaudimos cuando a ellas se atienen —el *fair play*, que dicen en inglés—, estaremos aumentando exponencialmente la riqueza de la colectividad, tan pronto como esas criaturas se asomen al mundo del trabajo. Es exactamente eso lo que se deriva de las investigaciones de los culturalistas.

Y este hallazgo posee, además, un carácter universal que vale la pena que tengamos en cuenta porque, como ya nadie ignora, vivimos en un mundo que tiende a uniformar los objetivos de las disímiles partes que lo conforman, lo que necesariamente propende a unificar los medios de alcanzarlos. Si definimos la calidad de la vida a que aspiramos por viviendas confortables, electrodomésticos eficientes, métodos de locomoción rápidos y seguros, alimentación apetitosa y nutritiva, ciudades cómodas y limpias, con bajas tasas de criminalidad, sistemas sanitarios modernos, extendidos y bien dotados, tenemos que producir la cantidad de riqueza que se requiere para poder obtener esos bienes y servicios, y esto es algo que sólo puede conseguirse mediante un aumento constante de la producción y la productividad.

La globalización como oportunidad

Naturalmente —y esto es algo casi axiomático dentro del pensamiento moderno—, tanto para lograr los objetivos descritos como para contar con los medios necesarios, es fundamental que nos insertemos sin temores en esa globalización con que algunos agoreros nos quieren quitar el sueño. Ahí, fuera de nuestras fronteras, es donde están los capitales, el *know how*, los mercados de escala, las técnicas de comercialización, los modelos de desarrollo que deben imitarse y los mecanismos para transferir y recibir la ciencia y la tecnología en períodos sorprendentemente breves. Y nadie debe avergonzarse de buscar en otras latitudes el modo de hacer las cosas correctamente, como puede comprobar cualquiera que se asome a la asombrosa historia de Japón a partir de mediados del siglo XIX. Pero no son los japoneses los únicos que han sabido beneficiarse de la globalización: también en el siglo pasado los alemanes buscaron en Inglaterra los secretos de la industrialización, y si hoy Estados Unidos tiene las mejores escuelas de Medicina del planeta, es porque copiaron deliberadamente y sin el menor recato el modo alemán de enseñar esta disciplina en sus universidades.

A los europeos de la Edad Media les llevó quinientos años comenzar a producir papel en cantidades industriales mediante la lenta difusión de una técnica desarrollada por los chinos y transmitida por los árabes, pero a los coreanos sólo les tomó veinte años fabricar automóviles en su remota península, y colocarlos en el otro extremo del planeta. Hoy sabemos, gracias a los ejemplos de Taiwan, Singapur, Corea y Hong Kong —aunque ocasionalmente atraviesen por períodos de crisis financiera—, que en el curso de una generación es posible pasar de la pobreza a la riqueza, del cuarto mundo al primero. Y eso se logra integrándose en los grandes flujos económicos y científicos del planeta, abriendo nuestras economías a la competencia y a la colaboración, y admitiendo sin sonrojo el liderazgo de los grandes núcleos de civilización donde hoy radican el corazón y el cerebro de nuestra cultura.

Libertad política, libertad económica

Iniciado el tercer milenio, ¿cuál es, en suma, la idea cardinal que domina el pensamiento moderno? Básicamente, la de la libertad, unida a la certeza de las enormes ventajas que se derivan de un tipo de organización de las relaciones de poder en donde la autoridad, el control y la iniciativa radiquen primordialmente en la sociedad civil. Libertad económica para producir, para vender y para intercambiar. Libertad política para crear las instituciones adecuadas y protegernos de los arrogantes ideólogos que quieren indicarnos cómo tenemos que vivir nuestras vidas, en lugar de dejarnos escoger la manera que nos parezca más útil y feliz sin afectar los derechos de las otras personas a buscar exactamente los mismos objetivos.

El siglo XX que acaba de terminar ha sido, en efecto, un período bárbaro de horribles matanzas y siniestras dictaduras totalitarias. Pero en medio de ese terrible panorama, algunos descollantes pensadores han sabido buscar bajo los escombros para legarnos unas cuantas ideas cardinales con las que ahora cruzaremos el umbral de un nuevo milenio. Es nuestra responsabilidad mantener la vigencia de esa herencia intelectual, enriquecerla y transmitirla a nuestros descendientes. Ésa es nuestra más urgente tarea, y, sin duda, la salida del laberinto.

BIBLIOGRAFÍA

La sospechosa legitimidad original: fraudes, sofismas y otras trampas teológicas y jurídicas.

AA.VV. *La ética en la conquista de América,* Consejo Superior de Investigaciones Científicas, Madrid, 1984.

ABELLÁN, José Luis. *Historia crítica del pensamiento español* (4 vols.), Espasa Calpe, Madrid, 1981.

BATAILLON, M., y SAINT-LU, A. *El padre Las Casas y la defensa de los indios,* Ariel, Barcelona, 1974.

CASTRO, Américo. *Aspectos del vivir hispánico,* Cruz del Sur, Santiago de Chile, 1949.

CHAUNU, Pierre. *Conquista y explotación de los nuevos mundos,* Labor, Barcelona, 1973.

DAWSON, Christopher. *Los orígenes de Europa,* Rialp, Madrid, 1991.

FERNÁNDEZ Herrero, Beatriz. *La utopía de América,* Anthropos, Barcelona, 1992.

HANKE, Lewis. *La lucha española por la justicia en la conquista de América,* Aguilar, Madrid, 1959.

LAS CASAS, fray Bartolomé. *Brevísima relación de la destrucción de las Indias,* Fontamara, Barcelona, 1981.

LEÓN Portilla, M. *El reverso de la conquista,* Joaquín Mortiz, Barcelona, 1964.

HENRÍQUEZ Ureña, Pedro. *Historia de la cultura en la América hispánica,* Fondo de Cultura Económica, México, 1968.

HERNÁNDEZ Sánchez-Barba, Mario. *Historia de América* (3 vols.), Alhambra, 1980.

MALMBERG, Bertil. *La América hispanohablante,* Istmo, Madrid, 1992.

MENÉNDEZ Pidal, Ramón. *El padre Las Casas, su doble personalidad,* Espasa-Calpe, Madrid, 1981.

MORALES Padrón, Francisco. *Historia general de América,* Espasa-Calpe, Madrid, 1962.

MÖRNER, Magnus. *La Corona española y los foráneos en los pueblos de indios en América,* Ediciones de Cultura Hispánica, Agencia Española de Cooperación Internacional, Madrid, 1999.

O'GORMAN, Edmundo. *La invención de América,* Fondo de Cultura Económica, México, 1977.

PICÓN-Salas, Mariano. *De la Conquista a la Independencia,* Fondo de Cultura Económica, México, 1971.

RODRÍGUEZ Monegal, Emir. *Noticias secretas y públicas de América,* Tusquets, Barcelona, 1984.

Tovar, Antonio. *Lo medieval en la Conquista y otros ensayos americanos,* Seminario y Ediciones, Madrid, 1970.

Ullmann, Walter. *Historia del pensamiento político en la Edad Media,* Ariel, Barcelona, 1999.

Uslar Pietri, Arturo. *En busca del Nuevo Mundo,* Fondo de Cultura Económica, México, 1969.

Zavala, Silvio. *Ensayos sobre la colonización española en América,* Emecé, Buenos Aires, 1944.

Zea, Leopoldo. *América como conciencia,* Cuadernos Americanos, México, 1953.

Un Estado a insatisfacción de todos

AA.VV. *Historia de la Inquisición en España y América* (2 vols.), BAC, Madrid, 1984.

Albi, Julio. *La defensa de las Indias,* Instituto de Cooperación Iberoamericana, Ediciones Cultura Hispánica, Madrid, 1987.

Bamford Parkes, Henry. *La historia de México,* Editorial Diana, México, 1991.

Bennasar, Bartolomé. *Historia de los españoles* (2 vols.), Crítica, Barcelona, 1989.

Cierva, Ricardo de la. *Historia total de España,* Fénix, Madrid, 1997.

Comella, Beatriz. *La inquisición española,* Rialp, Madrid, 1999.

Fornés Bonavía, Leopoldo. *Fundamentos de Historia de América,* Playor, Madrid, 1986.

Gasca, Pedro de la. *Descripción del Perú (1553),* Universidad Católica Andrés Bello, Caracas, 1976.

Hidalgo Huerta. *España en Hispanoamérica,* Editorial Complutense, Madrid, 1998.

Iwasaki, Fernando. *Inquisiciones peruanas,* Renacimiento, Sevilla, 1997.

Jiménez Losantos, Federico. *Los nuestros: cien vidas en la historia de España,* Planeta, Barcelona, 1999.

Jones, Archer. *The Art of War in the Western World,* Barnes & Noble, Nueva York, 1997.

Kamen, H. *Historia de la Inquisición en España,* Alianza Editorial, Madrid, 1985.

Keegan, John. *Historia de la guerra,* Planeta, Barcelona, 1995.

Kirkpatrick, F. A. *Los conquistadores españoles,* Rialp, Madrid, 1999.

Laviana Cuetos, María Luisa. *La América española, 1492-1898,* Temas de Hoy/Historia 16, Madrid, 1996.

Lewin, Boleslao. *Los judíos bajo la Inquisición en Hispanoamérica,* Dédalo, Buenos Aires, 1960.

LOVETT, A.W. *La España de los primeros Habsburgos (1517-1598)*, Labor, Madrid, 1989.
LUNENFELD, Marvin. *Los corregidores de Isabel la Católica*, Labor, Madrid, 1989.
MORNER, Magnus. *Historia social latinoamericana*, Universidad Católica Andrés Bello, Caracas, 1979.
OTS Capdequí, J. M. *El estado español en las Indias*, Fondo de Cultura Económica, México, 1982.
PARKER, Geoffrey. *La revolución militar*, Crítica, Barcelona, 1990.
PARTNER, Peter. *God of Battles*, Harper Collins, Londres, 1997.
RODRÍGUEZ-MOÑINO Soriano, Rafael. *Razón de Estado y dogmatismo religioso en la España del XVII*, Labor, Barcelona, 1976.

Los negros en una sociedad tenazmente racista

BOWSER, Frederick. *The African Slave in Colonial Perú: 1524-1650*. Standford University Press, California, 1974.
CURTIN, Philip. *The Atlantic Slave Trade: A Census*, University of Wisconsin Press, Madison, 1969.
FERMOSELLE, Rafael. *Política y color en Cuba. La guerrita de 1912*, Colibrí, Madrid, 1998.
FRANCO, José Luciano. *Comercio clandestino de esclavos*, Editorial Ciencias Sociales, La Habana, 1980.
LIPSCHUTZ, Alejandro. *El problema racial en la conquista de América*, Siglo XXI, México, 1975.
MANNIX, Daniel P. *Historia de la trata de negros*, Alianza Editorial, Madrid, 1970.
MARRERO, Leví. *Cuba: economía y sociedad* (15 vols.), Playor, Madrid, 1978-1992.
MONTANER, Carlos Alberto. *Viaje al corazón de Cuba*, Plaza & Janés, Barcelona, 1999.
MONER, Magnus. *Race and Class in Latin America*, Columbia University Press, Nueva York, 1970.
MORENO Fraginals, Manuel. *El Ingenio* (3 vols.), Ciencias Sociales, La Habana, 1978.
MOYA Pons, Frank. *Después de Colón*, Alianza Editorial, Madrid, 1986.
—, *Historia contemporánea de la República Dominicana*, Fondo de Cultura Económica, México, 1999.
NOVÁS Calvo, Lino. *Pedro Blanco, el negrero*, Espasa Calpe, Madrid, 1940.
ORTIZ, Fernando. *Contrapunteo cubano del tabaco y del azúcar*, Ariel, Barcelona, 1973.
—, *Los negros esclavos*, Ciencias Sociales, La Habana, 1975.

PARCERO Torre, Celia María. *La pérdida de La Habana y las reformas borbónicas en Cuba: 1760-1773,* Junta de Castilla y León, Ávila, 1998.

PÉREZ-Cisneros, Enrique. *La abolición de la esclavitud en Cuba,* Litografía LIL, San José, Costa Rica, 1987.

PÉREZ de la Riva, Juan. *El barracón: esclavitud y capitalismo en Cuba,* Crítica, Barcelona, 1978.

PHILLIPS, William D. *Historia de la esclavitud en España,* Playor, Madrid, 1990.

RICE, C. Duncan. *The rise and fall of black slavery,* Harper and Row, Nueva York, 1975.

ROUT, Leslie B., Jr. *The African Experience in Spanish America: 1502 to the present day,* Cambridge University Press, Nueva York, 1976.

SACO, José Antonio. *Historia de la esclavitud de la raza africana en el Nuevo Mundo y en especial en los países Américo-hispanos* (4 vols.), Cultura S.A., La Habana, 1938.

TANNENBAUM, Frank. *Slave and Citizen: the Negro in the Americas,* Alfred A. Knopf, Nueva York, 1947.

THOMAS, Hugh. *La trata de esclavos,* Planeta, Barcelona, 1997.

—, *Cuba: The Pursuit of Freedom,* Harper and Row, Nueva York, 1971.

Sexo, sexismo, géneros y roles

ACOSTA, José. *Historia natural y moral de las Indias,* Hispanoamérica de Publicaciones, Sevilla, 1987.

ARCHIBALD, Zofia. *La Grecia antigua,* Óptima, Barcelona, 1997.

ARIÈS, Philippe, y BÉJIN, André (editores). *Western Sexuality,* Barnes & Noble, Nueva York, 1985.

BRAUDEL, Fernand. *El Mediterráneo,* Espasa Calpe, Madrid, 1989.

—, *Bebidas y excitantes,* Alianza Editorial, Madrid, 1994.

—, *A History of Civilization,* Penguin Books, Nueva York, 1995.

CARCOPINO, Jerome. *La vida cotidiana en Roma en el apogeo del Imperio,* Temas de Hoy, Madrid, 1993.

CIEZA de León, Pedro. *La Crónica del Perú. Descubrimiento y conquista del Perú,* Sankana, Buenos Aires, 1984.

COLÓN, Cristóbal. *Diario de a bordo,* Globus, Madrid, 1994.

CORTÉS, Hernán. *Cartas de la conquista de México,* Sarpe, Barcelona, 1985.

DÍAZ de Guzmán, Ruy. *Anales del descubrimiento, conquista y población del Río de la Plata,* Historia 16, Madrid, 1986.

DÍAZ del Castillo, Bernal. *Historia verdadera de la conquista de la Nueva España,* Porrúa, México, 1968.

DELEITO y Piñuela, José. *El desenfreno erótico,* Alianza Editorial, Madrid, 1995.

FLACELIÈRE, Robert. *La vida cotidiana en Grecia en el siglo de Pericles,* Temas de Hoy, Madrid, 1989.

GARCÍA-Merás, Emilio. *Pícaras indias: historias de amor y erotismo de la Conquista* (2 vols.), Nuer Ediciones, Madrid, 1992.

GARCILASO, Inca. *Historia general del Perú. La Florida del inca,* Fondo de Cultura Económica, México, 1956.

GAUTHERON, Marie (editor). *El honor,* Cátedra, Madrid, 1992.

GORDON, Richard. *A assustadora história do sexo,* Ediouro Publicaciones, S.A., Río de Janeiro, 1997.

HUIZINGA, J. *The waning of the middle ages,* Arnold, Londres, 1924.

HYAM, R. *Empire and Sexuality,* University Press, Manchester, 1990.

KEEN, Benjamin. *La imagen azteca,* Fondo de Cultura Económica, México, 1971.

LAS CASAS, Bartolomé de. *Historia de las Indias,* Fondo de Cultura Económica, México, 1951.

—, *Brevísima relación de la destrucción de las Indias,* Editora de los Amigos del Círculo de Bibliófilos, Madrid, 1981.

MADARIAGA, Salvador de. *Hernán Cortés: auge y ocaso del imperio español en América,* Espasa Calpe, Madrid, 1986.

MARTÍNEZ Quiroga, J. L. *Historia de la galantería,* Gassó Editores, Barcelona, 1971.

MONTANELLI, Indro. *Historia de los griegos,* Globus, Madrid, 1994.

—, *Historia de Roma,* Globus, Madrid, 1994.

MORLEY, Sylvanus G. *La civilización maya,* Fondo de Cultura Económica, México, 1987.

MURPHY, Emmett. *Historia de los grandes burdeles del mundo,* Temas de Hoy, Madrid, 1989.

NÚÑEZ Cabeza de Vaca, Alvar. *Naufragios y comentarios,* Orbis, Barcelona, España, 1982.

PÉREZ, Joseph. *Historia de España,* Crítica, Barcelona, 1999.

PIRENNE, Jacques. *Civilizaciones antiguas,* Globus, Madrid, 1994.

La economía que nació torcida

ACTON, Lord. *Ensayos sobre la libertad y el poder,* Unión Editorial, Madrid, 1999.

BAPTISTA Gumucio, Mariano. *Latinoamericanos y norteamericanos,* Editorial Artística, La Paz, 1987.

BENEGAS Lynch, Alberto, y KRAUSE, Martín. *En defensa de los más necesitados,* Atlántida, Buenos Aires, 1998.

BURKE, James, y ORNSTEIN, Robert. *The Axemaker's Gift,* G. P. Putnam's Sons, Nueva York, 1995.

CIPOLLA, Carlo M. *Historia económica de la Europa preindustrial,* Alianza Editorial, Madrid, 1992.

FUKUYAMA, Francis. *Trust,* The Free Press, Nueva York, 1995.

GRONDONA, Mariano. *Los pensadores de la libertad,* Sudamericana, Buenos Aires, 1989.

—, *Las condiciones culturales del desarrollo económico,* Ariel-Planeta, Barcelona, 1999.

HAYEK, Friedrich A. *Los fundamentos de la libertad,* Unión Editorial, Madrid, 1998.

HEADRICK R., Daniel. *Los instrumentos del imperio,* Alianza Editorial, Madrid, 1989.

HUBERMAN, Leo. *História da riqueza do homen,* Livros Técnicos e Científicos Editora, S.A., Río de Janeiro, 1986.

JONES, E. L. *Crecimiento recurrente: el cambio económico en la historia mundial,* Alianza Editorial, Madrid, 1998.

—, *El milagro europeo,* Alianza Editorial, Madrid, 1990.

JOUVENEL, Bertrand de. *Sobre el poder,* Unión Editorial, Madrid, 1998.

LANDES, David S. *La riqueza y la pobreza de las naciones,* Vergara, Barcelona, 1999.

MADDISON, Angus. *Historia del desarrollo capitalista. Sus fuerzas dinámicas,* Ariel, Barcelona, 1998.

MARTÍNEZ Shaw, Carlos. *El Siglo de las Luces,* Temas de Hoy, Madrid, 1996.

MENDOZA, Plinio A.; VARGAS Llosa, Álvaro, y MONTANER, Carlos Alberto. *Manual del perfecto idiota latinoamericano,* Plaza & Janés, Barcelona, 1996.

—, *Fabricantes de miseria,* Plaza & Janés, Barcelona, 1998.

NORTH, Douglas C. *Estructura y cambio en la historia económica,* Alianza Editorial, Madrid, 1984.

PÉRONNET, Michel. *El siglo XVI: de los grandes descubrimientos a la Contrarreforma,* Akal, Madrid, 1990.

REISMAN, George. *Capitalism,* Jameson Books, Ottawa, 1998.

RIBAS, Armando. *Propiedad, fuente de libertad,* Fundación República para una Nueva Generación, Buenos Aires, 1997.

RODRÍGUEZ Braun, Carlos. *Estado contra mercado,* Taurus, Madrid, 2000.

—, *La cuestión colonial y la economía clásica,* Alianza Editorial. Madrid, 1989.

ROTHBARD, Murray M. *Historia del pensamiento económico,* Unión Editorial, Madrid, 1999.

—, *La ética de la libertad,* Unión Editorial, Madrid, 1995.

SABINO, Carlos A. *El fracaso del intervencionismo*, Panapo, Caracas, 1998.

SAMHABER, Ernst. *Historia del comercio,* Zeus, Barcelona, 1963.

SCHUMPETER, Joseph A. *Historia del análisis económico,* Ariel, Barcelona, 1994.

SÉDILLOT, René. *Historia de las colonizaciones,* Aymá, Barcelona, 1961.

SIMÓN Segura, Francisco. *Manual de historia económica mundial y de España,* Centro de Estudios Ramón Areces, Madrid, 1996.

SMITH, Adam. *La riqueza de las naciones,* edición de Carlos Rodríguez Braun, Alianza Editorial, Madrid, 1994.

SUÁREZ, Luis. *Las grandes interpretaciones de la historia,* Ediciones Moretón, Bilbao, 1968.

VÁSQUEZ, Ian. *Global Fortune,* The Cato Institute, Washington, 2000.

VÍCTOR Morgan, E. *Historia del dinero,* Istmo, Madrid, 1972.

VOLTES, Pedro. *Dos mil años de economía española,* Planeta, Barcelona, 1988.

WEBER, Max. *Economía y sociedad,* Fondo de Cultura Económica, México, 1998.

—, *Historia económica general,* Fondo de Cultura Económica, México, 1974.

En efecto: inventaron ellos

AA.VV. *Historia de la educación en España y América,* Ediciones SM/Ediciones Morata, Madrid, 1992.

ABBAGNANO, N., y Visalberghi. *Historia de la pedagogía,* Fondo de Cultura Económica, México, 1964.

ABELLÁN, José Luis. *Historia del pensamiento español: de Séneca a nuestros días,* Espasa, 1996.

AGUILAR, Gaspar. *Expulsión de los moros de España,* Guadalmena, Sevilla, 1999.

AGUSTÍN, San. *Confesiones,* Alianza Editorial, Madrid, 1998.

AURELIO, Marco; EPICTETO; SÉNECA. *Los estoicos,* Nueva Acrópolis, Madrid, 1997.

BOWEN, James. *Historia de la educación occidental* (3 vols.), Herder, Barcelona, 1992.

BRAVO Guerreira, Concepción. «Los incas», en *Historia de las Américas* (tomo I), Alhambra Longman, Madrid, 1991.

BURY, John. *La idea del progreso,* Alianza Editorial, Madrid, 1971.

BUSTAMANTE Belaúnde, Luis. *La nueva universidad,* Universidad Peruana de Ciencias Aplicadas, Lima, 1998.

CIPOLLA, Carlo M. *Las máquinas del tiempo y de la guerra,* Crítica, Barcelona, 1999.

DÍAZ-TRECHUELO Spínola, María Lourdes. «La cultura indiana en el siglo XVI», en *Historia de las Américas* (tomo II), Alhambra Longman, Madrid, 1991.

—, «Cultura Indiana: plenitud de la Ilustración», en *Historia de las Américas* (tomo III), Alhambra Longman, Madrid, 1991.

DURANT, Will. *Historia de la filosofía,* Diana, México, 1978.

ESCALANTE Gonzalbo, Pablo. «Los aztecas», en *Historia de las Américas* (tomo I), Alhambra Longman, Madrid, 1991.

FUSI, Juan Pablo. *España: la evolución de la identidad nacional,* Temas de Hoy, Madrid, 2000.

GARIN, Eugenio. *La educación en Europa 1400-1600,* Crítica, Barcelona, 1987.

GUILLERMOU, Alain. *Los jesuitas,* Oikos-tau, Barcelona, 1970.

HERLIHY, David (editor). *Medieval Culture and Society,* Harper Torchbooks, Nueva York, 1968.

LETSON, Douglas, y HIGGINS, Michael. *The Jesuit Mystique,* Harper Collins, Londres, 1995.

LÓPEZ de Juan, Crescente, y PLÁCIDO, Domingo. *Momentos estelares del mundo antiguo,* Ediciones Clásicas, Madrid, 1998.

LÓPEZ Piñero, J. M.; NAVARRO, V., y PORTELA, E. *La revolución científica,* Historia 16, Madrid, 1989.

MONTANER, Carlos Alberto. *No perdamos también el siglo XXI*, Plaza & Janés, Barcelona, 1997.

MUMFORD, Lewis. *Técnica y civilización,* Alianza Editorial, Madrid, 1998.

SÁNCHEZ Marín, José A., y LÓPEZ Muñoz, Manuel (editores). *Humanismo renacentista y mundo clásico,* Ediciones Clásicas, Madrid, 1991.

SARRAILH, Jean. *La España ilustrada de la segunda mitad del siglo XVIII*, Fondo de Cultura Económica, México, 1992.

STRAUSS, Leo, y CROPSEY, Joseph (editor). *Historia de la filosofía política,* Fondo de Cultura Económica, México, 1993.

VERNET, Juan. *Lo que Europa debe al Islam de España,* El Acantilado, Barcelona, 1999.

VIDAL, César. *El legado del cristianismo en la cultura occidental,* Espasa Calpe, Madrid, 2000.

Caudillos, montoneros, liberales, conservadores y guerrilleros

ARCINIEGAS, Germán. *Biografía del Caribe,* Plaza & Janés, Bogotá, 1984.

BELAÚNDE, Víctor Andrés. *Bolívar y el pensamiento político de la revolución hispanoamericana,* Ediciones de la Presidencia de la República de Venezuela, Caracas, 1974.

BOULTON, Alfredo. *El arquetipo iconográfico de Bolívar,* Macanao, Caracas, 1984.

FREYRE, Gilberto. *New World in the Tropics,* Alfred A. Knopf, Nueva York, 1959.

HANKE, Lewis. *América Latina: Continente en fermentación,* Aguilar, México, 1961.

HERRERA, Luis Alberto de. *La revolución francesa y Sudamérica,* Edición de la Cámara de Representantes del Uruguay, Montevideo, 1988.

HOBSBAWN, E. J. *Nations and Nationalism since 1780,* Cambridge University Press, Nueva York, 1990.

KAMEN, Henry. *Nacimiento y desarrollo de la tolerancia en la Europa moderna,* Alianza Editorial, Madrid, 1967.

KRAUZE, Enrique. *Siglo de caudillos,* Tusquets, Barcelona, 1994.

—, *Biografía del Poder. Porfirio Díaz: Místico de la autoridad,* Fondo de Cultura Económica, México, 1991.

—, *Biografía del Poder. Francisco I. Madero. Místico de la libertad,* Fondo de Cultura Económica, México, 1987.

LEVAGGI, Abelardo. «Las constituciones iberoamericanas en el siglo XIX», en *Historia de las Américas* (tomo IV), Alhambra Longman, Madrid, 1991.

LYTLE Schurz, William. *Latin America: a Descriptive Survey,* E. P. Dutton, Nueva York, 1964.

MARICHAL, Juan. *Cuatro fases en la historia intelectual latinoamericana,* Fundación Juan March/Cátedra, Madrid, 1978.

MARTÍNEZ Díaz, Nelson. *La independencia hispanoamericana,* Historia 16. Madrid, 1989.

MONTANER, Carlos Alberto. *200 años de gringos,* Sedmay, Madrid, 1976.

MUÑOZ, Rafael F. *Santa Anna: el dictador resplandeciente,* Fondo de Cultura Económica, México, 1983.

PORTER, Charles O., y ALEXANDER J. Robert. *The Struggle for Democracy in Latin America,* The Macmillan Co., Nueva York, 1961.

RUIZ Rivera, Julián B. «La independencia de los Estados Unidos: la forja de la nación norteamericana, 1763-1789», en *Historia de las Américas* (tomo III), Alhambra Longman, Madrid, 1991.

SÁNCHEZ Agesta, Luis. *La democracia en Hispanoamérica,* Rialp, Madrid, 1987.

TORRE, Armando de la. *100 obras 1000 años,* Universidad Francisco Marroquín, Guatemala, 2000.

TREND, J. B. *Bolívar and the independence of South America,* The Macmillan Co., Londres, 1948.

VALLENILLA Lanz, Laureano. *Cesarismo democrático,* Caracas, 1919.

ÍNDICE ONOMÁSTICO

Los números en *cursiva* remiten
a las páginas de ilustraciones

A

Abraham; patriarca hebreo 139

Acquaviva, Claudio; italiano, general de los jesuitas 145

Adriano IV; papa 31

Agustín, san; padre de la Iglesia y obispo de Hipona 87, 105, 106, 147

Alberdi, Juan Bautista; jurisconsulto, escritor y político argentino 70, 169

Alberto Magno, san; filósofo cristiano de origen alemán 29, 107, 133

Alberto, José Antonio; obispo de Córdoba, Argentina 64

Alcuino, Albino Flaco; teólogo y sabio inglés 106, 138

Alejandro III; papa 107

Alejandro VI; papa de la familia Borgia 31, *3*

Alfonso V el Africano; rey de Portugal 31

Alfonso X el Sabio; rey de Castilla y León 31, 46

Almagro, Diego de; conquistador español 37, 42

Anacleto, san; papa 33

Andresote, Juan 63

Antonio de Padua, san 78

Apología (véase Sepúlveda)

Aquiles; héroe de *La Ilíada* 80

Arango y Parreño, Francisco; economista y estadista cubano 160

Arbenz, Jacobo; militar y político guatemalteco 174

Arias, Arnulfo; político y médico panameño 71, 174

Ariel (véase Rodó)

Aristóteles; filósofo griego 25, 28-30, 56, 70, 77, 100, 102, 103, 107, 136, 141, 148, 150, 152, *2*

Armstrong, Louis; trompetista norteamericano 54

Arrangel, Moisés; rabino y autor de la llamada Biblia de Guadalajara, en castellano 142

Arte de contratos (véase Frías de Albornoz)

Artigas, José Gervasio; general uruguayo 69

Aspasia; esposa y consejera de Pericles 80

Atahualpa; último emperador inca 94

Austen, Ralph A. 58

Averroes (Mohamed Ibn Rushd, de nombre árabe); filósofo, jurista y médico 29, 30

Avicena; filosofo y médico árabe 140

Azarza, José de 48

Azpilcueta, Martín de; teólogo, economista y jurista 108, 113

B

Bacon, Francis; político y filósofo inglés 147-149, *14*

Bacon, Rogerio; monje franciscano y sabio inglés 133

Badiano, Juan 130

Balbi, Juan 139

Balboa, Vasco Núñez de; conquistador español 94

Bases y puntos de la partida para la organización de la República Argentina (véase Alberdi)

Bartolomé, san 109

Batista, Fulgencio; militar y político cubano 16, 174

Francisco Javier, san; fundador de las misiones jesuitas en Asia 145

Frei Montalva, Eduardo; político demócrata chileno 175

Frías de Albornoz, Bartolomé 61

Friedlan, Valenti (conocido como Trotzendorf); pedagogo 144

Fugger, Anton; banquero y prestamista alemán 110, 115

Fujimori, Alberto; político peruano 16

G

Galeno, Claudio; médico griego 133, 140, 152

Galileo Galilei; físico, matemático, médico y astrónomo italiano 30, 148-150, 153, *14*

Garay, Blasco de; ingeniero naval español 126

García Fuentes, Lutgardo 120

García Márquez, Gabriel; escritor colombiano, premio Nobel de Literatura 49

Garcilaso de la Vega; poeta español 152

Gargantúa y Pantagruel (véase Rabelais)

Garibaldi, Giuseppe; militar y político italiano 168

Garin, Eugenio 133

Gibbon, Edward; historiador inglés 106

Gilafo, Pedro 63

Ginatta, Joyce 75

Gobineau, Joseph-Arthur, conde de; diplomático y escritor francés 70

Godoy y Álvarez de Favia, Manuel; político español 159

Goldberg, Steven 77

Gómez, Juan Vicente; general y político venezolano 16

Gregorio I Magno, san; papa 86

Gregorio IX; papa 29, 107

Gregorio de Tours, san 86

Grillé, Ana 14

Guevara, Ernesto *Che*; guerrillero argentino 171

Guía para perplejos (véase Maimónedes)

Gutenberg, Juan Gensfleisch, llamado; inventor e impresor alemán 134

Guzmán Blanco, Antonio; político y escritor venezolano 169

H

Habsburgo, los 41, 44, 45, 121, 151

Harrington, James 163, 189

Hatuey; cacique quisqueyano 17

Hayek, Friedrich August von; economista austríaco y premio Nobel 185, 186

Hernández, Orlando (llamado *el Duque*); jugador de béisbol cubano 53

Hesíodo; poeta y economista griego 101

Hidalgo y Costilla, Miguel; sacerdote y patriota independentista mexicano 165

Hipócrates; médico griego 140

Historia del desarrollo capitalista (véase Maddison)

Historia del pensamiento económico (véase Rothard)

Historia general de las cosas de la Nueva España (véase Sahagún)

Hitler, Adolf; político alemán 70, 142

Nuevo Mundo); misionero dominico español, obispo de Chiapas 18, 23-28, 60, *2*

Latino, Juan; catedrático español 60

Law, John; financiero escocés, creador de la Compañía de las Indias 117, *11*

Leandro, san; arzobispo de Sevilla 137

Leibniz, Gottfried Wilheim; filósofo racionalista alemán 150

Lenin, Vladimir Ilich Ulianov, llamado; político comunista ruso, fundador del estado soviético 175

León I; papa 32, 33

León, fray Luis de; religioso y poeta español 151

Leonardo da Vinci; artista polifacético, arquitecto, ingeniero, físico y escritor 91, 110, 153

Leví, Salomón Ha; rabino de Burgos bautizado como Pablo García de Santa María, obispo de Cartagena y Burgos 142

Libellus de medicinalibus Indorum herbis (véase Badiano y Marín de la Cruz)

Liniers, Santiago de; marino francés al servicio de España 69

Lino; papa 33

Loaysa, fray Alonso de 23

Locke, John; médico, jurista, filósofo y pedagogo inglés 150, 160, 163

Lope de Vega, Félix; dramaturgo español 152

López Piñero, José María 152

Los trabajos y los días (véase Hesíodo)

Louverture, Toussaint; político y general haitiano 68

Lucas, san; evangelista 107

Luis IX 172

Luis XVI; rey de Francia 159

Lulio beato Raimundo o Ramon Llull; teólogo y filósofo mallorquín 142

Lutero, Martín; reformador protestante alemán 66, 143, 144

M

Maddison, Angus 127

Madison, James 162

Magdalena santa María; pecadora convertida por Jesucristo 85

Mahoma; profeta del Islam 140

Maimónides, Moisés Ben Maimón; médico, escritor y pensador judío español 140, 142

Malintzin, Malinche/Marina; india mexicana 93

Marat, Jean-Paul; político francés 163

Marco Aurelio; emperador y filósofo romano 103

María, santa, o Virgen; esposa de san José y madre de Jesús 87

María Antonieta de Austria; reina de Francia 159

María Luisa de Parma; reina de España 159

Mariana, Juan de; historiador y jesuita español 108, 109

Martel, Carlos; rey de los francos 34

Martí, José; poeta, escritor, periodista y abogado cubano, prócer de la independencia 165

Martín V; papa 31

Marx, Karl; filósofo y activista político alemán 15, 47, 173

Mateo, san; apóstol y evangelista 33

Medina, Bartolomé; mineralogista español 113

Melanchthon, Philip Schwarzerd, llamado; sabio teólogo alemán 143

Meléndez Valdéz, Juan; poeta español 160

ESTE LIBRO HA SIDO IMPRESO
EN LOS TALLERES DE
A&M GRÀFIC, S. L.
SANTA PERPÈTUA DE MOGODA (BARCELONA)